O ouvido pensante

FUNDAÇÃO EDITORA DA UNESP

Presidente do Conselho Curador
Mário Sérgio Vasconcelos

Diretor-Presidente
Jézio Hernani Bomfim Gutierre

Superintendente Administrativo e Financeiro
William de Souza Agostinho

Conselho Editorial Acadêmico
Danilo Rothberg
Luis Fernando Ayerbe
Marcelo Takeshi Yamashita
Maria Cristina Pereira Lima
Milton Terumitsu Sogabe
Newton La Scala Júnior
Pedro Angelo Pagni
Renata Junqueira de Souza
Sandra Aparecida Ferreira
Valéria dos Santos Guimarães

Editores-Adjuntos
Anderson Nobara
Leandro Rodrigues

R. Murray Schafer

O ouvido pensante

2ª edição atualizada

Tradução de
Marisa Trench de O. Fonterrada
Magda R. Gomes da Silva
Maria Lúcia Pascoal

Revisão técnica de
Aguinaldo José Gonçalves

© 1986 by R. Murray Schafer
Publicado pela Arcana Editions, Canadá
Título original em inglês: *The Thinking Ear*

© 1992 da tradução brasileira:
Fundação Editora da UNESP (FEU)
Praça da Sé, 108
01001-900 – São Paulo – SP
Tel.: (0xx11) 3242-7171
Fax: (0xx11) 3242-7172
www.editoraunesp.com.br
www.livrariaunesp.com.br
atendimento.editora@unesp.br

CIP – Brasil. Catalogação na fonte
Sindicato Nacional dos Editores de Livros, RJ

S321o
2.ed.

Schafer, R. Murray
  O ouvido pensante/R. Murray Schafer; tradução de Marisa Trench de O. Fonterrada, Magda R. Gomes da Silva, Maria Lúcia Pascoal; revisão técnica de Aguinaldo José Gonçalves. - 2.ed. - São Paulo: Ed. Unesp, 2011.
  408p.

  Tradução de: The Thinking Ear
  ISBN 978-85-393-0218-5

  1. Música – Instrução e estudo. 2. Música na escola. I. Título.

11-8533.
CDD: 780.7
CDU: 78(07)

Editora afiliada:

Sumário

Apresentação à segunda edição brasileira   IX

Apresentação à primeira edição brasileira   XIII

Prefácio   1

1. O compositor na sala de aula   7
   Primeiro contato   8
   O que é música?   13
   Música descritiva   24
   Texturas de som   32
   Música e conversa   38
   A máscara do demônio da maldade   46

2. Limpeza de ouvidos   55
   Ruído   56
   Silêncio   59
   Som   61
   Timbre   63
   Amplitude   65
   Melodia   69

Sumário

Textura   73
Ritmo   75
A paisagem sonoro-musical   78
Transição I: Charles Ives e perspectiva   84
Transição II: Música para papel e madeira   92
Quatro pós-escritos   103

3. A nova paisagem sonora   107
   Sim, mas isso é música?   107
   O ambiente sônico   112
   A respeito do silêncio   116
   Uma nova definição de ruído   122
   Esgoto sonoro: uma colagem   127
   Três limiares do audível e um do suportável   137
   Além do audível   144
   A música das esferas   151
   Esquizofonia   159
   O objeto sonoro   165
   A nova paisagem sonora   175
   Epílogo   182
   Diário de sons do Oriente Médio   184

4. Quando as palavras cantam   195
   Impressão vocal   196
   Melisma   197
   Concerto da natureza   199
   Palavra-trovão   202
   A biografia do alfabeto   204
   Onomatopeia   208
   Vogais   212
   A curva psicográfica da alma da palavra   216
   Segredos em pianíssimo   220
   Poema sonoro   222
   Palavras e música   227
   Choros   230

Texturas corais   235
Haiku   244
Canto à vista   245
Luar   248
Apêndice: textos sem comentários   255

5. O rinoceronte na sala de aula   265
   Introdução   266
   Educação musical: considerações   272
   Educação musical: mais considerações   281
   Notas sobre notação   294
   A caixa de música   300
   Trenodia   311
   Partindo para novas direções   317
   Curriculum vitae   326

6. Além da sala de música   331
   Bricolagem   332
   Jonas e o coro da comunidade de Maynooth   341
   Carta aos portugueses   362
   A orquestra mágica de Edward   374
   Aqui os sons rodam   379

Referências   389

Apresentação à segunda edição brasileira

Em 1991, a Editora Unesp publicou, pela primeira vez no Brasil, a tradução de *The Thinking Ear*, de Murray Schafer, cuja edição no Canadá data de 1983. *O ouvido pensante* é considerado pelo autor a edição definitiva de suas pequenas publicações a respeito de educação musical, escritas cerca de duas décadas antes. Chegou ao Brasil, portanto, com bastante atraso em relação a sua publicação no exterior. Seu lançamento em português coincidiu com a primeira visita do autor ao país, o que ajudou a tornar a obra conhecida entre educadores musicais.

Mas, mesmo entre essa população específica, o livro demorou a ser descoberto, pois suas proposições eram bem distantes do que se costuma esperar de livros de ensino de música, pela ênfase conferida às posturas criativas, pelo papel preponderante da escuta na percepção da *paisagem sonora*, pelo exercício de exploração de sonoridades e pela ideia de que o professor deve "trabalhar para sua própria extinção", o que, provavelmente, deve ter chocado alguns mestres convictos de sua importância no processo educativo.

Pouco a pouco, o livro foi se tornando conhecido e exercendo influência no trabalho de muitos professores de música. Editais de concursos públicos para educadores de Arte começaram a incluí-lo em sua bibliografia, assim como cursos de graduação e pós-graduação em Música passaram a adotá-lo. Hoje, é lido por estudantes que desejam se tornar professores de música e educadores musicais ávidos por aperfeiçoar seus processos de ensino, reflexão e ação, de modo a descobrir maneiras de, no processo educacional, não deixar a arte estagnada.

Outro fator que contribuiu para a aceitação da obra foi a proximidade com o autor, que visitou várias vezes o Brasil para ministrar cursos ou participar de congressos e eventos artísticos, o que criou um círculo de admiradores de suas ideias. Ao longo do tempo, a obra estendeu sua influência para além desse reduto de educadores musicais, atingindo leitores interessados provenientes de diversas áreas.

Agora, a Editora Unesp lança a edição revista da mesma obra, vinte anos após a primeira publicação. A perspectiva desse relançamento levou-me à releitura cuidadosa do livro e, apesar de conhecê-lo há tanto tempo, de haver me debruçado sobre ele diversas vezes, foi interessante constatar mais uma vez o quanto continua atual e informativo. É um livro feito de muitas camadas, com profusão de informações captadas na medida da curiosidade e da necessidade do leitor, cujo interesse ilumina este ou aquele aspecto, que pode lhe trazer ideias de ação educativa, suscitar reflexões ou, simplesmente, surpreendê-lo.

O ouvido pensante não é um método de aprendizado de música; não tem caráter prescritivo. Apenas descreve experiências de Schafer junto a diferentes públicos – crianças, jovens universitários, antigos moradores de uma comunidade rural. No decorrer das descrições, revelam-se suas posições sobre educação, mudanças na paisagem sonora, arte, criação, além da observação de quanto o homem contemporâneo vem se distanciando de si mesmo, do outro, da natureza, anestesiando seus sentidos e alterando seu modo de contato com o mundo.

Murray Schafer está sintonizado com as questões e necessidades da sociedade contemporânea, o que conduz muitas de suas propostas e reflexões em direção à conquista da autonomia por parte do educando, pelo envolvimento com o trabalho criativo, sendo interessante e atual que também desenvolve habilidades e aumenta a percepção sensível daqueles que decidem trilhá-la.

> Sussurros e gritos. Quantas expressões vocais não articuladas existem? Quantas interjeições e exclamações; sopros, gemidos, sussurros, gritos, rugidos? (p.222)

> A música é, sobretudo, nada mais que uma coleção dos mais excitantes sons concebidos e produzidos pelas sucessivas operações de pessoas que têm bons ouvidos. (p.175)

O autor pensa também na importância de estender a experiência de contato com a música a outras pessoas, além da escola.

> Grandes mudanças sociais têm trazido... oportunidades para a vida diária. Em muitos países civilizados, a taxa de nascimento está diminuindo e, desse modo, a média da população está crescendo rapidamente. As pessoas têm maior tempo de vida. Os adultos estão se aposentando mais cedo. [...]
> O que necessitamos é de um novo tipo de professor, que poderia ser chamado, mais precisamente, um animador musical da comunidade. Como ensinar música para esses novos grupos de pessoas que parecem tão sem vida, tão desespiritualizados? (p.343)

Esses são alguns exemplos do que se encontra no texto – experiências estreitamente conectadas ao cotidiano do autor, mas, também, próximas à realidade social, cultural, histórica e pedagógica do meio em que vive. Há também a grande lição – talvez, a mais importante – de que é preciso investir no desenvolvimento da imaginação, da capacidade criativa de cada um, pois o mundo está carente de sutilezas, delicadeza, poesia, música.

Essa capacidade de instigar o leitor a explorar a música, a paisagem sonora, as sonoridades poéticas pelos mais diferentes ângulos torna possível uma analogia deste livro com os bons vinhos. Vinhos feitos com uvas de boa safra, com excelência técnica, submetidos,

Apresentação à segunda edição brasileira

sem pressa, ao tempo de maturação em tonéis de alta qualidade correspondem ao que espera o apreciador da bebida e fazem da degustação uma experiência ímpar. *O ouvido pensante* é como esse vinho, por trazer ideias "de boa safra", escritas com excelência técnica e por ter sido produzido e guardado em um tonel de grande qualidade – a Editora Unesp; o tempo encarregou-se de lhe trazer a maturação necessária para sua melhor apreciação. Seu *bouquet*, hoje, é mais intenso que na primeira edição.

Cada vez que é lido, aprofundam-se ideias, encontram-se outras maneiras de explorar caminhos conhecidos. Isso para quem já o conhece e quer revisitá-lo. Aos novos leitores, o livro se apresenta como um mundo a descobrir, pois questiona a aceitação desprovida de reflexão crítica, incita o leitor a buscar novas ideias, a desconfiar de suas certezas e a aprender a reconhecer em suas dúvidas a motivação de querer saber.

Outro dado importante: vinte anos após a publicação da primeira edição brasileira, o país enfrenta uma importante mudança no ensino, pela implantação da lei que torna a música conteúdo obrigatório, embora não exclusivo, do currículo escolar, em todos os níveis, da educação infantil ao ensino médio. Novas condições, novas buscas, novas possibilidades se abrem à criança e ao adolescente na escola brasileira. As ideias de criação, expressão e invenção, aliadas ao fazer musical, expostas no livro, já não parecem distantes; ao contrário, mostram-se extremamente adequadas à atual situação da escola brasileira, que estende a outros profissionais da educação possibilidades de envolvimento com a sensibilização dos sentidos e o desenvolvimento de posturas criativas. As experiências do autor, contadas em linguagem simples e acessível, podem levar professores e estudantes de Música, Artes e outras áreas a querer explorar esse caminho.

Por tudo isso, é bem-vinda a nova edição de *O ouvido pensante*, por trazer novamente ao leitor de língua portuguesa as ideias de Murray Schafer e seu perene convite para ouvir melhor.

Marisa Trench de Oliveira Fonterrada

Apresentação à primeira edição brasileira

Alguns dos textos apresentados neste livro já eram conhecidos por mim no início da década de 70. Esse é um fenômeno que ocorre algumas vezes no Brasil: um autor que não é publicado em português passa a ser lido por um grupo restrito que, por acaso, teve acesso a sua obra... Já havia me debruçado, portanto, sobre alguns desses textos e me admirado com a capacidade de invenção e com o pensamento original do autor. Mas quem era ele? Quase nada se sabia no Brasil a seu respeito, apenas que era um compositor canadense que se dedicava também ao ensino, lecionando para crianças e adolescentes. Utilizei, nessa época, algumas de suas propostas em minhas aulas, e elas foram "curtidas", fruídas pela meninada brasileira...

Quase vinte anos depois é que pude conhecer, durante uma viagem ao Canadá, seu trabalho, sua obra, sua música. Foi lá que fiquei sabendo que, além de suas atividades como compositor e educador, Murray Schafer havia liderado importante pesquisa a respeito do ambiente sonoro, em Vancouver. Esse projeto, chamado "The World Soundscape Project", era um estudo multidisciplinar sobre o som ambiental, suas características e modificações sofridas no decorrer da história e sobre o significado e o simbolismo desses sons para as

Apresentação à primeira edição brasileira

comunidades afetadas por eles. A grande preocupação de Murray Schafer nessa pesquisa era conferir um enfoque positivo à questão da poluição sonora e do ruído ambiental indiscriminado, questões essas, segundo o autor, geralmente tratadas através de leis restritivas. Sua proposta era a elaboração de um projeto acústico mundial que, através da conscientização a respeito dos sons existentes, pudesse prever o tipo de sonorização desejada para determinado ambiente. O mundo, portanto, seria tratado como uma vasta composição macrocósmica, composta pelos "músicos", definidos pelo autor, como "qualquer um ou qualquer coisa que soe". Nesse projeto seriam discutidas pelas comunidades questões como: "Quais os sons que queremos eliminar, conservar ou produzir?" Essa faceta de Murray Schafer não era conhecida no Brasil; também permanece quase desconhecida entre nós sua vasta produção musical, literária e plástica. Schafer trabalha com formas, sejam elas verbais, gráficas ou sonoras. Sua composição musical explora sons da natureza, sons da neve, da água, do fogo, sons de sinos, sons do luar, sons inusitados, sons do cotidiano. Schafer resgata os sons que não ouvimos mais ou por terem desaparecido, substituídos pelos sons progressistas das novas invenções, ou por estarem tão arraigados ao nosso dia a dia que já não são mais percebidos atentamente, pois fazem parte do pano de fundo que constitui o nosso cenário ambiental, sons que fazem parte da enorme massa que hoje compõe o universo sonoro contemporâneo.

Assim, de descoberta em descoberta, de escuta em escuta, tomando contato com seus textos e sua música, vendo-o atuar como professor, tanto lá fora quanto no Brasil, que visitou em 1990, conversando com ele a respeito de sua obra e de suas experiências, fui compondo o meu mosaico compreensivo acerca de Murray Schafer.

Ephtah!...

Se quisesse resumir numa só palavra toda a filosofia, toda a obra de Schafer, essa seria a palavra escolhida.

Ephtah!...

Abre-te! Abre-te, ouvido, para os sons do mundo, abre-te ouvido, para os sons existentes, desaparecidos, imaginados, pensados,

Apresentação à primeira edição brasileira

sonhados, fruídos! Abre-te para os sons originais, da criação do mundo, do início de todas as eras... Para os sons rituais, para os sons míticos, místicos, mágicos. Encantados... Para os sons de hoje e de amanhã. Para os sons da terra, do ar e da água... Para os sons cósmicos, microcósmicos, macrocósmicos... Mas abre-te também para os sons de aqui e de agora, para os sons do cotidiano da cidade, dos campos, das máquinas, dos animais, do corpo, da voz... Abre-te, ouvido, para os sons da vida...

Ephtah!. ..

Quais são os caminhos, quais são os meandros que levam um autor, nascido em país de Primeiro Mundo, a elaborar uma proposta de trabalho tão adequada a países como o nosso, que enfrentam toda sorte de dificuldades na elaboração e aplicação de projetos educativos e, principalmente, artísticos? Porque a proposta de Schafer é particularmente possível ao Brasil. E vale talvez a pena examinar-se o porquê dessa afirmação. Em primeiro lugar, não é uma proposta dirigida a alunos especialmente dotados, mas a toda a população, independentemente de talento, faixa etária ou classe social. Além disso, Schafer preocupa-se em partir dos elementos mais simples, das observações mais corriqueiras: de quantos modos diferentes pode-se fazer soar uma folha de papel? Ou as cadeiras de uma sala de aula? Como sonorizar uma história de modo a torná-la reconhecível apenas por seus sons? Como construir uma escultura sonora?

A maior parte dos textos que compõem este livro foi escrita há mais de vinte anos. Há vinte anos o Brasil não tem mais a disciplina Educação Musical nas escolas. Uma geração já se formou sem ter tido oportunidade de fazer música, que ficou restrita aos conservatórios e escolas de música. A essa geração está vedado o acesso à prática musical. A música foi colocada num pedestal inacessível, só alcançado pelos especialmente bem-dotados.

Com a proposta de Schafer, abre-se novo campo de possibilidades. Dentro ou fora do sistema escolar de ensino. Os exercícios que propõe podem ser realizados em sala de aula ou em qualquer outro lugar, com grupos de qualquer idade. Pode ser atividade curricular, como pode também ser "guerrilha" cultural, na qual brincar com sons, montar e desmontar sonoridades, descobrir, criar, organizar, juntar, separar são fontes de prazer e apontam para uma nova maneira de compreender a vida através de critérios sonoros.

É com muito prazer que apresentamos ao leitor brasileiro um pouco de Murray Schafer. Para ouvir melhor.

Ephtah!

Marisa Trench de Oliveira Fonterrada

Prefácio

A maior parte do material deste volume foi publicada originalmente numa série de cinco livretos. Eles têm sido frequentemente reimpressos com erros e traduzidos para muitas outras línguas. Ao preparar esta edição definitiva de todos os meus escritos sobre educação musical, acrescentei diversos ensaios que anteriormente não estavam disponíveis.

O livro tem seis partes. "O compositor na sala de aula" basicamente ocupa-se da criatividade, talvez o assunto mais negligenciado na educação musical do Ocidente. "Limpeza de ouvidos" expande os conceitos tradicionais de treinamento auditivo, de modo a preparar o aluno para as mais novas formas de música de hoje e para o ambiente acústico como um todo. Em "A nova paisagem sonora", a aula de música toca em outras áreas de estudo: Geografia, Sociologia, Comunicação, Assuntos Públicos. Uso a palavra *soundscape*[1] para referir-me ao ambiente acústico. Parece-me absolutamente essencial que comecemos a ouvir mais cuidadosa e criticamente a nova *paisagem sonora*

---

1 *Soundscape* – Termo criado pelo autor. Nesta edição, será chamado de "paisagem sonora". (N.T.)

do mundo moderno. Somente através da audição seremos capazes de solucionar o problema da poluição sonora. Clariaudiência nas escolas para eliminar a audiometria nas fábricas. Limpeza de ouvidos, em vez de entorpecimento de ouvidos. Basicamente, podemos ser capazes de projetar a *paisagem sonora* para melhorá-la esteticamente – o que deve interessar a todos os professores contemporâneos.

O título da quarta parte do livro, "Quando as palavras cantam", me foi dado por um garoto de 6 anos de idade, quando lhe pedi para descrever poesia. "Poesia é quando as palavras cantam", disse. Essa parte investiga o meio caminho entre música e palavras, uma área que tanto os compositores contemporâneos como os poetas "concretistas" estão nos revelando. No capítulo seguinte, "O rinoceronte na sala de aula", tentei resumir algo do meu pensamento filosófico sobre a música e suas relações com as outras artes e com a vida. O capítulo final, "Além da sala de música", constitui-se de ensaios escritos depois que deixei o mundo do ensino profissional e fui viver no campo. Essa mudança estimulou meu pensamento em muitas direções, levando-me eventualmente a me tornar algo como um animador de música da comunidade, no ambiente rural.

Todos são grandes temas, e apenas arranhei a superfície de cada um deles. Poderia ter dito mais e, na verdade, nas atividades práticas, desenvolvi o material muito além do que seria possível apresentar aqui. Este não é um livro didático e não pretende sê-lo. Com certeza, não avança passo a passo a partir de um início elementar até alcançar alguma delirante nota aguda de perfeição ao final. Ao contrário, move-se numa série de círculos cada vez mais amplos, porque lida com os princípios da musicalidade em desenvolvimento. Este, então, é um relato pessoal de um educador musical, e não o enunciado de um método para a imitação submissa. É essa a razão pela qual meus textos são descritivos e não prescritivos. Nenhuma coisa, neste livro, diz: "Faça deste modo". Ele apenas diz: "Eu fiz assim". Ele pode estimular você a desenvolver o assunto mais além, e espero que isso aconteça.

R. *Murray Schafer*
Toronto, 1986

Meus sinceros agradecimentos estendem-se aos que seguem, pela permissão de citar suas publicações reservadas ou edições de materiais considerados de domínio público.

Australian Journal of Music Education: de um artigo no AJME (abril, 1972), R. Murray Schafer.

The Globe and Mail, Toronto: um editorial de 1º de dezembro de 1971, "Costly Cacophony".

American Guild of Organists: *Music* (AGO e RCCO Magazine), copyright 1970, por "American Guild of Organists". De "Threnody – A Religious Piece for Our Time", R. Murray Schafer.

W.W. Norton & Company Inc.: De *Sonnets to Orpheus*, 1, 13, Rainer Maria Rilke, trad. M.D. Herter, copyright 1942, Norton & Company, copyright renovado 1970, M.D. Herter Norton.

Wesleyan University Press: de *Silence*, copyright 1958, 1961, John Cage; Simon & Schuster Inc. de *Report to Greco*, Niko Kazantzakis, copyright 1965.

George Allen & Unwin Ltd.: de "On Noise", *Studies in Pianissimo*, Arthur Schopenhauer.

Agradecimentos

Playboy and Max Gunther: Extratos de "The Sonics Boom", Max Gunther. Originalmente apareceu no *Playboy* Magazine, copyright 1967 by Playboy.

Unesco de julho de 1967, publicação de Unesco Courier, dedicado à poluição sonora.

F.E.C. Leuckart (Munique): passagem de "Ein Heldenleben", Opus 40, Richard Strauss.

Oxford University Press: de "Primitive Music", Marius Schneider, in *The New Oxford History of Music*, vol. 1. The Society of Authors (como representante literário do Estado, de James Joyce) e The Viking Press: de *Finnegans Wake* Copyright 1939.

Arnoldo Mondadori Editore: de "M'Illumino D'lmmenso", Giuseppe Ungaretti (1969, AME), e de "Teoria e Invenzione Futurista", F.T. Marinetti (1968, AME).

Macmillan Publishing Co., Inc., and George Allen & Unwin Ltd.: de *Language: Its Nature, Development and Origin*, Otto Jespersen.

The New American Library, Inc.: de *The Oedipus Plays of Sophocles*, trad. Paul Roche. Copyright 1958, Paul Roche. Reimpresso por acordo com The New American Library Inc., New York, N.Y.

Oxford University Press (Canadian Branch): de *Selections from the Notebooks of Leonardo da Vinci*, Ed. Irma A. Richter.

Harvard University Press: de *Music in Primitive Culture*, Bruno Netl (A pequena canção peyote dos índios Arapaho, foi gravada por Zdenek Salzmann em 1948).

H.F. & Q. Witherby Ltd.: de Songs of Wild Birds por E.M. Nicholson e Ludwig Koch (1946).

Vanguard Recording Society: A Monteverdi "Madrigal" , trad. Ettore Rella.

Peter Pauper Press Inc. (Mount Vernon, N.Y.), Poemas Japoneses "Haiku".

Weidenfel & Nicolson and World Publishing Co., Thomas y Crowell Co. Inc.: de *Primitive Song*, C.M. Bowra, copyright 1962.

Agradecimentos

Berandol Music Ltd.: "Moonlight" em *When Words Sing*. Copyright 1969 por BMI Canada Limited. Copyright cedido em 1969, para Berandol Music Ltd.

A.D. Peters & Co. Literary Agents (for Little, Brown & Co.): de *Mexico: An Object Lesson*, Evelyn Waugh.

W. W. Norton & Company Inc.: de *Source Reading in Music History*, compilação e ed. Oliver Strunck, copyright 1950 w.w. Norton & Company Inc.

Dover Publications Inc.: de *On the Sensations of Tone* [*as a Physiological Basis for the Theory of Music*], Hermann Helmholtz, publicado em Brunswick (1863), London (1875) e New York (1948).

1
O compositor na sala de aula

As discussões e as experiências relatadas neste capítulo são o resultado de dois convites para trabalhar com estudantes de música nas escolas.

No verão de 1964, fui convidado a fazer parte de um grupo de ensino do North York Summer Music School e, sob o título livre de *Musicalidade*, tive duas grandes turmas de alunos de música instrumental e vocal. As quatro primeiras discussões deste capítulo aconteceram por essa ocasião.

Tive também a sorte de ser um dos catorze compositores canadenses escolhidos para realizar um seminário em 1965, patrocinado pelo The Canada Council e organizado pelo The Canadian Music Centre, no qual foram estudadas as relações entre o compositor contemporâneo e a música nas escolas. Grande parte do tempo foi de visitas a essas escolas, onde conversávamos e debatíamos com os jovens, antes de sermos contratados para escrever música para eles. A quinta e a sexta discussões ocorreram nessa época. Em ambas meu trabalho foi facilitado por um educador muito especial, Sr. C. Laughton Bird, Coordenador de Música da North York Board of Education. Nada teria sido possível sem a sua inclinação à aventura.

Os demais textos são transcrições condensadas de alguns desses encontros. As experiências foram frequentemente utilizadas para reforçar pontos levantados em discussões e pareceram surgir naturalmente dos alunos. À exceção de *A máscara do demônio da maldade*, que envolveu alunos da escola primária, estava lidando com estudantes da escola secundária, com idades entre 13 e 17 anos.[1]

Primeiro contato

Como um desconhecido e ansioso para trabalhar de modo não ortodoxo com os estudantes, foi preciso primeiro que eu os deixasse em uma relaxada e boa disposição mental. Daí a qualidade bastante cautelosa da discussão inicial.

SCHAFER: – Gostaria de conhecer um pouco de vocês e de seus interesses musicais. Como sabem, não sou professor, mas compositor. Pensei que poderíamos começar fazendo uma lista dos gêneros de música de que vocês gostam ou não. Todas as pessoas têm um tipo de música favorito e provavelmente repudiam violentamente outras; não quero dizer peças individuais, mas categorias de música – como música de câmara ou jazz. Enumerem as suas preferidas e as não preferidas, enquanto escrevo no quadro. Vamos rotular seus tipos favoritos com "aceitas" e as que vocês não gostam com "não aceitas".

As respostas são dadas e copiadas. Depois de alguns momentos o quadro fica assim:

MÚSICA ACEITA	MÚSICA NÃO ACEITA
Jazz	Música folclórica
Música popular e música de câmara	Ópera
Ópera	Jazz
Música *country and Western*	Música moderna e eletrônica
Música de banda	Música sinfônica

Continua

---

[1] No sistema educacional brasileiro, corresponde aproximadamente aos níveis fundamental II e médio. (N.T.)

Continuação

Musicais	Música *country* e do Oeste
Peças favoritas de música	
Ligeira	

SCHAFER: – Isto é muito interessante. Vejo um bom número de categorias em ambas as colunas. O que vocês acham que isto indica?
ALUNO: – Mostra que as pessoas têm gostos musicais diferentes.
SCHAFER: – Você acha que isso é bom ou mau?
ALUNO: – Eu acho que é bom, porque mostra que há muitas personalidades diferentes e um tipo especial de música para cada uma.
SCHAFER: – Você quer dizer que as pessoas gostam apenas do tipo de música que reflete sua própria personalidade? Você gosta só de um gênero?
ALUNO: – Eu gosto de *country and Western*.
SCHAFER: – Só?
ALUNO: – Também de música de banda.
SCHAFER: – *para a classe*. Quantos de vocês gostam só de um gênero de música da nossa lista? Mãos? *Ninguém levanta a mão*. Mais de um? *Todas as mãos são levantadas*. Bom! Agora, deixem-me fazer uma comparação. Quantas religiões temos representadas aqui nesta classe? *Descobre-se que há um número de alunos de várias designações protestantes e outros de religião judaica*. Deixem-me perguntar: quantos de vocês pertencem a mais do que um desses grupos mencionados? *Ninguém levanta a mão*. Cada um escolhe somente uma religião. Todavia, nenhum de vocês restringe seu interesse musical a um gênero apenas. É claro, então, que você pode gostar de mais de um gênero musical, sem ter uma crise de consciência por isso. Essa é uma distinção muito importante entre o julgamento de uma manifestação artística e de outro tipo de atividade intelectual. Com a religião – e o mesmo é verdadeiro para política ou filosofia –, você aceita um sistema que lhe parece o mais razoável, porém, fazendo isso, automaticamente nega todos os outros. Não é possível alguém ser comunista e capitalista ao mesmo tempo, assim como ninguém é judeu e cristão. Mas

a apreciação artística não é assim; ela é um processo acumulativo; você descobre novos pontos de interesse, porém isso não quer dizer que precise negar o que gostava antes. Alguém pode confirmar esta observação pela experiência pessoal?

ALUNO: – Bem, primeiro eu gostava de jazz e agora gosto de Beethoven também, mas ainda gosto de jazz.

SCHAFER: – Provavelmente, muitos de vocês tiveram experiências semelhantes. Em todas as artes, reconhecemos o fato de que pessoas diferentes têm opiniões e entusiasmos diferentes e aceitamos isso. Todo mundo a princípio separava os dois tipos de música que você mencionou. A de Beethoven foi escrita originalmente como diversão para a aristocracia europeia de cento e cinquenta anos atrás, enquanto o jazz cresceu como a expressão musical dos negros escravos norte-americanos. A princípio, uma forma era para aristocratas e a outra para escravos. Hoje não somos nem escravos nem aristocratas e podemos apreciar ambas objetivamente. Não declaramos guerra às nações porque gostam da espécie errada de música.

ALUNO: – Exércitos diferentes, marchando para a guerra, terão hinos nacionais diferentes.

SCHAFER: – Ah, mas eles não estão fazendo guerra porque não concordam com a melodia de um hino nacional. Este é um caso de música usada para dar suporte a alguma coisa – nesse caso, uma ideologia política. Sim, os homens certamente vão lutar por política, mas ninguém vai atacar um pianista só porque ele está tocando a música errada.

ALUNO: – Mas assim parece que a música não é importante.

SCHAFER: – E é?

ALUNO: – Bem, eu acho que sim.

SCHAFER: – Daí necessariamente se segue que não é importante porque os homens não lutam por ela?

OUTRO ALUNO: – Talvez ela seja importante justamente por isso. Talvez ela faça os homens ficarem juntos em vez de separá-los.

SCHAFER: – Bom! Mas e essas opiniões diferentes sobre música? Como podemos, vocês e eu, por exemplo, nos entendermos se eu gosto de música de câmara e odeio música popular, e para vocês a situação é exatamente inversa? O que é...

ALUNO DO FUNDO: – *em pé*. Pressupõe-se que professores gostam de música de câmara.
SCHAFER: – *procurando ouvir*. Alguém lá no fundo fez uma hipótese. Suponham que eu também faça uma. Adolescentes são doidos por paradas de sucessos. Quantos de vocês ouvem regularmente a parada? *Mais ou menos 70% da classe levantou a mão*. Pela lei das porcentagens, minha afirmação está certa. Agora vejam que o que nós fizemos foi associar a parada de sucessos com os adolescentes, assim como o nosso amigo lá do fundo associou professores com música de câmara. Assim, certos gêneros de música parecem ser representativos de certas classes de pessoas; mas eu quero dizer que isso é uma generalização extrema. Supondo que eu não goste de adolescentes – espero que saibam que não é verdade, mas supondo que fosse –, qual seria o efeito em meu gosto musical?
ALUNO: – Acho que você não gostaria de nada que se referisse a eles, incluindo a sua música.
SCHAFER: – Sim, provavelmente. Porém, o que a minha reação contra adolescentes teria realmente a ver com música, que é sobretudo uma arte abstrata?
ALUNO: – Não deveria ter nada a ver, mas provavelmente teria.
SCHAFER: – Tendemos a associar certas manifestações artísticas a certas pessoas ou grupos de pessoas, e isso, sem dúvida, afeta a nossa apreciação. Imagino frequentemente se seria possível dissociar a música dos seres humanos e apreciá-la as septicamente em sua forma pura. Não creio que seja inteiramente possível. Mas penso que, às vezes, é necessário apreciá-la dessa maneira. Se quisermos que nosso gosto musical se desenvolva e se transforme. Em outras palavras, deixem a música falar por si mesma, não por associações. Eu nunca seria tão cego e preconceituoso a ponto de me recusar a ouvir a parada de sucessos; vocês também não seriam a ponto de recusar-se a ouvir música de câmara. Música não é propriedade privada de certas pessoas ou grupos. Potencialmente, todas as músicas foram escritas para todas as pessoas.

    Realmente o que quero dizer a vocês é, principalmente, sejam curiosos em relação à música. Não se contentem em ficar só nas suas preferências musicais, pois, como eu disse pouco antes, ninguém estará traindo seus velhos hábitos pela aquisição de novos. Este horizonte pode seguir se expandindo; por toda a sua vida haverá coisas novas a descobrir. Certamente não estou dizendo que vocês devam gostar de tudo com que entram em contato. Somente um tolo faria isso. Estou simplesmente dizendo que quem quiser descobrir música interessante terá que procurar e achar.

É a mesma coisa que ir à biblioteca. Você pode examinar vinte livros antes de achar aquele que quer ler, mas, se não tivesse passado por todos aqueles, não chegaria ao que procurava. E o mais estranho, é que o livro escolhido este ano não vai ser o mesmo que você vai escolher no ano que vem. O tempo realmente nos força a adquirir novos gostos. Não vamos ler só quadrinhos a vida toda, vamos?

ALUNO: – Algumas pessoas leem!

SCHAFER: – O que você acha de alguém que, com quarenta anos, ainda lê quadrinhos?

ALUNO: – Eu diria que é um caso de desenvolvimento retardado. *Risos.*

SCHAFER: – Certo! E alguém que segue a vida inteira só gostando de um gênero de música, sem desenvolver novos interesses, também é um caso de retardamento.

Certa vez alguém disse que as duas coisas mais importantes para desenvolver o gosto são: sensibilidade e inteligência. Eu não concordo; diria que são curiosidade e coragem. Curiosidade para procurar o novo e o escondido, coragem para desenvolver seus próprios gostos sem considerar o que os outros possam pensar ou dizer. Quem se arrisca a ser ridicularizado pelos seus gostos individuais em música (e isso vai acontecer) demonstra coragem. Às pessoas que gostam de coisas só porque é um costume social chamamos de *snobs*. Ouvir música é uma experiência profundamente pessoal, e hoje, com a sociedade caminhando para o convencional e uniforme, é realmente corajoso descobrir que você é um indivíduo com mente e gostos individuais em arte. Ouvir música cuidadosamente vai ajudá-lo a descobrir como você é único.

O sinal toca.

O que é música?

Nesta discussão expõe-se uma gama muito grande de concepções errôneas, através desta questão básica: O que é música? A interessante conclusão alcançada é realista, com vistas ao cenário musical de nossos dias, e, embora ela talvez não seja compatível com o *Oxford English Dictionary* ou com os cadernos de apreciação musical, os estudantes merecem o benefício de uma definição de música que seja útil e "viva".

SCHAFER: – Lembro-me de um professor que tive que me pediu para descrever uma escada circular sem usar as mãos – uma coisa muito difícil de fazer, mas não impossível. Bem, hoje vou fazer a vocês uma pergunta que é também difícil de responder, embora também não seja impossível. Achei que poderíamos discutir juntos e ver se podemos estabelecer uma definição. A pergunta é: "O que é música?". Uma das piores coisas que podem acontecer na nossa vida é continuarmos a fazer coisas sem saber bem o que elas são ou por que as fazemos. Vocês todos estão estudando música há alguns anos e esperamos que continuem por muito tempo ainda. Mas o que é essa coisa com a qual vocês gastam tanto tempo? Alguma definição?

Hesitantes no começo, depois mais vigorosamente, foram surgindo definições, que eram escritas no quadro:

Música é alguma coisa de que você gosta.
Música é som organizado com ritmo e melodia.
Música é som agradável ao ouvido.
Música é uma arte.
Música é uma atividade cultural relativa ao som.

SCHAFER: – É suficiente para começar. Podemos retrabalhá-las, se necessário. Vamos examiná-las mais de perto. Primeiro: "música é alguma coisa de que você gosta". *Schafer vai ao toca-discos e põe o pri-*

meiro disco que pôde pegar. Por acaso é a Raggedy Waltz, de Dave Brubeck, do disco Time Further Out. Isso é música?
CLASSE: – *Ouvem-se "sins" misturados.*
SCHAFER: – Os que não gostam de jazz, por favor, levantem-se. *Alguns se levantaram. Schafer, a um dos que estão em pé:* Você não gosta de jazz?
ALUNO: – Não, odeio!
SCHAFER: – Mas concorda que era música o que você ouviu?
ALUNO: – Sim.
SCHAFER: – Há algo estranho aqui. Música é definida como "algo de que você gosta". Ouvimos jazz. Vocês concordaram que ouvimos música; porém, se vocês não gostam de jazz, como pode ser música?
ALUNO: – Há algo errado na definição.
SCHAFER: – Obviamente, é insatisfatória. Há algo muito pessoal em dizer que música é algo de que você gosta. A grande questão é: quem é "você" e o que dá a "você" o direito de distinguir entre música e não música para as outras pessoas? O que quer que música seja, está claro que não pode depender do gosto de uma só pessoa. Precisa ser alguma coisa mais geral do que isso.

Vamos ver a terceira definição: "música é som agradável ao ouvido". Aqui eliminamos o controvertido "você", que era muito pessoal, e substituímos por uma espécie de ouvido coletivo – todos os ouvintes de música. O que acham?
ALUNO: – Bem, há alguns sons que são agradáveis ao ouvido de todos, e outros que são desagradáveis. Os sons da rua não são música.
SCHAFER: – Um carro na rua cantando os freios – é música?
TODOS: – Não!
SCHAFER: – Por quê? *Pausa: nenhum comentário.* Tudo bem, vamos deixar esse assunto por um momento e voltar a isso mais tarde. Vocês todos concordam que ruído não pode ser música? *Sinais de assentimento.* Muito bem, vamos ver. *Schafer vai até o tímpano e toca ritmicamente, várias vezes.* Isso é música?
CLASSE: – Sim!

No fundo da classe há uma grande lata de lixo. Também ela é percutida várias vezes, ritmicamente.

SCHAFER: – Isso é música?
CLASSE: – Não!
SCHAFER: – *surpreso*. Oh! Há uma diferença? Podem me dizer qual?
ALUNO: – O tímpano soa numa altura definida, e a lata de lixo é só ruído.
SCHAFER: – Alguém pode me dizer qual a altura definida do tímpano?
TIMPANISTA: – Eu acho que é "lá".
SCHAFER: – Tudo bem. *Tocando o tímpano. Classe, cantem "lá". Confusão total. Há tantas alturas diferentes quanto alunos. Um estranho "lá". Risos.* Acho que erramos ao pensar que o tímpano tem altura definida. É verdade que, às vezes, ele toma o tom de outros instrumentos na orquestra quando toca com eles, mas de fato não tem altura definida. O som que produz é tão ruído quanto o da lata de lixo.

Segue-se uma breve discussão sobre a diferença entre vibrações regulares e irregulares. O que se afirma é ser isso o que distingue os sons de altura definida do mero ruído. Em seguida, Schafer vai novamente ao tímpano e à lata de lixo e percute os dois do mesmo jeito.

SCHAFER: – Agora, o que vocês acham disso? Ainda pensam que um é música e o outro não?
ALUNO: – Há alguns outros instrumentos, às vezes empregados na orquestra, que produzem ruídos do mesmo modo que a lata de lixo – por exemplo, a bigorna.
SCHAFER: – Certo! Você pode achar outros?
VOZES: – Sinos! Lixas! Apitos! Sirenes! Máquinas de escrever!
SCHAFER: – Bom! Quero que vocês pensem por um momento nessa questão: a lata de lixo produz ou não música? Voltaremos ao assunto daqui a pouco. Mas vamos continuar a examinar nossa definição de música: "sons agradáveis ao ouvido". Para nos ajudar, proponho um trabalho. Peguem seus instrumentos e estejam prontos para tocar.

Os estudantes tomam seus instrumentos. Toda a orquestra está representada.

SCHAFER: – A tarefa é a seguinte: vocês foram contratados por Alfred Hitchcock para escrever a música de seu mais recente filme de horror. Na cena em que estamos trabalhando hoje, a vítima está entrando numa casa escura. O assassino se esconde atrás da porta e, num certo momento, salta e golpeia a vítima. Como vamos reforçar esta cena dramática com música?

Muitas sugestões são dadas. Para acompanhar a entrada da vítima na casa, a classe decide fazer um trêmulo grave e suave nas cordas, que vai crescendo aos poucos e, então, é cortado de repente, no momento em que a vítima abre a porta fatal. Quando o assassino salta, a orquestra inteira toca um acorde em sforzando. Mas que acorde? Isso vira outra discussão. Alguém sugere que não importa qual, desde que seja forte. Experimenta-se Sol maior. A classe rejeita porque é muito brilhante. Alguém sugere Sol menor. Repete-se a sequência com Sol menor. A classe ainda não está satisfeita. Acham "muito convencional" e "não assustador o bastante".

SCHAFER: – Acho que o Sr. Hitchcock concordaria com vocês. Uma coisa está clara: para ilustrar esta situação tensa e brutal, precisamos de um acorde de máxima tensão. Posso fazer uma sugestão? Cada um vai conversar com seu vizinho, ver que nota ele quer tocar e então escolher uma diferente para si. Escolham qualquer nota, mas toquem o mais forte possível. Prontos ao meu sinal de entrada!

A classe se diverte com essa sugestão, mas está ansiosa para experimentá-la. O resultado é impressionante! O som produzido é verdadeiramente assustador.

SCHAFER: – Nós temos também cantores aqui e ainda não demos nada para eles fazerem. Como vamos incluí-los?
ALUNO: – Acho que não podemos incluí-los. Não há nada que eles cantem que caiba aqui.
UM CANTOR: – Não sabemos nenhuma canção de horror.
SCHAFER: – Digam, o que vocês fariam se alguém pulasse de trás de uma porta e ameaçasse vocês com uma faca?
CANTOR: – Eu gritaria.
SCHAFER: – Então?

Todos os olhos brilham.

CANTOR: – Quando você tocar o acorde, quer que a gente grite?
SCHAFER: – Com toda a força dos pulmões! Pronto? Vamos lá!

A sequência é repetida, dessa vez, com as vozes. O som é tão assustador que algumas meninas tapam os ouvidos e estremecem. Três pessoas aparecem na porta perguntando "O que aconteceu?". Todos estão certos de que Hitchcock ficaria encantado.

SCHAFER: – Agora, ninguém tem qualquer dúvida para decidir se esse som foi agradável ao ouvido; com certeza, não foi. Porém, como som, ele serviu perfeitamente à nossa proposta. Considero que foi um som musical porque era a trilha sonora ("musical") que nos foi pedida para o filme. Mas, se é assim, o que acontece com a nossa definição de música como um "som agradável ao ouvido"? Pensem sobre isso até amanhã.

O sinal toca; acabou a aula.

No dia seguinte:

SCHAFER: – Estamos ainda tentando definir "O que é música". Ontem fizemos música para um filme de horror. Hoje quero começar tocando uma gravação. Nela há um narrador que é acompanhado por orquestra e coro. Ele é um dos poucos sobreviventes do extermínio dos judeus pelos nazistas, no gueto de Varsóvia. Está descrevendo a cena que tem na memória.

Um sobrevivente de Varsóvia, de Schoenberg, é tocado. A obra com seu texto confuso, um misto de pathos e ódio, é intensamente dramática. Quando acaba, a classe, que contém grande número de judeus, está obviamente chocada e profundamente emocionada. Somente quando a classe se recuperou foi possível continuar.

SCHAFER: – Embora possa ter ficado alguma dúvida de que nossa experiência de ontem legitimou a música, acho que ninguém pode negar que o que acabamos de ouvir agora foi experiência musical poderosa e emocionante. Alguém quer dizer algo sobre isso?

ALUNO: – Acho que a música foi eficiente ao descrever a tragédia. Houve momentos em que ilustrou perfeitamente o texto. Por exemplo, nas palavras "suspiros e gemidos", a orquestra inteira produziu um tipo de som doloroso que deu muita força ao texto.

OUTRO ALUNO: – Achei que o acompanhamento para o oficial alemão foi especialmente eficaz. Fez dele uma criatura odiável.

UM TERCEIRO ALUNO: – Para mim, a seção mais dramática foi quando o narrador acha que está ouvindo o coro dos judeus mortos, e, então, repentinamente, eles irrompem a canção.

SCHAFER: – Este é o ponto marcante da peça. Antes disso tinha sido completamente negativo. Vocês usaram as palavras "doloroso" e "odioso" para descrever esta obra. Porém, quando o coro dos judeus mortos entra, o elemento positivo se afirma; seu canto tem uma determinação torturada e perseguida, que transmite luta e muita força. É como se o compositor estivesse dizendo: "Mesmo que vocês matem o povo judeu, nunca poderão matar sua memória".

Mas o que nos interessa agora é encaixar essa peça na definição de música como "som agradável ao ouvido". Receio que sejam incompatíveis. Uma delas precisa cair fora.

ALUNO: – A definição é que precisa cair fora.

SCHAFER: – Sim, concordo. Uma definição precisa incluir todos os membros da família a que se propõe definir. Ela abrange a todos. Você não pode ter uma definição que deixe algo de fora. Vamos contrapor mais uma das definições a *Um sobrevivente de Varsóvia*. "Música é som organizado com ritmo e melodia". E agora? Havia ritmo e melodia na peça de Schoenberg?

ALUNO: – Não acho que se possa dizer que havia melodia.

SCHAFER: – O que você entende por melodia?

ALUNO: – Bem, alguma coisa que se possa assobiar ou cantar.

OUTRO ALUNO: – Não concordo. Acho que havia melodia aí, mesmo se você não puder assobiá-la. Talvez possa haver tanto melodias tristes quanto alegres. Até o acompanhamento para "suspiros e gemidos", talvez, pudesse ser descrito como melodia.

SCHAFER: – Tudo está dependendo da nossa definição de melodia, não? Para começar, uma melodia é feita de quê?
ALUNO: – Uma série de tons.
SCHAFER: – Que tons?
ALUNO: – Poderia ser qualquer um.
SCHAFER: – Estes?

Vai ao piano e toca cinco ou seis tons disjuntos, em registros e dinâmicas diferentes.

ALUNO: – Suponho que poderia, mas não é uma melodia muito boa. *Risos.*
SCHAFER: – Provavelmente você está certo, mas lembre-se: estamos procurando definir o termo, e não tentando distinguir entre melodias boas e ruins.
ALUNO: – Mas uma melodia não precisa ter alguma ordem para expressar uma certa emoção?
SCHAFER: – Gostei do que você disse. A sucessão particular de sons que o compositor escolhe – sua tessitura, dinâmica, instrumentação –, tudo isso dá um certo caráter à melodia e, por sua vez, obtém uma certa resposta emocional dos ouvintes. A série de notas que acompanha "gemidos e suspiros" de *Um sobrevivente de Varsóvia* tem um caráter emocional do mesmo modo que o movimento coral da *9ª sinfonia* de Beethoven tem um caráter completamente diferente, porque a intenção do compositor é diferente.
ALUNO: – O mesmo se aplica ao ritmo?
SCHAFER: – Você pode responder a isso. *Schafer bate um ritmo regular e, depois, outro ao acaso.* Ambos são ritmos?
ALUNO: – Devem ser, mas um é mais organizado que o outro.
SCHAFER: – Bom! Um ritmo pode ser qualquer sequência de apoios que organizamos ou desorganizamos à vontade, dependendo do efeito particular que queiramos. Há alguns meios de organização que chamamos metro (como em poesia) e outros de desorganização, como o rubato (tempo roubado), síncope, ritardando, acelerando e assim

por diante, ou pela superposição de metros diferentes, que assim confundem os simples apoios decisivos de cada metro individual. Podemos querer desorganizar completamente os apoios para obter um efeito específico. Por exemplo, se eu puser uma série regular de pontos no quadro e disser a vocês que cada um deles é um apoio.

• • • • • •

Posso então confundir a regularidade desses pontos, acrescentando vários outros em volta deles, de tal modo que, apesar de a primeira série ainda estar presente, vai ser difícil distingui-los.

ALUNO: – Parece que *Um sobrevivente de Varsóvia* faz isso.
SCHAFER: – De certo modo, sim. *Um sobrevivente de Varsóvia* é uma peça ritmicamente mais complexa do que, digamos, uma sinfonia de Beethoven, mas nunca se pode confundir complexidade rítmica com falta de ritmo. A falta de ritmo é o puro caos – embora mesmo isso possa ter o seu lugar.

Assim, podemos resguardar, para nossa definição, as palavras ritmo e melodia, se nos lembrarmos de usá-las do jeito que foi discutido. Melodia é simplesmente uma sequência organizada de sons; ritmo, uma sequência organizada de apoios. A palavra-chave é "organizada". O fato de que o compositor pensou nisso transforma-a numa coisa muito diferente dos ruídos que ouvimos na rua, por exemplo. Mas quero pedir a vocês para lembrarem sempre que também essa organização pode, algumas vezes, criar um efeito desorganizado, pois, mesmo quando desorganizamos os sons, ainda estamos organizando-os.

Assim, a segunda definição do quadro "música é som organizado com ritmo e melodia" pode parecer perfeitamente correta se considerada mais amplamente. *Schafer, então, vai ao tímpano e toca.* Mas e agora? É melodia?
ALUNO: – Não. Só ritmo.
SCHAFER: – Pode ser música então?
ALUNO: – Eu... realmente não sei. Da última vez que você tocou, nós dissemos que era música, mas agora... não sei.
SCHAFER: – Lembrem-se do que eu disse um momento atrás a respeito de tornar a definição mais ampla, para envolver o que está para ser definido. Nunca façam a coisa em si ser a própria definição. Deve haver outro caminho por perto. Sigam seus instintos.
ALUNO: – Então ainda é música.
SCHAFER: – Ainda? Tão surpreso? O que você diria então acerca da definição?
ALUNO: – Não acho que esteja errada da maneira como está colocada, porém parece que não é absolutamente necessário ter ritmo e melodia para haver música.
SCHAFER: – Vamos providenciar melodia e ritmo em nossa definição modelo, mas não é absolutamente necessário que ambos estejam sempre presentes. Está bem?
CLASSE: – Sim.
SCHAFER: – Muito bem. Outra pergunta então: um homem está martelando um prego numa tábua. Está fazendo música? A turma considera pensativamente. É como aquela velha questão da lata de lixo. Se eu bato nela, estou fazendo música? *Expressões pensativas.* Um carro canta os pneus na rua. É música?
ALUNO: – *brilhantemente.* Não, senhor, porque o som dos freios não está organizado.
SCHAFER: – Bom! Mas isso ainda nos deixa com o carpinteiro martelando e a lata de lixo.
ALUNO: – A respeito da lata de lixo – nós decidimos que poderia ser usada como um instrumento musical, quero dizer para efeitos sonoros especiais.

SCHAFER: – Se eu escrever uma peça chamada "Polca da lata de lixo" e quiser ter uma lata de lixo de verdade tocando durante a peça, essa percussão pode ser música?

ALUNO: – Poderia, mas não acho que seria muito interessante.

SCHAFER: – Isso não vem ao caso. Não estamos fazendo distinção entre música boa ou má, mas apenas tentando descobrir o que é música. Se nessas condições ela pode ser música, porque não o será quando o lixeiro a joga no caminhão?

ALUNO: – Ele não tem a intenção de fazer música.

SCHAFER: – Essa é a resposta que estávamos procurando! Continue.

ALUNO: – Bem, você decidiu usar a lata de lixo como um instrumento musical e o lixeiro, não. Essa é a única diferença.

SCHAFER: – Exatamente! A palavra que vale é "intenção". Faz uma grande diferença, se um som é produzido intencionalmente para ser ouvido, ou não. Não existe intenção de que os sons da rua sejam ouvidos; são incidentais. Se os fabricantes de automóveis pudessem fazer freios silenciosos – estou certo de que os fariam, embora, naturalmente, se possa pensar que os freios, do mesmo modo que as buzinas, são sinais de alerta. Isso quer dizer que há intenção de que sejam ouvidos, embora não pelos seus próprios motivos, mas antes porque os sinais nos avisam do perigo iminente. Mas e um som que é produzido incidentalmente e não tem esta outra proposta? E o nosso carpinteiro?

ALUNO: – Ele não está fazendo música enquanto martela porque não tem intenção de fazê-la. Os sons que ele está produzindo são apenas incidentais; o importante é martelar os pregos.

OUTRO ALUNO: – Mas, professor, e se o carpinteiro estiver assobiando enquanto martela?

SCHAFER: – Você respondeu.

ALUNO: – Suponho que o assobio é música mesmo que as marteladas não o sejam.

SCHAFER: – Isso está ficando um tanto filosófico. Para começar a assobiar, o carpinteiro deve ter ouvido o som do martelo. É o que sugeriu o assobio a ele, mesmo que a sugestão tenha sido subconsciente. E assim o martelo se tornou um tipo de música para ele e, desde que forneça o acompanhamento rítmico para sua melodia, se torna parte da música para nós também.

ALUNO: – Se eu estiver jantando, o som dos talheres batendo na louça não é música, mas se eu encher de água alguns copos e percuti-los, isso se torna música. Certo?

SCHAFER: – Você respondeu. A intenção faz a diferença. Agora vamos ver onde a palavra "intenção" fica na nossa definição de música. Já decidimos que "música é som organizado". Sabemos também que a música pode incluir certos aspectos como ritmo e melodia. Acabamos de concluir, agora, que música é som "com intenção de ser ouvido". Alguém gostaria de experimentar unir essas conclusões numa definição?

ALUNO: – Música é... uma organização de sons... com ritmo e melodia... com intenção de serem ouvidos.

SCHAFER: – *copiando no quadro*. Vamos colocar entre parênteses "ritmo" e "melodia", uma vez que já sabemos ser possível existir música sem eles e que também, se fôssemos dar uma definição completa, teríamos que considerar outros aspectos do som.

MÚSICA É UMA ORGANIZAÇÃO DE SONS (RITMO, MELODIA ETC.) COM A INTENÇÃO DE SER OUVIDA.

ALUNO: – E sobre aquelas outras definições de música como "uma arte e uma atividade cultural relativa ao som"?

SCHAFER: – É outro assunto. Para considerá-la, temos que começar tudo de novo e perguntar "O que é arte?" e "O que é cultura?". E, como o sinal vai tocar dentro de três minutos, vamos deixar para outra vez. Mas pelo menos chegamos a algumas conclusões que nos permitem formar a base de uma definição, apesar de, sem dúvida, ser preciso mais refinamento.

ALUNO: – Professor, ontem quando começamos essa discussão fui ao dicionário para procurar a definição de música. Essa definição é diferente da nossa.

SCHAFER: – Você copiou? Pode nos dizer qual é?

ALUNO: – Sim. Ele diz: "Música – a arte de expressar ou excitar emoção pela combinação melodiosa e harmoniosa dos sons; qualquer som agradável".

SCHAFER: – Está perto de uma que eliminamos, não? Isso pode dar algo mais para pensar. Vou deixá-los com este pensamento: definições explicam "coisas". Quando as coisas mudam, as definições também mudam. Talvez a música tenha mudado, desde que o seu dicionário foi escrito. Talvez, quem sabe, um dia, um de vocês escreva um dicionário e possa dar uma definição atualizada.

ALUNO: – Professor, isso é esperar muito.

SCHAFER: – Tudo bem. Vamos apenas esperar por isso: que nosso pequeno debate tenha dado a vocês algo em que pensar e que talvez estejamos mais próximos de entender o que estamos fazendo cada vez que entramos nesta sala de música. *O sinal toca.* Isso foi música? Classe dispensada.

Música descritiva

O verdadeiro propósito dessa discussão era descobrir um caminho para perceber a potencialidade de improvisação dos alunos. Começou-se com "imitação da natureza". Pareceu-nos um método eficiente para relaxar os alunos e prepará-los para algumas experiências de improvisação mais sutis que se seguiram.

SCHAFER: – Como vocês sabem, sou compositor. Quero começar hoje perguntando: "Por que um compositor escreve música?". Alguma ideia?

ALUNO: – Porque quer expressar algo.

SCHAFER: – Expressar o quê?

ALUNO: – Sentimentos, talvez, ou pensamentos.

OUTRO ALUNO: – Talvez ele queira descrever alguma coisa ou imitar a natureza.

SCHAFER: – Suponhamos que ele queira imitar a natureza, usando os vários instrumentos da orquestra. Podem pensar em alguma coisa que um compositor poderia imitar em um instrumento específico?

ALUNO: – Poderia imitar uma queda-d'água na harpa.
SCHAFER: – Sim, certamente! Infelizmente não temos aqui uma harpa para demonstrar isso. Dá para pensar em algo mais que poderiam imitar com os instrumentos que estão aqui?
ALUNO: – Uma metralhadora numa caixa.
SCHAFER: – Percussionista, você pode tocar uma metralhadora para nós?

Golpes rápidos na caixa como uma metralhadora. Os alunos acham divertido.

SCHAFER: – O que mais?
ALUNO: – Um exército marchando para a guerra no trompete.
SCHAFER: – Trompetista, pode descrever isso para nós?

O trompetista está relutante. Nesse ponto, um professor de música que estava lá no fundo levanta-se e grita: "Yeoman Bold, p. 5".[2] Felizmente o trompetista continua relutante.

SCHAFER: Há algum outro instrumento que poderia nos dar o tipo de fanfarra que estamos procurando?
TROMPETISTA: – A trompa faria melhor.

Os trompistas são menos tímidos. Um depois do outro improvisam pequenas fanfarras.

SCHAFER: – Bom! Alguma coisa mais?
ALUNO: – A clarineta pode imitar risadas.

Prontamente a primeira clarineta toca um agudo "uá-uá-uá", para alegria geral.

---

2 *Folk and Traditional Song Lyrics*: The True Tale of Robin Hood, uma antiga edição da fábula de Robin Hood, adaptada às crianças.

SCHAFER: – Clarinetas, ouçam o som da classe rindo. Vocês acham que poderiam imitá-los em conjunto?

Experimentam. Segue-se uma explosão de guinchos. O restante da turma está ao lado, se divertindo. Os clarinetistas estão espantados, querem uma explicação.

SCHAFER: – *para o restante da classe.* Vocês acham que eles conseguiram imitar os risos?

Mais risos.

ALUNO: – Acho que foi terrível. Muito desorganizado.

Novamente risos.

SCHAFER: – Ouçam, isso é organizado? Nós rimos em uníssono? Rá, Rá, Rá, Rá! Assim?
ALUNO: – Bem, não é assim.
SCHAFER: – Nós demos aos clarinetistas a tarefa de imitar risadas com seus instrumentos, nada mais. Fizeram isso efetivamente, ou não?
ALUNO: – Bem, isso sim.
SCHAFER: – No momento, não estamos considerando se o que eles fizeram é música ou não, somente estamos experimentando usar os instrumentos musicais para imitar coisas de diferentes natureza. Podem pensar em mais alguma coisa que poderiam imitar e no instrumento apropriado para isso?
ALUNO: – Pios de pássaros na flauta.
SCHAFER: – Flautistas?

Vários flautistas são solicitados a imitar pássaros – trinados, ornamentos etc. – a princípio, um depois do outro, e depois juntos.

SCHAFER: – Esta foi uma tarefa absolutamente direta. Posso pedir algo um pouco mais complexo? Um pássaro sai, voa para o céu, canta para sua companheira enquanto voa em círculo e aí, lentamente, desce de novo para a terra. O movimento do voo poderia ser mais ou menos assim:

Os flautistas não têm medo. Vários tentam com considerável sucesso. Para ilustrar a qualidade do lento movimento circular da subida e descida do pássaro, a maioria usa um idioma melódico altamente cromático. Muitos sustentam a improvisação por vinte segundos ou mais. No fim de cada uma, Schafer pede sugestões e críticas à classe. A seriedade com que as críticas são colocadas logo devolve aos executantes a necessidade de encontrá-las com esforços mais concentrados. Pouco a pouco, a atmosfera da classe vai ficando de intensa seriedade.

SCHAFER: – *aos flautistas*. Isso foi muito bom! Vocês percebem naturalmente que nessas imitações de pássaros, cada um de vocês realmente compôs uma peça original de música. *Os flautistas se mostraram agitados com a sugestão.* Vocês estão acostumados a pensar em compositores como pessoas que morreram há muito tempo – Bach e Beethoven, entre tantos outros. Bem, talvez vocês tenham percebido agora como isso é falso. A composição musical pode ser tão imediata para nós como qualquer outra coisa. Vocês estão ainda muito longe de ser Beethoven, é certo, porém o que vocês estão fazendo foi exatamente o que Beethoven fez uma vez – vocês reagiram a uma sugestão e a transformaram em música original.

Há ainda alguma coisa que poderíamos experimentar?
ALUNO: – O que acham de neblina sobre a cidade?
SCHAFER: – Pode ser um pouco difícil. O que você sugere que a gente faça?

ALUNO: – Pensei nos metais e madeiras mais graves – tubas, trombones, saxofones-barítonos e clarinetas-baixo.

A banda é grande e contém ao menos dois ou três de cada um desses instrumentos.

SCHAFER: – O que eles devem tocar?
ALUNO: – Eles podem tocar notas longas, graves, muito suavemente.
SCHAFER: – Tudo bem, vamos tentar!
INSTRUMENTISTA DE TUBA: – Professor, que notas devemos tocar?
SCHAFER: – Neste momento, toquem quaisquer notas que quiserem, contanto que sejam lentas, longas e suaves. Estamos querendo criar a textura da neblina, nada mais.

Experimentam. O som é denso e agourento. Uma clarineta-baixo, não intencionalmente, balbucia algo não apropriado.

SCHAFER: – O que vocês acharam?
ALUNO: – A clarineta-baixo bagunçou.

Os outros concordam enfaticamente. O clarinetista está com vergonha e pergunta se pode tentar outra vez. Começam e agora ele acerta.

SCHAFER: – Mais algum comentário?
ALUNO: – Geralmente, quando a neblina cai, vem primeiro em nuvens e, aos poucos, vai cobrindo a cidade, e então move-se em nuvens outra vez. Acho que poderíamos tentar imitar isso, tocando algumas notas mais agudas primeiro, depois mais graves e agudas de novo.
SCHAFER: – Ótimo. Siga minha batuta enquanto eu a movimento lentamente ao redor, para baixo e para cima novamente.

À medida que a batuta se move, o som adquire um caráter mais sólido.

SAXOFONISTA-BARÍTONO: – Professor, e se a gente acrescentasse uma buzina de neblina? Posso imitá-la muito bem com meu instrumento.
SCHAFER: – Tudo bem, vamos ouvir.

O sax-barítono toca um som grave e leve, então deixa-o crescer até o forte para finalmente cortá-lo com um súbito sforzando. *O efeito é quase realístico.*

SCHAFER: – Vamos incrementá-lo. Todos tocam tão suave quanto possível e, sobressaindo à neblina, ouviremos o crescendo da solitária buzina de neblina.

Graficamente, a textura que resulta é mais ou menos assim:

SCHAFER: – É um som interessante. Ao menos evoca algo da densidade e do mistério da neblina. O que mais poderíamos tentar?
ALUNO: – O que acha de uma floresta?
SCHAFER: – Como?
ALUNO: – Não sei exatamente, mas o vento soprando nas árvores faz um som.
SCHAFER: – Você quer descrever o vento ou a floresta?
ALUNO: – Ambos.
SCHAFER: – Você sabe como descrever o vento? *Inúmeras sugestões: glissandos nas cordas, arpejos sussurrantes no piano e na harpa, lamentosos murmúrios nas madeiras etc.* Obviamente, podemos sugerir vento de várias maneiras, dependendo se ele é uma brisa de primavera ou o bramido de uma tempestade, mas e a floresta? Quero saber da floresta. *Não há sugestões.* Vamos colocar a questão mais explicitamente.

Schafer desenha uma árvore na lousa.

SCHAFER: – Pronto! Podemos descrevê-la musicalmente?
ALUNO: – Você poderia dar a impressão da altura das árvores, começando nos graves da orquestra, subindo para algo mais alto e então caindo outra vez.

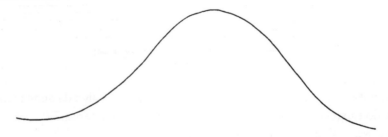

SCHAFER: – Assim? Como posso saber se se pensou numa árvore e não numa montanha? Ou numa onda... ou num cupinzeiro?
ALUNO: – Você não pode saber.
SCHAFER: – Chegamos aqui a um impasse. Certamente há algumas coisas que podem ser descritas em música com considerável precisão desde que o ouvinte tenha alguma imaginação, mas há também algumas coisas impossíveis de serem descritas. Nos poucos momentos que nos restam, poderíamos tentar classificá-las.

O primeiro grupo incluiria eventos naturais que possuem um único som; por exemplo, uma queda-d'água, ou o som da arma de fogo, ou o canto de um cuco. O segundo grupo incluiria os eventos naturais que não possuem um som próprio definido, porém ainda sugerem uma atmosfera que pode ser criada – um tipo específico de movimento ou talvez uma textura. Aí caberia nossa música de pássaros. Tivemos uma ideia definida do movimento circular, da subida e descida do pássaro durante o voo. O mesmo com a neblina: não havia movimento, mas foi sugerida uma textura densa e sombria, que podíamos reproduzir musicalmente num certo grupo de instrumentos.

Mas temos, então, todos os objetos estáticos ou inanimados. Não sugerem movimento ou textura e não fazem sons que possamos imitar. Uma pedra, por exemplo, um poste de telefone ou uma árvore. Estamos perdidos quanto ao que fazer. Podemos dar alguma ideia do vento soprando por entre as folhas de uma árvore, ou, se a árvore estiver numa floresta densa, poderemos dar a impressão de uma densidade da floresta através de certa textura orquestral, porém não podemos descrever a árvore com precisão. Isso nunca foi nem será feito. Algumas vezes vocês podem pensar que foi conseguido, mas penso que, após um exame mais detalhado, vocês vão descobrir que a ideia da árvore foi sugerida *antes* de se ouvir a música, no título ou em alguma nota descritiva do programa.

Vocês podem experimentar fazer uma lista de coisas que cabem nessas categorias e, para aquelas que puderem ser miradas ou sugeridas, indicar a instrumentação que acharem mais adequada. Aqui está uma pequena lista, para começar. Pensem sobre cada uma dessas coisas e as coloquem na categoria correta:

Um mar tempestuoso	Um professor zangado
Um pôr do sol	Crianças brincando
Uma brisa suave	Uma bandeira nacional
O edifício Empire State	As Montanhas Rochosas
Um cavalo galopando	Uma fundição de ferro
Um cavalo parado	Um riacho murmurante
Uma folha	Um copo d'água
O vento nas folhas	Uma cena de trabalho doméstico
Um cachorro latindo	Fumaça

Texturas de som

SCHAFER: – Já falamos sobre o modo de usar instrumentos para sugerir ou imitar vários eventos naturais. Agora vamos explorar alguns materiais básicos utilizados pelo compositor para suscitar diferentes respostas emocionais nos ouvintes. Por exemplo, se eu disser "zangado", em que espécie de som musical você pensaria?

ALUNO: – Algo forte.

OUTRO ALUNO: – Algo forte e penetrante.

SCHAFER: – Quero saber: por que essas qualidades?

ALUNO: – Porque uma pessoa zangada grita numa voz forte e penetrante.

SCHAFER: – Certamente poderia ser uma razão. Forte e penetrante ou agudo têm seu extremo oposto em suave e grave. Um som suave e grave sugere alguma emoção a você?

ALUNO: – Melancolia.

OUTRO ALUNO: – Amor?

SCHAFER: – Você não me parece muito certo disso. Por que você disse amor?

ALUNO: – Porque as pessoas apaixonadas falam numa voz suave e baixinha.

Risinhos das meninas.

SCHAFER: – Sim, acho que faz sentido. De qualquer forma, você nunca vai se lembrar de zanga através de um som grave e suave ou de amor por meio de um som agudo e forte; assim, vocês podem ver que esses extremos diferentes devem possuir algum poder sobre nossas emoções, mesmo que não possamos definir com precisão que emoções eles evocam.

Agora, como eu disse, suave e forte, agudo e grave são opostos. Vocês podem achar outros valores no vocabulário musical que sejam opostos entre si?

ALUNO: – Longo e curto.

OUTRO ALUNO: – Rápido e lento.

SCHAFER: – Bom! Talvez isso já seja suficiente para trabalhar. *Ele os escreve no quadro.*

AGUDO	GRAVE
FORTE	SUAVE
CURTO	LONGO
RÁPIDO	LENTO

SCHAFER: – O compositor usa valores básicos como esses para criar uma composição com um caráter específico. O que eu quero que vocês observem é que esses valores têm o poder de afetar o ouvinte de muitas maneiras diferentes. Por exemplo, peguem seus instrumentos e, ao meu sinal, toquem uma nota aguda forte – qualquer nota serve, o que importa é a qualidade do som. *Um som agudo e forte é produzido, arrepiando alguns alunos.* Agora vamos tocar novamente, ao meu sinal, um som muito grave e suave. *Um som suave e grave é produzido.* Não há necessidade de que eu diga a vocês que essas duas sensações sonoras foram muito diferentes; uma foi agressiva, arrepiante, a outra leve ou talvez triste. O papel do compositor é usar esses materiais para produzir algo com significado e movimento. Às vezes, um compositor escolhe se restringir a alguns desses valores somente, do mesmo modo que os pintores algumas vezes pintam com o que é chamado uma "paleta limitada". Isto é, ele propositadamente escolhe restringir seu trabalho a certas cores. Talvez vocês já tenham visto pinturas de Picasso das fases "azul" ou "rosa"; foram pintadas numa escala restrita de cores. Do mesmo modo, se os compositores desejarem criar uma certa atmosfera, eles podem restringir seu trabalho a certos valores – por exemplo, sua música será "lenta" e não "rápida" ou "suave" e nunca "forte" e assim por diante. Para ilustrar, quero tocar para vocês partes de duas obras que empregam esse tipo de "paleta limitada" em música. A primeira, de Claude Debussy, é intitulada *A tarde de um fauno*.

Os primeiros dois ou três minutos da gravação são tocados.

SCHAFER: – Vocês podem ver que foi criado aqui um clima bastante definido. A segunda peça cria outro clima, também por restringir-se a valores musicais específicos. É chamada *Noite numa montanha deserta*, do compositor russo Modeste Moussorgsky.

Os primeiros dois ou três minutos da peça são tocados.

SCHAFER: – Alguém gostaria de aplicar nossa tabela de valores a essas duas composições e nos dizer a diferença?
ALUNO: – As duas peças são completamente diferentes. A primeira usa valores musicais graves, longos e lentos, e a segunda, agudos, fortes, curtos e rápidos.
SCHAFER: – Sim. Elas são completamente contrastantes, não? Talvez vocês possam começar a entender o poder que esses valores têm sobre o ouvinte, quando o compositor os usa com imaginação. Nessas duas composições temos uma divisão completa dos valores escritos no quadro como:

Debussy	*Moussorgsky*
SUAVES	FORTES
LONGOS	CURTOS
GRAVES	AGUDOS
LENTOS	RÁPIDOS

Podemos chamar essas composições de "líricas" porque tendem a usar valores relacionados com a finalidade de criar e sustentar um clima. Porém, se o compositor quiser criar uma composição "dramática", ele deve estar mais atento aos valores contrastantes, com mudanças abruptas e surpresas. Alguém conhece um compositor cuja música contenha essa espécie de drama?

ALUNO: – Beethoven é sempre cheio de surpresas.
SCHAFER: – Beethoven talvez seja o melhor exemplo a mencionar. Em Beethoven, você é constantemente surpreendido por novos acontecimentos. Uma passagem suave é repentinamente interrompida por uma forte explosão de toda a orquestra, ou uma passagem em fortíssimo subitamente se torna um pianíssimo. Há ainda numerosos trechos de sua música onde uma seção muito lenta é imediatamente seguida por uma muito rápida e furiosa. Assim, se quisermos estudar a música de Beethoven, acabaremos achando que todos os extremos da nossa lista estão juntos em violentas justaposições, como:

Debussy	←		→	Moussorgsky
SUAVES	←	B	→	FORTES
LONGOS	←	E E T H O V E N	→	CURTOS
GRAVES	←		→	AGUDOS
LENTOS	←		→	RÁPIDOS

É isso que faz de Beethoven um compositor dramático. Na verdade, eu simplifiquei tudo para tornar um ponto básico bem claro a vocês.

Agora, para ajudá-los a apreciar o efeito emocional das diferentes qualidades de som, achei que podíamos fazer uma pequena experiência. Eu gostaria que cada um com seu instrumento pudesse ilustrar as diferentes qualidades sonoras que estivemos discutindo e poderemos ver como contrastam entre si. Não vamos tocar acordes ou notas específicos, mas, antes, pensar na produção de texturas de som. Por exemplo, há uma diferença entre as texturas da minha jaqueta de brim e minha camisa de náilon. É nesse sentido que gostaria que vocês pensassem na textura do som. Assim, não se preocupem com as notas; vou indicar a vocês o nível geral de altura da nota – se é grave, média ou aguda – pela posição de minhas mãos ao dar o sinal. Agora vou dar alguns sinais com minha mão e cada um deles irá estabelecer um tipo diferente de textura sonora.

Schafer explica e experimenta os vários sinais que se propõe a usar. São:

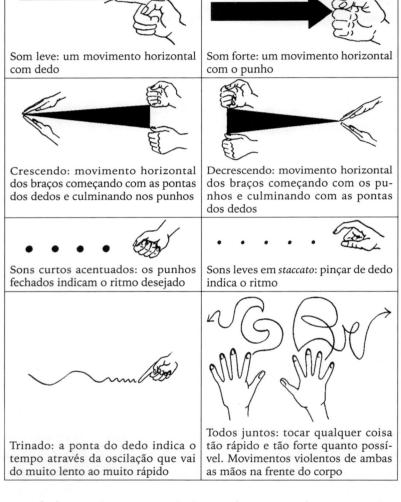

Schafer experimenta esses sinais e os alunos respondem com seus instrumentos. Uma deliberada atenção é posta na construção de sequências de sinais, utilizando-se a maior quantidade de contrastes possível, isto é, um som curto e leve seguido por um longo e forte e assim por diante.

SCHAFER: – Agora, vamos acrescentar contraponto a essa sequência de texturas sonoras que estamos produzindo. Gostaria que um de vocês viesse me substituir na regência, para dar outra perspectiva à nossa experiência.

É escolhido um regente assistente e a orquestra é dividida. Cada parte segue os sinais de um regente. Os regentes ficam de tal jeito que um pode ver o outro e tentam criar contrastes nas texturas sonoras, de modo que cada textura, lançada por um regente, seja inspirada em oposição à do outro. Eventualmente, há três regentes (todos alunos agora), e a orquestra é dividida em três grupos. Os regentes ficam em semicírculo para que possam ver uns aos outros. Schafer vai ao fundo da sala para ouvir os sons.

SCHAFER: – Esperem um minuto! Antes de continuarmos, quero perguntar se alguém tem críticas a fazer.

ALUNO: – Professor, os sons estão muito confusos. Todos estão fazendo alguma coisa diferente.

SCHAFER: – Sim, está muito confuso. E o motivo é que os regentes não estão muito atentos um ao outro. Cada um está perdendo o controle com o som do seu próprio subgrupo. Vocês não estão prestando atenção nos outros regentes. Esqueceram a proposta inicial, que era produzir contrastes de som. Se todos tocam o tempo todo, teremos algo como um pântano de som. Não há drama aqui.

Experimentem pensar assim: não há nada interessante numa parede sólida sem janelas. Pelas janelas nos articulamos à parede e trazemos luz às pessoas que estão do lado de dentro da construção.

Colocamos janelas na música por meio de pausas – silêncio. Somente quando uma parte está em silêncio é que podemos ouvir mais claramente o que as outras estão fazendo. Vamos experimentar novamente, e eu quero que os regentes se ouçam e se observem uns aos outros. Não fiquem empilhando coisas uma em cima da outra. Pensem nos sons que seus colegas estão produzindo e, quando tiverem um contraste apropriado a acrescentar, façam-no. Mas sobretudo ouçam, ouçam, ouçam!

A experiência continua e, quanto mais longe vai, mais o resultado da textura sonora se torna interessante. Mais tarde é acrescentado um pequeno grupo coral que emite três sons: s, m e ah. Esses três sempre produzem enorme contraste no som, uma vez que s é sussurrado, m é emitido com boca fechada e ah com a boca aberta. A esses são acrescentadas dinâmicas e também uma indicação relativa de altura, pela posição do gesto. A experiência, que agora inclui quatro grupos (três orquestras e um coral), sob a direção de quatro regentes, continua vividamente, embora o entusiasmo não os impeça de serem críticos, até o sinal encerrar a aula.

Música e conversa

Tenho aqui cinco instrumentistas de sopro – o quinteto de sopro padrão. A intimidade desse grupo o torna um atrativo para experiências mais estimulantes. Embora a analogia usada aqui entre conversa, na fala, e improvisação, em música, não seja tão conclusiva quanto a discussão seguinte possa fazer parecer, ela prova ser um meio válido para trazer uma pronta resposta dos executantes.

É difícil decidir se o valor real de uma experiência, como a que se segue, está no desenvolvimento do talento latente para improvisação, ou se ela serve meramente como um exercício de treinamento auditivo. É possível que esteja nos dois. Certamente já se sabe que a maioria dos alunos nunca se ouve quando toca em bandas e orquestras onde há vinte clarinetas ou dezesseis flautas, todos tocando as linhas em uníssono, de seus Beethoven-Browns ou Haendel-Jacksons. Assim, forçar os alunos a ouvir, como foi necessário aqui, parece constituir-se numa importante "ruptura" na sua educação musical.

SCHAFER: – Hoje gostaria que experimentássemos alguns exercícios de improvisação. Como vocês sabem, nem toda a música é escrita – muito do jazz, por exemplo, não é. Também no passado, houve períodos em que o executante era solicitado a improvisar (realmente compor) parte da composição. Assim era a *cadenzar*[3] do concerto,

---

3 Em português cadência, trecho improvisado pelos solistas nos concertos clássicos, desenvolvendo os temas utilizados antes. (N.T.)

e era aí que o intérprete podia dispor de sua virtuosidade e do seu dom criativo. Também muitos compositores contemporâneos estão começando a confiar aos executantes partes da música para que improvisem ou componham. Está sendo feita, assim, uma verdadeira tentativa de quebrar o sentimento de separação, que tem aumentado nos últimos anos, entre compositores e intérpretes.

Depois dessas palavras de introdução, gostaria de propor a vocês um pequeno problema que vamos solucionar pela música improvisada – isto é, aquela que vai sendo composta na mesma hora em que está acontecendo. O problema é: vocês vão conversar entre si, porém em lugar de vozes terão somente os instrumentos em suas mãos. Tudo o que tiverem de comunicar a seu colega, todos os seus pensamentos, emoções e ideias, será feito através desses instrumentos. Quem gostaria de falar algo primeiro?

Risos nervosos. Finalmente, um a um foram convencidos a improvisar pequenos solos. Para lhes dar inspiração, o expediente usado foi pedir-lhes: "diga alguma coisa doce", "diga algo ríspido" e assim por diante. No começo os solos foram abruptos, autoconscientes e disformes, mas em poucos minutos se tornaram mais soltos e, aos poucos, se definiram.

SCHAFER: – Agora que cada um já está se tornando adepto do monólogo, podemos nos mover dentro do campo do diálogo. Desta vez, quero que cada um siga o outro imediatamente. Quando eu apontar para alguém, essa pessoa começa e a anterior diminui e sai. Mas eu quero que cada um comece a partir da ideia de seu predecessor e a desenvolva, do mesmo jeito que na conversação, quando uma pessoa conclui uma frase, a outra pode começar dizendo "eu sei", ou "concordo com você" antes de colocar sua ideia. Vamos experimentar? Venham sempre que se sentirem bem, após eu ter apontado para vocês.

Depois de algumas rodadas, Schafer não está satisfeito com a maneira com que os executantes tomam as frases dos outros. As ligações são caprichosas e raramente se relacionam com o que o instrumentista anterior tocou.

SCHAFER: – Não, receio que não seja isso! Vocês não estão se ouvindo! Vamos tentar apenas algumas passagens de ligações, sozinhos. Primeiro, um de vocês toca um pequeno motivo e então eu quero que os demais, um após o outro, o imitem – não exatamente nota por nota, mas preservando o caráter geral da passagem. Tudo bem, flauta, oboé, clarineta, trompa e fagote, nessa ordem. Prontos?

Ainda é patente que os executantes não estão se ouvindo. Uma figura tocada por um instrumento, que poderia ter cinco ou seis notas, transforma-se numa sequência irreconhecível de três notas, na figuração seguinte. É preciso simplificar mais.

SCHAFER: – Vamos pegar apenas duas notas. Um mundo todo pode existir na relação entre duas notas. Podem ser suaves ou fortes, agudas ou graves, curtas ou longas; e, porque são duas, podem contrastar dramaticamente uma com a outra. Lembram-se de nosso experimento com texturas contrastantes? Gostaria de ouvir cada um de vocês tocando pares de notas contrastantes em seus instrumentos.

E assim acontece. Emprego considerável de imaginação. Se considerarmos largura = intensidade, altura = altura e comprimento = duração, alguns dos exemplos tocados poderiam ser representados graficamente assim:

SCHAFER: – Bom! Desta vez, um de vocês toca um grupo de duas notas e os outros o imitam em sucessão – não necessariamente as mesmas notas, mas o mesmo esboço de caráter.

Isto é bem executado. Finalmente os executantes estão começando a se ouvir. O exercício é repetido com três notas, depois com quatro.

SCHAFER: – Estamos começando a pôr ordem no caos, finalmente! Desta vez vou pedir que introduzam uma pequena variação nas imitações. Como se uma pessoa fizesse uma observação numa conversa e a outra a repetisse com floreios. Vocês podem me dizer de que jeito um compositor pode variar pequenos motivos de duas notas, como esses que vocês tocaram?
FLAUTISTA: – Ele pode alterar o ritmo.
SCHAFER: – Por exemplo?
FLAUTISTA: – Se o ritmo das duas notas foi longo-curto, ele poderá mudar para curto-longo.

Um exemplo é tocado.

SCHAFER: – Bom! E que mais?
OBOÍSTA: – Mudando as notas e conservando o ritmo.
FAGOTISTA: – Se uma era forte e a outra piano, o compositor poderia invertê-las.
FLAUTISTA: – O compositor poderia virá-las de baixo para cima, ou tocá-las de trás para diante.
SCHAFER: – Sim, tudo isso seria possível. Deixem-me anotar no quadro.

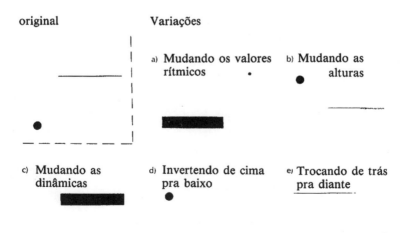

SCHAFER: – Essas são algumas das maneiras de fazer variações sobre uma pequena sequência de duas notas, como as que vocês tocaram. Quando vocês olham este quadro, notam alguma coisa que possa indicar um princípio geral da técnica de variação? *Silêncio.* Bem, assim como está, como vou saber se qualquer grupo de duas notas do quadro é uma variação do par original?

FAGOTISTA: – Elas não teriam nada em comum.

SCHAFER: – Exatamente, este é o princípio. Em todas essas variações, notem que só um elemento é mudado – uma vez o ritmo, outra a altura, depois a dinâmica e assim por diante –, mas os outros aspectos continuam os mesmos. É preciso que alguns aspectos permaneçam os mesmos do original, ou então deixam de ser variações. Vamos experimentar tudo de novo! Voltemos ao motivo de duas notas, e cada um de vocês vai tocar uma variação dele. Vamos começar com a trompa, desta vez.

No começo soa um pouco hesitante, e os instrumentistas não se sentem seguros quanto ao que é ou não permitido. Mas logo a técnica de variação se torna clara e eles começam a reagir mais naturalmente a ela.

SCHAFER: – Vocês devem continuar a fazer isso entre vocês mesmos de vez em quando, para aprender a reagir prontamente aos sons que outros estão produzindo. Agora, vamos voltar ao nosso ciclo de solos original. Um começa a tocar, então outro começa, o primeiro calmamente retrocede e para. Mas cada vez que um novo executante começar, ele precisa tomar um pequeno motivo ou uma frase de seu predecessor e comentá-la (isto é, repeti-la ou variá-la), antes de continuar.

Desta vez os resultados são muito mais efetivos.

SCHAFER: – Voltemos à nossa comparação entre o que vocês estão fazendo e uma conversação. A discussão de vocês está muito ordenada; uma pessoa fala, depois outra e cada uma concorda com a anterior, antes de dizer alguma coisa pessoal. Isso talvez seja o caminho ideal para se estabelecer uma conversação, porém acho que é um pouco irreal. Nós não somos tão pacientes ao conversar com os outros. Nem sempre concordamos com eles. Também o tom emocional de uma conversa pode, de repente, subir como uma febre. Imagino se seria possível aplicar isso no que estamos fazendo. Vamos tentar conversar sem que eu dê nenhuma direção. Deixem que o clima dirija vocês. Vocês podem concordar ou discordar dos colegas como quiserem.

Começam, mas logo a textura é tão densa que é impossível ouvir qualquer instrumento claramente.

SCHAFER: – Esperem um minuto! É verdade que, algumas vezes, na conversa falamos todos juntos, mas aí ninguém entende o que está sendo dito. É essa impressão que estão me dando. Temos cinco pessoas falando cinco línguas diferentes tão rápido quanto possível e ninguém está tomando o cuidado de ouvir o que o outro está dizendo. Um sábio já disse uma vez: "o melhor ouvinte é aquele que melhor conversa". Quem espera o momento certo e aí diz exatamente a coisa certa é respeitado por sua sabedoria e inteligência. Somente um tolo fala o tempo todo. Vamos nos ouvir e experimentar novamente.

O som que resulta, apesar de menos verborrágico, não é, no entanto, lúcido.

SCHAFER: – Está melhorando. Mas lembrem-se da importância do silêncio na música. O silêncio na música é como as janelas na arquitetura, deixam passar a luz. Esperem até aparecer o momento de fazer um comentário importante e aí acrescentem algo à textura; se não, fiquem quietos e ouçam o que os outros estão dizendo.

Novamente outra melhora.

SCHAFER: – Está ficando muito melhor. Consideremos novamente a nossa conversação humana. Às vezes, uma pessoa domina a conversa completamente e as outras parecem formar um coro de assentimento. Por exemplo, o orador político cativante; o público simplesmente o segue com uma espécie de vibração por simpatia. Vamos experimentar algo como isso em música. Um de vocês, digamos o clarinetista, é o orador-solo na plataforma. Os outros o acompanham, calmamente.

Experimentam, mas, apesar de os outros tocarem tão calmo quanto possível, o simples movimento que fazem ao tocar encobre o solo da clarineta.

SCHAFER: – Talvez vocês já tenham sentido, como eu, que estão encobrindo o solista. Como vocês poderiam tocar sem deixar que isso aconteça? Deixem-me sugerir algo. Se eu fosse desenhar esse último episódio no quadro, poderia ser algo assim: com a linha mais grossa significando o solo de clarineta, e as finas, os demais instrumentos que a acompanham.

Agora vocês podem ver a densidade da textura. Mas, se eu quiser contrastar a linha espessa da clarineta-solo com as linhas retas e claras nos outros instrumentos, a confusão desaparece. Vejam isso:

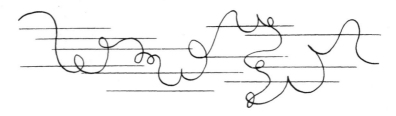

Na música a clareza é conseguida através do contraste entre diferentes tipos de textura como neste. Vamos experimentar o solo outra vez, agora com os demais tocando notas longas e suaves. Juntos vocês vão fazer acordes, e isso servirá como uma espécie de sustentação harmônica para o solista se manter.

Experimentam outra vez e a súbita mudança é imediatamente sentida por todos.

SCHAFER: – Vamos tentar agora incorporar todos esses aspectos diferentes que aprendemos numa única improvisação, bem espontânea. Não quero dirigir vocês. Quero que "sintam" o momento e reajam como quiserem. Podem concordar ou não, embora seja bom ter em mente que concordar é mais desejável se for para a conversa continuar. Quero lembrar ainda o grande valor do silêncio numa conversa. Comentários, só quando tiverem algo de construtivo a acrescentar. Não falem à toa.

Começam. Depois de um minuto Schafer os interrompe para fazer uma observação, e eles recomeçam. Novas interrupções e mais observações. E assim vai. Aos poucos, tudo fica mais coeso e lúcido, e começa-se a sentir uma espécie de íntima comunicação entre os executantes. Principalmente porque estão todos se ouvindo. Isso foi exemplificado brilhantemente em um ponto da improvisação, quando a flauta tocou uma pequena figuração descendente, imediatamente imitada no oboé e depois na clarineta e na trompa. O fagote inverteu o motivo, que passou espontaneamente pelas vozes e voltou à flauta novamente. Uma hora atrás, seria impossível conseguir esse entrosamento contrapontístico!

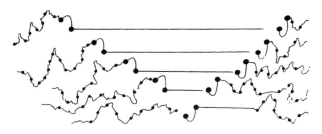

A máscara do demônio da maldade

Todo compositor tem o dever de se interessar pela habilidade criativa dos jovens, mas é preciso ser rápido para captá-la. No nosso sistema de educação musical, a música criativa é progressivamente difamada e passa a não existir. À medida que os professores de bandas escolares executam nas paradas seus esplêndidos Beethoven-Browns e Bach-Smiths, eles estão encobrindo tudo o que é criativo nas crianças com uma camada impermeável. Qualquer classe de escola pública poderá improvisar desinibidamente, mas, quando chegam aos graus 12, 13,[4] essa habilidade estará completamente abafada por risos nervosos à perspectiva de tocar quatro notas que não estão escritas, uma situação que nos leva diretamente àquele professor cujo único grito parecia ser *"Yeoman Bold, p. 5!"*.

Esta última sessão se deu numa escola pública (grau seis, creio).[5] Os alunos estavam sendo treinados pelo método Orff, um método que ao menos encoraja um mínimo de criatividade – ai de mim! nas mãos de pobres professores, sem destacar nenhum deles. Porém, a professora dessa classe era excepcional, de outra forma não chegaríamos ao resultado que obtivemos nesse dia de inverno, quando os alunos, recusando-se a interromper a aula para o recreio, ficaram aperfeiçoando "nossa" pequena criação – *A máscara do demônio da maldade*.

PROFESSORA: – Como você pode ver, encorajamos os alunos a fazer sua própria música nos instrumentos Orff – formas de "ostinato", primeiramente, e mais tarde formas rondó. Classe, o Sr. Schafer é um compositor; ele escreve música para outras pessoas executarem e ouvirem. Vou pedir a ele que converse com vocês e talvez componha algo para tocarem.

---

4 No sistema educacional brasileiro corresponde aos dois últimos anos do Ensino Médio. (N.T.)
5 No Brasil, a idade correspondente ao 6º ano do Ensino Fundamental. (N.T.)

SCHAFER: – Obrigado. Desde que soube que vocês todos também são compositores, pois também estão fazendo sua própria música para tocar, pensei que seria mais divertido compormos uma peça juntos, não acham?

A classe está maravilhada. Olhando pela sala, Schafer nota que as paredes estão cobertas de coisas que eles mesmos fazem: desenhos, recortes, máscaras etc. Salientando o ar particularmente feroz da máscara pendurada, o poema de Bertold Brecht, A máscara do demônio da maldade, *salta à mente. Possivelmente, algo poderia ser construído sobre isso.*

SCHAFER: – Estou olhando as coisas fascinantes que vocês fizeram e puseram nas paredes. E ali, olhem aquela máscara – ela é maravilhosa! Algo me ocorreu enquanto a olhava. Estava pensando que assustador seria se vocês tivessem essa máscara pendurada no quarto, à noite. Supondo-se que fosse uma máscara do demônio da maldade, vocês não teriam medo de olhar para ela no escuro? *As crianças concordam, com um arrepio.* Vamos supor que a gente faça um pequeno poema sobre ela. "Há uma máscara japonesa pendurada em minha parede, esculpida na madeira, pintada de dourado. É a máscara do demônio da maldade."[6] Alguém escreva isso no quadro para nós. Enquanto isso vou fazer uma pergunta: se vocês estivessem dizendo isso a um amigo, como diriam? *Duas ou três crianças declamam dramaticamente.*

---

6 No original inglês: *"On my wall there is a Japanese mask carved in wood, painted with gold paint. It is a mask of the evil demon"*.

Está muito bom. Porém, supondo-se que vocês realmente queiram assustar o seu amigo, como iriam dizê-la?
MENINO: – Bem, eu falaria bem baixinho no seu ouvido até a "máscara do demônio da maldade"; aí eu daria um berro.
SCHAFER: – Vamos experimentar. Todos juntos sussurrando e então, quando dissermos "a máscara do demônio da maldade", a gente grita.
CLASSE: – *sussurrando suavemente.* "A máscara japonesa pendurada na minha parede é esculpida na madeira, pintada de dourado. É a máscara do demônio da maldade!"
SCHAFER: – Sim, vamos realmente acentuar a palavra demônio. Bem suave no começo e aí realmente forte; pronto?
CLASSE: – *sussurrando muito suavemente.* "A máscara japonesa pendurada na minha parede é esculpida na madeira, pintada de dourado. É a máscara do DEMÔNIO da maldade!".
SCHAFER: – Bom! Acho que isso vai assustar. Agora, me digam, o que fariam se alguém viesse, sussurrasse isso nos seus ouvidos e então assustasse vocês?
MENINA: – Eu gritaria.
SCHAFER: – Podem todos gritar? Faz de conta que vocês foram sacudidos. Vamos aos gritos.
CLASSE: – Aaaaaaaaaaaiiiiiiiiiiiii!
SCHAFER: – Vamos recitar nosso poema novamente e depois que berrarmos "demônio", todo mundo grita.
CLASSE: – "A máscara japonesa pendurada na minha parede é esculpida na madeira, pintada de dourado. É a máscara do demônio da maldade! Aaaaaaaaaaaaiiiiiiiiiii!".
SCHAFER: – Noto que todos vocês têm instrumentos à sua frente. Se quisessem expressar algo realmente assustador nos seus instrumentos, como fariam?
MENINA: – Tocaria meu tambor muito forte.
OUTRA: – Eu iria bater os *wood blocks*[7] bem forte.

---

7 Instrumento de percussão que consta de pequenos blocos de madeira de vários tamanhos. Toca-se percutindo com baquetas. (N.T.)

MENINO: - Eu também bateria forte o xilofone.

SCHAFER: - Mostrem como.

MENINO: - Assim! *Golpeia duas notas, cada qual com uma baqueta.*

SCHAFER: - Esse é o som mais assustador que você consegue no xilofone? Podem pensar em mais alguma coisa?

OUTRO MENINO: - Ele pode correr as baquetas pelas teclas bem rápido: isso dá um som que assusta.

O primeiro menino tenta. Experimenta e finalmente decide que o melhor som é produzido por um glissando *em movimento contrário, assim:*

Durante a discussão, o menino que toca pratos introduz-se despercebidamente, para ser chamado a dar a sua contribuição, levantando os pratos para bater e causar terror a seus colegas de classe.

SCHAFER: - *notando-o*. Bem, vá adiante!

PRATOS: - Crrrrrraaaaaaaaaasssssssshhhhhhshshshshshs!

SCHAFER: - E esses outros instrumentos, os *glockenspiels*[8] e metalofones?

As crianças experimentam; glissando *e ataques bruscos são tentados. Depois de algum tempo, concluem que esses instrumentos não são satisfatórios para produzir um som de medo.*

---

8 Jogos de sinos. São também chamados de *bells*. (N.T.)

SCHAFER: – Está bem, vamos deixá-los fora por um momento. Apenas os tambores, pratos e xilofones. Vamos declamar de novo e, depois do grito, atacamos os instrumentos.

CLASSE: – *sussurrando levemente.* "A máscara japonesa pendurada na minha parede é esculpida na madeira, pintada de dourado. É a máscara do demônio da maldade! Aaaaaaaaaaaaiiiiiiiiiiiii! Crrrrraaaaaaasssshshshshshshshshs!".

SCHAFER: – Estou certo de que até a professora está assustada com esse som. Mas sabem, quando eu olho para essa máscara, também sinto pena dela. Sabem por quê? Olhem essa face de músculos entumescidos. A pobre máscara tem que ser assim o tempo todo. É terrivelmente duro ter uma cara feia e carregá-la todo o tempo, não? Vocês já pensaram? É o que a pobre máscara tem que fazer. Não dá pena? *A classe fica com pena da pobre máscara.* Vamos acrescentar uma frase ao nosso poema, para mostrar que temos pena da máscara. Vamos dizer: "Que pena! Olho a face de músculos entumescidos e penso: que dificuldade ser uma máscara da maldade o tempo todo!". Alguém gostaria de escrever isso no quadro para nós e, enquanto ele faz isso, quem gostaria de recitá-lo?

Vários alunos dizem o texto e Schafer pede aos outros que critiquem. Ao final é escolhida uma menina que conseguiu dar a expressão correta e qualidade patética procuradas. Os alunos decidem que só ela deve declamar.

SCHAFER: – Talvez os outros possam acompanhar o declamador em seus instrumentos. Como isso poderia ser feito? Lembrem-se do clima. Vocês estão com pena da máscara e sentem-se tristes por isso. Em que instrumentos vão expressar isso? Nos pratos?

CLASSE: – Não, nos pratos não!

ALUNO: – Talvez nos metalofones e *glockenspiels.*

SCHAFER: – Como?

ALUNO: – Tocando notas muito graves, longa e suavemente.

SCHAFER: – Vamos tentar com o declamador.

Os que estão tocando metalofones e glockenspiels *parecem quase acariciar as teclas com as baquetas.*

SCHAFER: – Isso foi muito bem-feito. Haverá outros instrumentos que possam ser acrescentados – os *wood blocks*, talvez?
CLASSE: – Não, eles são muito fortes!
ALUNO: – Podemos usar os tambores se, em vez de bater neles, nós apenas os tocarmos com as mãos, fizermos rulos suavemente.
SCHAFER: – Essa ideia é interessante! Vamos ouvir como soa!

O som suave dos tambores é acrescentado aos do declamador e dos idiofones.

SCHAFER: – Mais alguma coisa?
MENINA: – Poderíamos cantar algo?
SCHAFER: – O quê?
MENINA: – Talvez apenas "que pena"[9] ou algo parecido com sons graves, como lamentos ou choro.
SCHAFER: – Vamos tentar. Todo mundo canta "que pena", soando como um lamento. E fica repetindo, bem suavemente.

A trama suave do som vocal é acrescentada aos instrumentos e ao declamador.

MENINA: – Professor, não acho o canto muito bom.
SCHAFER: – O que há com ele?
MENINA: – Não gosto de "que pena". Não soa como som de gemido e não é bonito para cantar.
SCHAFER: – Você pode pensar em algo melhor?

---

9 No original: *Oh pity*. (N.T.)

Aparecem várias sugestões das crianças. Finalmente, alguém sugere cantar "oh, dó!",[10] porque soa mais lamentoso. A observação é perspicaz. De fato, as longas vogais abertas de "oh, que dó!" são mais sugestivas de tristeza do que o "e" curto de "pena". A classe experimenta "oh, que dó!" e fica satisfeita. O recitante faz as devidas trocas em suas linhas.

SCHAFER: – Agora vamos juntar tudo e ver o que conseguimos.

Eles juntam as várias partes e repetem-nas muitas vezes. A cada repetição são feitas pequenas modificações, ou acréscimos aqui e ali.

MENINO: – Professor, por que alguém não faz o papel do demônio da maldade? Pode usar a máscara e, quando nós gritarmos "demônio da maldade", ele poderia pular para a cena com a máscara.
SCHAFER: – É uma boa ideia; quem quer ser o demônio da maldade?

Esse pequeno interlúdio dramático é acrescentado e, mais tarde, desenvolvem o demônio que salta detrás da mesa do professor (notem o simbolismo) e dança uma dança selvagem, acompanhado por tambores. Quando o recitante começa a segunda seção, ele cai no chão.

À medida que o tempo avança, Schafer vai se retirando devagar e a classe começa a ficar totalmente envolvida no trabalho, fazendo sugestões como "Desta vez você faz isso e eu aquilo" e assim por diante. Não se pode dizer que o trabalho é um produto acabado, por esse processo; de fato, frequentemente parece ser o oposto. Como na arte das sociedades primitivas, sua vitalidade está precisamente no seu estado de constante revisão. Nesse aspecto, a forma do trabalho precisa ser considerada como nada menos que a soma total das transformações. A verdadeira improvisação é uma pesquisa formal sem fim, e é por isso que estamos errados ao esperar sempre uma execução perfeita numa improvisação. Sua vitalidade está na habilidade de transformar-se, nada mais.

---

10   No original: *Oh sorrow*. (N.T.)

Ao todo, passaram-se duas horas desde o começo da experiência até a classe ser dispensada com o sinal do meio-dia. Olhando pela janela podiam-se observar as crianças voltando para casa e ouvir os sussurros, os gritos de medo e a dança selvagem da máscara sendo levados pelo pátio da escola, pelas ruas, pela vida.

2
Limpeza de ouvidos

As notas e exercícios que se seguem fizeram parte de um curso de música experimental oferecido aos alunos do primeiro ano, na Universidade Simon Fraser. Senti que minha primeira tarefa nesse curso seria a de abrir ouvidos: procurei sempre levar os alunos a notar sons que na verdade nunca haviam percebido, ouvir avidamente os sons de seu ambiente e ainda os que eles próprios injetavam nesse mesmo ambiente.

Essa é a razão por que eu o chamei de um curso de limpeza de ouvido. Antes do treinamento auditivo é preciso reconhecer a necessidade de limpá-los. Como um cirurgião, que antes de ser treinado a fazer uma operação delicada deve adquirir o hábito de lavar as mãos. Os ouvidos também executam operações muito delicadas, o que torna sua limpeza um pré-requisito importante a todos os ouvintes e executantes de música.

Ao contrário de outros órgãos dos sentidos, os ouvidos são expostos e vulneráveis. Os olhos podem ser fechados, se quisermos; os ouvidos não, estão sempre abertos. Os olhos podem focalizar e apontar nossa vontade, enquanto os ouvidos captam todos os sons do horizonte acústico, em todas as direções.

Todo professor precisa levar em conta suas idiossincrasias. Sinto que ninguém pode aprender nada sobre o real funcionamento da música se ficar sentado, mudo, sem entregar-se a ela. Como músico prático, considero que uma pessoa só consiga aprender a respeito de som produzindo som; a respeito de música, fazendo música. Todas as nossas investigações sonoras devem ser testadas empiricamente, através dos sons produzidos por nós mesmos e do exame desses resultados. É óbvio que não se pode reunir sempre uma orquestra sinfônica numa sala de aula para sentir as sensações desejadas; precisamos contar com o que está disponível. Os sons produzidos podem ser sem refinamento, forma ou graça, mas eles são nossos. É feito um contato real com o som musical, e isso é mais vital para nós do que o mais perfeito e completo programa de audição que se possa imaginar. As habilidades de improvisação e criatividade, atrofiadas por anos sem uso, são redescobertas, e os alunos aprendem algo muito prático sobre dimensões e formas dos objetos musicais.

As anotações de aulas apresentadas aqui ofereceram-me aspectos de trabalho sobre os quais se pode improvisar. Espero sinceramente que a publicação na sua forma original possa estimular os leitores. Os exercícios ao final de cada apontamento foram feitos após cada palestra, com a intenção de testar a validade do que foi discutido nas palestras.

Ruído

Por onde começar?

Podemos começar de qualquer ponto. É sempre útil examinar o negativo para poder ver claramente o positivo. O negativo do som musical é o ruído.

Ruído é o som indesejável.

Ruído é a estática no telefone ou o desembrulhar balas do celofane durante Beethoven.

Não há outro meio para defini-lo. Às vezes a dissonância é chamada de ruído, e para os ouvidos tímidos até pode ser isso. Porém, consonância e dissonância são termos relativos e subjetivos. Uma dissonância para uma época, geração e/ou indivíduo pode ser uma consonância para outra época, geração e/ou indivíduo. A dissonância mais antiga na história da música foi a Terça Maior (dó-mi), A última consonância na história da música foi a Terça Maior (dó-mi).

Ruído é qualquer som que interfere. É o destruidor do que queremos ouvir.

Schopenhauer disse que a sensibilidade do homem para a música varia inversamente de acordo com a quantidade de ruído com a qual é capaz de conviver. Ele quis dizer que, quanto mais selecionamos os sons para ouvir, mais somos progressivamente perturbados pelos sinais sonoros que interferem (por exemplo, o comportamento de um auditório barulhento num concerto).

Para os insensíveis, o conceito de ruído não é válido. Alguém que dorme como uma pedra não ouve nada. A máquina é indiferente ao ruído porque não tem ouvidos. Explorando essa indiferença, a música de fundo foi inventada para homens sem ouvidos.

Por outro lado, para alguém verdadeiramente emocionado com uma música, mesmo os aplausos podem se constituir numa interferência. Seria como chorar ainda diante de uma crucifixão.

Para o homem sensível aos sons, o mundo está repleto de ruídos. Vocês sabem o que eles dizem sobre o silêncio.

Exercícios

1. Experimente gravar uma discussão em sala de aula. Volte a fita. Concentre-se na audição de sons que não teve a intenção de gravar. Que outros sons (ruídos) você nota?
2. Questão para discussão: Se você não gosta de uma peça de música, ela é ruído?
3. O texto que segue é para ser lido por um aluno de frente para a classe, em voz normal. Durante a leitura, o professor incentiva

a classe para que de vez em quando atrapalhe o leitor com explosões de ruídos, como urros, berros, assovios, silvos, vaias, risadinhas, guinchos, arrasta-pés, gargalhadas, aplausos etc...

Minha voz será às vezes atrapalhada por ruídos mais fortes e mais caóticos que minha leitura. Às vezes esses ruídos vão parar e minha voz vai ser ouvida como o único som nesta sala. Esses sons que interferem são ruídos, porque indesejáveis para a compreensão de minha leitura. É por isso que no teatro, nas leituras de poesias, nos concertos e nas conferências o auditório é solicitado a ficar em silêncio.

Graficamente, a experiência acima pode ser representada assim:

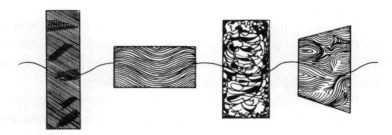

4. Tome os ruídos que interferiram na leitura e os coloque sozinhos em um novo contexto. Eles agora vão representar uma multidão barulhenta durante uma cena de *Coriolano*, de Shakespeare. Ainda são ruídos?
5. De acordo com nossa definição de ruído como som indesejável, considere o fato da lata de lixo na discussão intitulada "O que é música?".[1]
6. Ouça a gravação de John Cage, lendo sua *Indeterminacy* (*Folkways Records*). Pergunta: Os sons que acompanham sua voz são ruídos? Às vezes, sempre ou nunca?

---

1 No capítulo "O compositor na sala de aula", p.7. (N.T.)

Silêncio

Alguém já disse, o silêncio é de ouro. Trata-se simplesmente de figura de linguagem.

Na realidade: silêncio – ausência de som – é negro.

Na ótica, o branco é a cor que contém todas as outras. Emprestamos daí o termo "ruído branco", a presença de todas as frequências audíveis em um som complexo. Se filtrarmos o ruído branco, eliminando progressivamente as faixas maiores de frequências mais altas e/ou mais baixas, eventualmente vamos chegar ao som puro – o som sinoidal. Filtrando-o, também, teremos silêncio – total escuridão auditiva.

Silêncio é um recipiente dentro do qual é colocado um evento musical.

O silêncio protege o evento musical contra o ruído. Os eventos musicais precisam dessa proteção, por serem acontecimentos sensíveis.

O silêncio torna-se cada vez mais valioso, na medida em que nós o perdemos para vários tipos de ruído: sons industriais, carros esportes, rádios transistores etc.

Como ele está sendo perdido, o compositor hoje está muito mais preocupado com o silêncio. Compõe com ele. Anton Webern trouxe a composição para a beira do silêncio.

John Cage diz: "Silêncio, isso não existe."[2] (Pausa de trinta segundos e ouçam.)

Se é assim, silêncio é ruído? (Pausa de trinta segundos.)

Silêncio é uma caixa de possibilidades. Tudo pode acontecer para quebrá-lo.

O silêncio é a característica mais cheia de possibilidades da música. Mesmo quando cai depois de um som, reverbera com o que foi esse

---

[2] Referência à experiência de John Cage na câmara à prova de som (anecoica), onde ouviu estes dois: o grave da circulação e o agudo do sistema nervoso em funcionamento. Campos, Cage Change, *De segunda a um ano*, p.xiv. (N.T.)

som e essa reverberação continua até que outro som o desaloje ou ele se perca na memória. Logo, mesmo indistintamente, o silêncio soa.

O homem gosta de fazer sons e rodear-se com eles. Silêncio é o resultado da rejeição da personalidade humana. O homem teme a ausência de som como teme a ausência de vida.

Não há nada tão sublime ou atordoante em música como o silêncio.

O último silêncio é a morte.

Exercícios

1. Lição para casa: O silêncio é enganoso. Experimente encontrá-lo!
2. Experimente passar uma folha de papel pela classe, silenciosamente. Todos ouvindo os sons do papel sendo passado.
3. Do mesmo modo que na mais absoluta escuridão, uma luz, por mais fraca que seja, é um acontecimento de significação única; numa situação de profundo silêncio, mesmo a queda de um alfinete torna-se importante. Experimente. Ponha sons de alfinetes caindo e sons diminutos, em recipientes de profundo silêncio.
4. Quando os estudantes entraram na sala, Schafer estava imóvel, em pé à porta, com uma pilha de papéis na mão e um cartaz pendurado na jaqueta: "Pegue um papel. Escreva os sons que você ouve". Os alunos escreveram os sons que aconteciam dentro e fora da classe. Seguiu-se uma discussão para avaliar o quanto eles haviam sido sensíveis aos sons. Ouviram Schafer acidentalmente derrubar um lenço de papel no chão? E assim por diante. Duas garotas estavam numa conversa intermitente. Foram solicitadas a ler a lista de sons que haviam ouvido. Embora cada uma anotasse o som da voz da outra, nenhuma delas ouviu o som da própria voz. Pena.

No dia anterior, a mesma coisa foi pedida para três crianças: Anthea, doze anos; David, nove anos; e Miranda, seis anos. Descobriu-se que, enquanto muitos adultos não conseguiram ouvir os sons mais íntimos – os sons do próprio corpo, sua respiração, batidas do coração, sua voz, sua roupa etc. –, David e Anthea foram muito sensíveis a esses sons. Eis suas listas:

DAVID	
Conversa dos adultos	Eu apontando o lápis e fungando
Miranda conversando	Miranda batendo alguma coisa
Meus lápis se movimentando no papel	Meus dentes batendo
Mamãe lavando os pratos	Eu tossindo
Relógio fazendo tique-taque	Anthea falando
Adultos andando	O ventilador
Eu coçando a cabeça	Torneira abrindo

ANTHEA	
Tique-taque do relógio	O som do forno
Os passos rápidos da corrida de Miranda	Mamãe lavando os pratos
David apontando o lápis	A torneira sendo aberta
Respiração de Miranda	O som da água fervendo
Respiração profunda de David	Risadinhas de Miranda
O som do lápis de David	Crepitar do fogo
O som do papel de David	Minha respiração
Passos pesados de papai	O som do lápis no papel
Passos leves de Phyllis	O som do ventilador
Papai assobiando	Eu tirando a fita do cabelo

Miranda, que não sabe escrever, desenhou figuras de pingos d'água, um fogo e seu próprio lápis se movimentando.

Som

O som corta o silêncio (morte) com sua vida vibrante.
Não importa o quão suave ou forte ele está dizendo: "Estou vivo".
O som, introduzindo-se na escuridão e no esquecimento do silêncio, ilumina-o.

Vamos chamar o momento do impacto sonoro de *ictus*. O ataque do *ictus* separa o silêncio da articulação. É como o ponto no vocabulário do pintor ou o ponto final de uma frase.

Essa divisão entre o silêncio e a articulação deve ser uma experiência das mais excitantes. Na Medicina, o *ictus* se refere a um golpe ou ataque súbito.

Na criação, é dada ao indivíduo a possibilidade de ter um gesto livre. Depois é que vem a disciplina para estabelecer conexões. Estamos ainda no ponto do gesto livre. Somente no instante em que cortamos o silêncio com o som é que nos sentimos terrivelmente livres.

Passado o *ictus*, o som se expande numa linha horizontal em altitude constante (frequência).

Na linguagem, o som é chamado fonema. Este é o mais elementar dos sons da fala. A palavra fonema, por exemplo, tem seis sons: F-o-n-e-m-a.

Porém, estamos ainda considerando composições com um som só.

O som sozinho é bidimensional. É como uma linha branca, movendo-se constantemente por um negro e silencioso espaço-tempo.

Nesse comportamento, no entanto, existem limites precisos de interesses.

Como o som se afasta dessa monotonia?

Exercícios

1. Suponha que você ficou mudo por muito tempo. Experimente sentir a vibração de cortar o ar com o som mais primitivo – a assustadora liberdade do *ictus*.
2. É dado um som à classe. Quão expressiva pode ser uma composição feita de um único som, meramente pontuando-a com silêncios? O som pode ser curto ou longo, repetido rítmica ou arritmicamente. Os alunos são solicitados a dirigir a classe. Com um dedo, o regente criativamente insere som dentro do silêncio.
3. Sustente o som por um longo tempo, pelo menos até que o fastio total se sobreponha a ele. A classe deve sentir o som

invariável sumindo lentamente, morrendo devagar. Pergunte o que sugerem para ele reviver. A classe não terá dificuldade em descobrir a necessidade de variação na amplitude e no timbre. Eles poderão até mesmo descobrir a antífona.

4. Experimente efeitos de eco. Deixe parte da classe cantar forte, então corte, para revelar outras vozes suavemente sustentadas. Aqui é sugerida a descoberta da potencialidade do espaço acústico.
5. Outra maneira de manter um som vivo é fazendo uso do espaço: a classe forma um círculo. O regente fica no centro com os braços estendidos e faz um lento movimento giratório indicando a parte da classe que vai cantar o som, enquanto ele vai se movimentando devagar no círculo. O interesse é mantido pelo uso do total espaço acústico disponível.

O total *continuum* quadridimensional da paisagem sonora foi agora subliminarmente sugerido, considerando-se os modos de fazer um único som permanecer vivo. O estudante está preparado para investigações mais intensas dos atributos do som, que se seguem nas próximas palestras.

Timbre

A cor do som – estrutura dos harmônicos.

Se um trompete, uma clarineta e um violino tocarem a mesma nota, é o timbre que diferencia o som de cada um.

Timbre é essa superestrutura característica de um som que distingue um instrumento de outro, na mesma frequência e amplitude. (Explicações científicas de como isso ocorre podem ser encontradas em todos os dicionários de música. Às vezes, é mais válido pensar pictoricamente.)

O som está aborrecido com seu papel?

O timbre lhe dá um guarda-roupa colorido, de peças novas.

O timbre traz a cor da individualidade à música. Sem ele, tudo é uniforme e invariavelmente cinza, como a palidez de um moribundo. Essa morte é orquestrada monocromicamente pelo órgão eletrônico.

Por comparação, a formação colorida dos instrumentos na orquestra sinfônica é uma expressão de *joie de vivre*.[3]

A fala humana expressa essa mesma *joie de vivre* das maneiras mais vibrantes. Aí o timbre pode mudar o som de uma palavra e também o seu significado: sal, sul, sol, céu.[4]

Na fala, cada som tem um timbre diferente, e mesmo a mudança desse timbre é constante e rápida. Na música, onde um instrumento pode ser usado mais ou menos extensamente, as mudanças são menos rápidas.

Um som quente dá a impressão de se movimentar em direção ao ouvinte; um som frio se movimenta a partir dele. (Sugestão de terceira dimensão.)

A real terceira dimensão é conferida a um som por meio da amplitude.

Exercícios

1. Um problema: Dado um som e o texto "Timbre é a cor do som" – como fazer disso um exemplo da condição descrita?

    Depois de muita discussão, a classe decide dividir o texto em sílabas, entregar cada sílaba a uma voz diferente e, cantando-as

---

3 Alegria de viver. (N.T.)
4 No original: *sat, sit, seat, site, soot*. (N.T.)

uma depois da outra, e sustentando-as uma só linha é produzida com lentas mudanças de cor. Haverá outras soluções?
2. Outra experiência com linhas similares pode ser feita com um grupo de instrumentos e vozes, de modo que cada um saia do anterior. Repetir até que o crescimento e fim de cada um se combinem até produzir uma linha de amplitude invariável.
3. Experimente movimentando-se lentamente em círculo pela sala, como indicado anteriormente.
4. Reconheça instrumentos com uma cor tonal quente. A seguir, com uma cor tonal fria. Alguma diferença de opinião?
5. O escritor H.L. Mencken descreveu uma vez a música de Debussy como "uma linda menina com um olho verde e outro azul". Algum compositor sugere uma cor particular a você? Por que você acha que isso acontece?
6. Cada instrumento tem seu timbre peculiar. Mas pode um instrumento produzir timbres diferentes? Vários executantes experimentam produzir timbres diferentes em seus instrumentos, enquanto a classe, de olhos fechados, tenta descobrir qual instrumento tocou.
7. Se diferentes vozes cantam ou declamam a mesma passagem, independentemente, a diferença maior será de timbre. A classe deve identificar de olhos fechados e descrever as diferenças.

Amplitude

Som forte – som fraco. Adição da terceira dimensão ao som pela ilusão de perspectiva.

Onde o som forte aparece em relação a você, o ouvinte? Um som fraco? Um som suave é instintivamente imaginado como se estivesse colocado atrás de um som forte, daí o eco (indicando origem).

Não é por acidente que, logo depois de Ucello e Masaccio começarem suas experiências com perspectiva em pintura, Giovanni

Gabrieli compôs sua *Sonata piano e forte* (literalmente, para soar fraco e forte), introduzindo assim a ideia de perspectiva na música.

Um som forte implica alguma reação especial no ouvinte, ou dirige-se para baixo, como se ele fosse atraído pela gravidade, ou ainda voltando-se sobre si mesmo?

A psicologia nos mostra que um som forte frequentemente é pensado como uma figura concêntrica, isto é, vórtice, envolvente como um turbilhão, e frequentemente é interpretado como se oprimisse o ouvinte. (Notar a experiência de um único som em crescendo, em *Wozzeck*, de Alban Berg.)

Um som forte pode também ser caracterizado como carregando um grande peso em direção ao centro de gravidade. Tensões agudas acontecem quando uma melodia forte tenta subir com força. Uma linha delicada sobe sem esforço.

Um som fraco está constantemente se dissolvendo, esvanecendo como neblina, escapando dele mesmo. Procura voar acima do horizonte, para o silêncio. Podemos até mesmo chamá-lo de excêntrico.[5]

Se a amplitude é a perspectiva na música, podemos concluir que o som se movimenta à vontade do compositor, em qualquer lugar, entre o horizonte acústico e os tímpanos do ouvinte.

Assim, para se atingir a quarta dimensão do tempo, as três dimensões espaciais são sugeridas. Cada peça de música é uma paisagem sonora elaborada, que pode ser delineada no espaço acústico tridimensional.

Falar de paisagem sonora, é claro, não é invocar a música de programa. Há uma diferença entre falar de espaço e tentar encher esse espaço com objetos. O espaço ao qual nos referimos está vazio, exceto para os sons que o estão atravessando.

Não há "terra" numa paisagem sonora.

---

5 No sentido do que se afasta do centro. (N.T.)

Exercícios

1. Tome-se um som. Escolhe-se um aluno para dirigir. Ele indica para a classe as diferentes qualidades de dinâmica desejadas, desenvolvendo um código de sinais com as mãos. Por meio das diferenças – forte, fraco, crescendo ou decrescendo, lento ou rápido, mudanças bruscas, efeitos de eco etc. –, o regente dá forma ao som, criativamente.
2. Será observado que os extremos de intensidade são raramente atingidos. Quase tudo fica entre meio forte, meio fraco. É nesse ponto que a execução do famoso crescendo de uma só nota do *Wozzeck*, de Alban Berg, será útil. Aqui cabe um breve resumo da trama: Wozzeck acabou de assassinar sua amante, Maria, por causa de sua infidelidade. A cortina começa a baixar e, no escuro, é ouvido um único som, que vai crescendo, crescendo, tomando gradualmente conta de toda a orquestra, sempre crescendo, até o ouvinte ser literalmente pulverizado pela força desse único som elementar; então ele para bruscamente, levanta-se a cortina e, imediatamente, estamos numa alegre cena de taverna. O efeito desse exercício é logo reconhecido se a classe se voltar à produção de seus próprios crescendos, de apenas um som.
3. Já fomos bastante para o forte. E quanto à música feita de sons suaves? Vários alunos são chamados à frente da classe e solicitados a cantar um som em *bocca chiusa*, o mais suave possível. A classe fecha os olhos. Ao ouvirem o som, deverão levantar as mãos. Agora, a amplitude do som será progressivamente reduzida até que, uma a uma, as filas de mãos vão se abaixando e apenas um ou dois que estiverem bem em frente aos cantores é que vão conseguir ouvir e, portanto, manter as mãos levantadas. Este é, então, o efetivo limite ao qual um pianíssimo pode ser estimulado, o ponto imediatamente anterior ao desaparecimento do som em silêncio, acima do horizonte acústico.
4. Em música, geralmente se reconhecem três graus de suavidade, *p, pp, ppp*, e três níveis de forte, *f, ff, fff*.

Quantos graus distintos de suavidade você pode produzir com a sua voz? E com seu instrumento? Quantos de forte?

5. Como tornar interessante uma composição de apenas um som, empregando-se amplitude, timbre e silêncio como recursos de cor e forma? Vários alunos são solicitados a preencher o conteúdo de um minuto de silêncio com uma interessante composição feita de um único som.

6. Dividir a classe em três ou quatro grupos e separá-los, cada um com seu regente, em pontos diferentes da sala. Repetir o exercício anterior. Cada regente deverá ouvir os outros para fazer algo contrastante com o seu grupo. O máximo respeito pelo silêncio poderá ser estimulado, aproveitando a oportunidade para cada um se ouvir.

NOTA: Tendo em mente as relações entre perspectiva e dinâmica, pode ser salientado para a classe como as tensões sonoras, que estão sendo produzidas, figurativamente, dissolvem as paredes da sala; é como se procurassem voltar ao horizonte do som (pianíssimo) e mesmo além desse horizonte, para o silêncio; depois mergulham outra vez no fortíssimo. É preciso fazer uma distinção entre o que chamamos "espaço real" e "espaço virtual", pois as tensões sônicas de uma paisagem sonora existem num espaço virtual, passam através das paredes da sala e se espalham, estendendo-se para o horizonte acústico, em todas as direções.

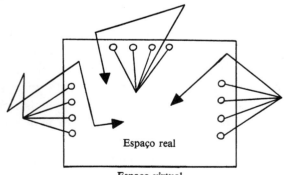

Espaço real

Espaço virtual

7. Um problema: Ilustre as qualidades da amplitude, colocando a palavra *"amplitude"* em música, numa composição de apenas um som. Depois de muita discussão, foi produzida a seguinte, que mostra as muitas diferenças de amplitude: pianíssimo, fortíssimo, *sforzando*, crescendo e decrescendo.

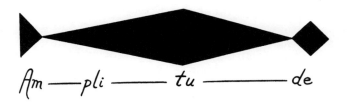

Melodia

Parafraseando Paul Klee, uma melodia é como levar um tom a um passeio.

Para termos uma melodia, é preciso movimentar o som em diferentes altitudes (frequências). Isto é chamado mudança de altura.

Uma melodia pode ser qualquer combinação de sons. Há melodias mais e menos bonitas, dependendo do propósito para o qual foram pensadas. Algumas são livres, outras rigidamente organizadas, mas não é isso que as faz mais ou menos belas.

A fala usa o som em um deslizar contínuo, e chamamos a melodia da fala de inflexão.

As melodias musicais em geral são limitadas em seu movimento por pontos fixos (alturas). É preciso?

Quando indicamos a forma geral de uma melodia musical por uma linha curva, poderíamos ser mais precisos e desenhar uma série de linhas horizontais (os sons), movimentando-se em diferentes altitudes (alturas).

Amplitude, timbre e silêncio, para nomear apenas três aspectos, podem estar contidos numa linha melódica. Por exemplo:

1. Uma melodia movimentando-se livremente
2. A mesma, considerada quanto à amplitude
3. A mesma, interrompida por silêncios

Melodias podem ser feitas para se movimentar nas regiões do cosmos. Por tradição, o Ocidente acostumou-se a associar melodias mais agudas com os céus e mais graves com a terra (ou o inferno). Não é preciso necessariamente ser assim, porém muitos compositores clássicos sentiram dessa maneira. Temos os seguintes exemplos:
1. Uma melodia caindo, perdendo o estado de graça
2. Uma melodia com espírito corajoso, ansioso
3. Uma melodia fleumática, indiferente (melodia burguesa, música de fundo, música de papel de parede; o objetivo dessas melodias é não interferir na digestão)

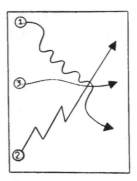

Exercícios

1. Instrumentistas ou cantores ganham dois sons para tratá-los tão expressivamente quanto possível, em improvisações breves. Então são dados três sons, quatro etc. Deve ser tomado o máxi-

mo cuidado nesses estágios iniciais, para assegurar que todo o potencial expressivo de, vamos dizer, dois sons seja totalmente explorado antes de se passar para novos sons. Os efeitos de amplitude, silêncio, articulação rítmica, fraseado etc., precisam ser compreendidos. Os efeitos de mudança de timbre podem ser obtidos, dando-se as mesmas duas notas para duas ou três vozes e/ou instrumentos, deixando que improvisem em conjunto. Algumas típicas séries de notas:

2. Os alunos são solicitados a improvisar individualmente, com a voz ou instrumentos, melodias livres, sugeridas pelas seguintes palavras:

1. balançando alto/ 2. profundo e triste/ 3. leve, ligeiro/ 4. "este peso ... que cai, morrendo" / 5. frio, passando a quente/ 6. da agonia ao riso/ 7. pesado, passando a leve/ 8. desaparecendo na distância/ 9. denso, compacto/ 10. socorro!

Analisem-se as características das diferentes melodias produzidas.
3. Experimente combinar alguns desses voos de expressão individual com o exercício seguinte: sons são sustentados e modelados expressivamente por toda a classe.
4. É solicitado à classe discutir como colocaria em música cada palavra de verso do salmista:

Deposuit potentes de sede
(Depôs os poderosos de seus tronos

et exaltavit humiles.
e exaltou os humildes.)

Essa frase é rica de qualidades emocionais, e cada palavra requer atenção especial. A decisão comum deverá ser anotada no quadro em forma de notas ou simplesmente linhas curvas ou angulares.

Somente depois que a curva psicográfica de cada palavra tenha sido discutida em detalhes o instrutor poderá tocar a versão que Bach deu a esse texto, no *Magnificat em Ré*. Comparem-se essas colocações com os conceitos de céu-inferno, colocados na aula anterior.

Textura

A textura produzida por um diálogo de linhas é chamada contraponto. *Punctus contra punctum* é o termo latino original do qual deriva contraponto, sugerindo que agora estão em operação as tensões dinâmicas.

Primeiramente não havia contraponto na música. Depois houve o movimento paralelo de linhas (chamado *organum*).

Talvez a grande descoberta tenha sido a dos movimentos oblíquo e contrário das linhas. No Ocidente isso aconteceu por volta do século XI.

Contraponto é como se fossem diferentes interlocutores com pontos de vista opostos. Há um pugilismo evidente em todo o contraponto, o gosto pela própria oposição, mas não à custa da lucidez.

Talvez seja mais do que coincidência que esse desenvolvimento tenha acontecido na época em que o poder independente das cidades e guildas medievais começava a substituir o poder feudal.

Muitas linhas musicais combinadas (digamos quarenta) produzem uma textura densa (massa sólida). Você não pode ouvir detalhes aí.

Poucas linhas (digamos duas) produzem uma textura clara – como um desenho de Matisse.

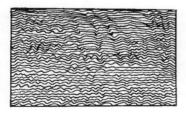
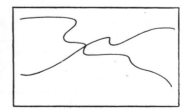

Exceto para efeitos especiais, a clareza é sempre desejável na música. O compositor habilidoso separa com clareza; o desajeitado complica.

O objetivo é que se possa ouvir o que está acontecendo.

Exercícios

1. Pergunta-se à classe: se quisermos produzir a textura mais opaca possível, como fazer? Muitas soluções são experimentadas antes de se perceber que, se cada aluno cantar uma nota diferente, vai resultar a máxima densidade desejada.
2. E a textura mais transparente possível? Alguém diz "uma voz só". Mas uma voz pode ser uma textura? Qual é o número mínimo de vozes para uma textura? As vozes deverão estar próximas ou separadas para produzir o efeito de máxima transparência? Experimente, com intervalos diferentes.
3. A classe recebe dois textos para serem postos em música, de tal modo que ilustrem as texturas que eles expressam:

    Esta é uma textura muito opaca.

    Esta é uma textura muito transparente.

    Ouça alguns *organum*. Ouça música coral da Renascença, com muitas vozes. Por exemplo, o *Moteto para quarenta vozes*, de Thomas Tallis. Ouça Wagner. Ouça Webern. Comente as diferenças de textura.
4. É dado o texto *punctus contra punctum*. Utilizando diferentes vozes ou grupos de vozes e dividindo a frase da maneira que desejar, trabalhe na ilustração das tensões contrapontísticas implícitas nas palavras do texto.

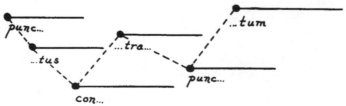

Ritmo

Ritmo é direção. O ritmo diz: "Eu estou aqui e quero ir para lá". É como o traço numa pintura de Paul Klee. Ele próprio diz: "O pai do traço é o pensamento: como ampliar meus domínios? Acima deste rio? Deste lago? Desta montanha?".

Originalmente, "ritmo" e "rio" estavam etimologicamente relacionados, sugerindo mais o movimento de um trecho do que sua divisão em articulações.

No seu sentido mais amplo, ritmo divide o todo em partes. O ritmo articula um percurso, como degraus (dividindo o andar em partes) ou qualquer outra divisão arbitrária do percurso. "Ritmo é forma moldada no tempo como o desenho é espaço determinado" (Ezra Pound).

Pode haver ritmos regulares e ritmos nervosos, irregulares. O fato de serem ou não regulares nada tem a ver com sua beleza. O ritmo de andar a cavalo pode ser irregular, porém não impede que cavalgar seja menos agradável.

Assim como falamos de espaço real e virtual, podemos também falar de tempo real e virtual.

Um ritmo regular sugere divisões cronológicas do tempo real – tempo do relógio (tique-taque). Este vive uma existência mecânica.

Um ritmo irregular espicha ou comprime o tempo real, dando-nos o que podemos chamar de tempo virtual ou psicológico. É mais como os ritmos irracionais da vida. .

A música pode existir em ambos: tempo mecânico ou tempo virtual, apesar de ela preferir o último, para evitar a monotonia.

"Um relógio assassina o tempo", diz William Faulkner.

Nós não temos muita polirritmia na música ocidental, porque somos fascinados pelo tique-taque do relógio mecânico. É possível que as sociedades que manifestam maior aptidão rítmica (africanos, árabes, asiáticos) sejam precisamente aquelas que têm estado fora do toque do relógio mecânico.

Pelo fato de o ritmo ser uma seta que aponta numa determinada direção, o objetivo de qualquer ritmo é o de voltar para casa (acorde final).

Alguns chegam a seu destino, outros não.

Composições ritmicamente interessantes nos deixam em suspense.

Exercícios

1. Na leitura anterior, foi feita uma referência à invenção do relógio mecânico e de como isso afetou a música ocidental. Entretanto, essa não é uma ideia original, mesmo que tenha ocorrido a poucas pessoas. O fato é que todos os meios antigos de medir o tempo (relógios de água, de areia, de sol) eram silenciosos. O relógio mecânico é audível. Pela primeira vez na história, a duração foi dividida em células de tempo proporcionais que *soavam*. O nosso método tradicional de notação rítmica quantitativa – que começou a existir com os assim chamados compositores da *Ars Nova*, no século XIV, logo depois da invenção do relógio – divide as notas em células de tempo, cada uma numa relação proporcional com a outra. É completamente diferente do que acontece com os ritmos qualitativos, que precederam o relógio mecânico, e as espécies qualitativas de notação rítmica, que começam a ser usadas na música contemporânea, agora que os relógios sobreviveram à sua utilidade. Vale notar que, enquanto vivemos sob o encantamento e totalitarismo do relógio, fazemos de nós mesmos uns pobres relógios. O homem realmente aspira ao conceito fluido do que chamamos tempo virtual. Isso pode ser ilustrado num simples exercício que os alunos podem tentar executar: movimentando o braço na direção do ponteiro do relógio, descreva uma curva absolutamente regular, de duração arbitrária – digamos, sessenta segundos –, chegando ao ponto de partida no tempo! Isso pode ser feito? Veja nossa demonstração na Transcrição II, p.92.
2. A palavra "polirritmo" é dada à classe. Recitando a palavra de modos diferentes, construa um coro de polirritmos. Por exemplo:

Limpeza de ouvidos

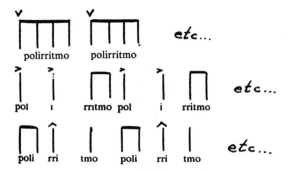

Experimente juntar os seguintes movimentos corporais para realçar os diferentes ritmos:

estalar os dedos V
bater palmas >
bater pés ∧

3. No Ocidente, o treinamento rítmico está muito longe do melódico. Existem muitos exercícios excelentes de Hindemith e de outros autores, destinados a melhorar nossa reduzida capacidade rítmica. Aqui está um bom exercício elementar, possível de se usar em aula, feito por Gabriel Charpentier – a quem, incidentalmente, pode ser creditada a invenção do exercício do relógio.

Primeiramente, o exercício deve ser dominado pela classe em uníssono. Depois em cânone, por grupos diferentes.

1. um grito – "Ah!"	1234	1324	1342
2. duas batidas de pés	2341	2314	2143
3. três estalos de dedos	3412	3124	3142
4. quatro batidas de palmas	4123	4213	4312
	1432	2134	1423
	2431	1243	2413
	3421	3214	3241
	4231	4132	4331

Assim: "Ah!", tum, tum, tic, tic, tic, pá, pá, pá, pá etc.[6]

---

6 Sons correspondentes em português: ah; tum, tum; tlem, tlem, tlem; piá, plá, plá, piá, (N.T.)

4. Outro exercício útil em ritmo assimétrico é o de construir mensagens em código Morse, que deverão ser batidas rapidamente em uníssono. Cada aluno pode também fazer sua própria "assinatura rítmica". Podem ser criados polirritmos, juntando-se essas "assinaturas", algumas em dupla velocidade, meia velocidade etc.

A paisagem sonoro-musical

Podemos agora combinar todas as potencialidades expressivas de que viemos falando e refletindo durante os capítulos anteriores e fazê-las interagir num cone de tensões.

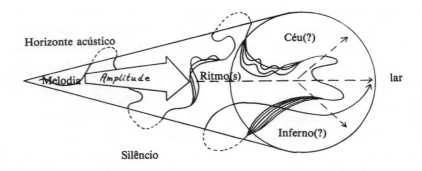

Uma composição musical é uma viagem de ida e volta através desse cone de tensões.

Exercícios

1. Tome vários dos exercícios vocais anteriores e experimente fazer com eles uma pequena composição coral. Grupos diferentes podem executar exercícios diferentes, em diversas ordenações, para criar interesse contrapontístico e formal.

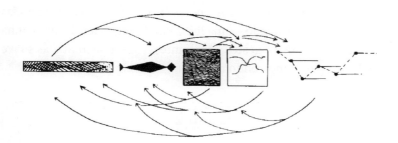

2. Outro modo de ver as tensões dinâmicas de uma paisagem sonora é estudar as implicações de um esquema como o indicado a seguir:

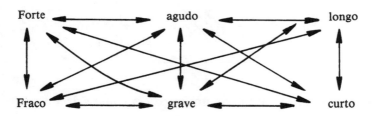

Para criar uma mobilidade de expressão, experimente o teste com alunos diferentes, cantando ou tocando pequenos exercícios que combinam esses potenciais característicos de todos os modos possíveis: forte-agudo-longo, seguido de curto-grave-fraco etc.
3. Um terceiro pode ser: ler aleatoriamente o cartaz da página 80. Cada efeito deve ser claramente distinto dos outros.
4. Outro: dar aos mesmos grupos ou indivíduos as seguintes descrições verbais para serem interpretadas em sequência:

Agudo perfurante – notas longas graves, suaves tornando-se fortes – súbito forte-curto – notas agudas tornando-se mais graves e mais longas, e mais suaves – curva melódica ampla – morrendo, elevando, elevando e morrendo – movendo-se para cima – caindo agora, serena – notas curtas muito suaves repetidas devagar, depois rápido – uma linha em direção à terra – uma linha aspirando ao céu – gestos flamejantes – notas sustentadas suave e lentamente, morrendo ao longe – silêncio profundo.

5. Para o pintor Paul Klee, um traço era como sair a passeio. A descrição que se segue é sua. É óbvio que o passeio com um lápis poderia também ser um passeio musical com um instrumento e está incluído aqui como um texto, que poderia ser improvisado por um número de instrumentos em solo ou em conjunto.

... ato de se movimentar, partindo de um ponto morto (linha). Depois de pouco tempo, fazemos uma pausa para desenhar a respiração (linha quebrada ou, se repetida, interrompida ritmicamente). Um olhar para trás, para ver o que fizemos (movimento contrário). Um rio... (movimento ondulante). Mais para cima parece existir uma ponte (série de arcos)... Encontramos alguém com as mesmas ideias. Primeiramente, estamos unidos na alegria (convergência). Então, aos poucos, as diferenças intervêm (duas linhas se movimentando independentemente). Uma certa excitação em ambos os lados (expressão, dinâmica e psique da linha). Atravessamos... uma floresta densa. Outro rio perdido na neblina... Tecedores de cestos estão indo para casa com seus carros (a roda)... Mais tarde, tudo fica pesado e noturno. Um lampejo (de luz) no horizonte (linha em zigue-zague). Acima de nossas cabeças, as estrelas estão visíveis (séries de pontos)... Antes de dormir, muita coisa ainda vai passar pela memória, pois mesmo uma viagem curta como esta é cheia de impressões.

6. Aqui está outro texto pouco comum, que foi usado como base para uma composição (improvisação), por um grupo de instrumentistas e cantores. Foi apresentado em partes, e os alunos solicitados a trabalhar uma seção curta, ilustrando-o; então os segmentos foram juntados.

    Na interpretação deve ser feita uma tentativa no sentido de que o que foi calculado soe calculado, e o que foi espontâneo e surpreendente soe realmente assim. Isso implica que a composição completa possa ser uma combinação de segmentos ordenados e desordenados.

    Cálculo frio, marcas de cor ao acaso, construção matematicamente exata... agora silenciosa, depois estridente, esmerada perfeição, cores como um floreado de trompetes ou um pianíssimo de violino, grande, calmo, oscilante, superfícies estilhaçadas.

    Wassily Kandinsky: de um catálogo, 1910.

7. Uma classe de instrumentistas é dividida em grupos, sendo possível mais de oito grupos se a classe for grande. Cada um escolhe um líder, que será o regente. É dada para todos a tarefa: encontre um som interessante.

    São dados dez minutos aos grupos, para experimentação (preferivelmente em salas separadas). Nenhuma restrição, apenas que o som deve envolver todos os participantes. Pode ser consonante, dissonante, curto, longo – o que quiserem. O instrutor deve estar preparado para esperar alguns sons nada comuns. Numa ocasião, por exemplo, instrumentistas de metais produziram efeitos curiosos, tirando partes dos tubos de seus instrumentos.

Os grupos voltam. Tocam seus sons. Os demais atuam como críticos. Se o som produzido não foi interessante, o grupo em questão é mandado para fora outra vez, para achar um melhor. Quando todos passaram pelo teste, é dada uma segunda tarefa: encontre um som contrastante.

Esse deverá ser um contraste tão completo quanto possível. Novamente, nenhuma restrição. Depois de dez minutos, a segunda série de sons é trazida de volta à sala e eles são executados, discutidos, criticados. Muitas vezes, percebe-se que não contrastam suficientemente com o primeiro som; nesse caso, alguns grupos voltam para fora, a fim de procurar sons melhores.

O exercício é repetido até que cada grupo tenha cinco sons, cada um substancialmente diferente de todos os outros; por exemplo: um agudo forte, um grave piano, um melodioso, um áspero etc.

Os grupos são agora separados em volta da sala com as costas para o centro, como indicado na ilustração. Os regentes ficam na frente de seus grupos, olhando para o centro. O instrutor, como chefe dos regentes, fica no centro da sala.

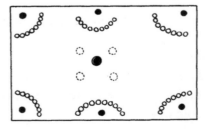

O instrutor pode agora apontar qualquer um dos sub-regentes com sua mão esquerda, indicando pelos dedos que som ele quer que seja produzido (1-5). Com a mão direita, ele dirige os sub-regentes, indicando quando começar e terminar. Os sub-regentes, por sua vez, comunicam esses gestos a seus respectivos grupos. Qualquer número de sons pode ser empilhado ou separado. Separando e juntando várias vezes grupos diferentes, deve ser obtida uma mobilidade de som. Depois de um pouco de prática, o regente geral logo vai perceber quais os sons que ficam melhor juntos e quais não.

Uma segunda etapa: escolher um pequeno grupo de três ou quatro solistas, que devem vir para a frente, sentando-se à volta do regente geral, de frente para ele, isto é, dando as costas para os outros músicos. Agora os sons originais vão ser considerados como fundo harmônico para as improvisações-solo. O chefe dos regentes indica um solista para começar, batendo de leve no seu ombro e repetindo o gesto quando deve parar. Os solistas devem produzir sons que contrastem significativamente com todos os agrupamentos sonoros que estão soando, de modo a preservar sua identidade como solistas. Isso não quer dizer, contudo, que eles devam simplesmente tocar mais forte que os demais, mas que devem produzir sons que contrastem fortemente com tudo o que ouvem num dado instante e que, ainda possam ser ouvidos sem dificuldade. Muitas vezes, durante a experiência, a música para. Se alguém na sala não ouvir o(s) solista(s) atuando nesse preciso momento, algo está errado e deve ser discutido para se determinar o que é.

O objetivo da experiência é deixar o som o mais fluido possível. Os conjuntos e os solistas devem estar num estado de constante interação. Às vezes pode acontecer que tudo pare e um solista faça uma *cadenza* desacompanhada; outras em que o grupo todo pode juntar-se num furioso *tutti*.

Colocando os músicos em lugares diferentes no espaço, de costas uns para os outros, os impulsos de acompanhar a massa são desencorajados, e os executantes estimulados a usar suas próprias cabeças e ouvidos.

Transcrição I: Charles Ives e perspectiva

NOTA: A primeira dessas transcrições originou-se nas classes de instrumentistas de cordas graus 11, 12 e 13[7] da North Summer Music School; mesmo não sendo da Universidade Simon Fraser, achei oportuno incluí-la, pois está relacionada a alguns assuntos tratados no texto anterior. É como se fosse uma espécie de discussão em grupo que com frequência pontuou nosso trabalho no curso "Limpeza de ouvidos", quando ideias eram tiradas das prateleiras e testadas de maneira empírica.

A classe levara duas ou três sessões discutindo Charles Ives, esse homem notável e sua notável música. Muito da música de Ives reflete a sua vida em New England. Ele procurava incorporar os sons do ambiente nativo, um coro de igreja, uma banda de cidade pequena. No segundo movimento de *Three Places in New England – Putnam's Camp*, Ives integra não uma, mas várias bandas. A atmosfera é a de um piquenique de 4 de julho,[8] com bandas de todos os lugarejos vizinhos vestidas com garbo e competindo esportivamente entre si. A cena pode ser facilmente imaginada. A classe acabara de ouvir uma gravação de *Putnam's Camp*:

SCHAFER: – Bem, o que vocês acham?

UM ALUNO: – Muito divertido, hilariante.

OUTRO ALUNO: – Gostei. Às vezes foi terrivelmente confuso, mas havia uma porção de melodias que pude reconhecer e seguir com bastante facilidade.

UM TERCEIRO: – Primeiro, achei engraçado – como a *Sinfonia dos brinquedos*, de Haydn. O que me chamou mais a atenção foi o ritmo, combinações muito complexas e modernas. O todo soa novo. Gostei.

OUTRO ALUNO: – No final, os sons ficam tão estrondosos e confusos que parecem anular-se uns aos outros. Apesar de todo mundo tocar

---

7 A designação corresponde aproximadamente ao nível médio no sistema educacional brasileiro. (N.T.)

8 Feriado nos Estados Unidos por conta da proclamação da Independência. (N.T.)

junto nesse final, acontece o oposto. O efeito é que parecem estar tocando coisas diferentes.

SCHAFER: – E estavam. Ives estava presente no público certa vez, quando essa peça foi tocada. Ao final, alguns músicos se desculparam pelo efeito de mistura que consideravam como falha da orquestra. Mas Ives disse: "Maravilhoso como saiu! Cada um por si – igual a uma assembleia na cidade".[9]

Risos.

ALUNO: – Mas é isso o que eu não gostei na música. Tudo era tão complicado que você não ouvia nada se sobressair. Achei apenas engraçado.

SCHAFER: – E qual é o problema com o humor?

ALUNO: – Nenhum, mas quando uma coisa está confusa, ninguém pode entender.

SCHAFER: – Antes de mais nada, vamos tomar cuidado quando afirmamos "ninguém". Vocês têm todo o direito de não gostar de qualquer peça musical, porém o que não podem é falar em nome de todos nós. Somente os críticos são arrogantes o suficiente para achar que podem fazer isso. Precisamos ter mais humildade e falar apenas por nós mesmos.

Se você prefere clareza em música, para que possa perceber tudo o que está acontecendo, tem o direito a essa preferência. Admiro seu zelo intelectual. Há outros, entretanto, que gostam simplesmente de ouvir uma peça musical, talvez deixando-se imergir completamente, não entendendo nada, apenas vivenciando o som. Tendo a achar que o que sucede numa peça de música é da conta do compositor e que, embora você possa acompanhar muito pouco, é suficiente para você saber como responder ao estímulo. Vou tentar fazer uma analogia. Por exemplo, *tirando do bolso uma conta telefônica em cartão*

---

9 Cowell, *Charles Ives and his Music*, p.106.

IBM, alguém pode me dizer o que significam os furos deste cartão? *Cabeças balançam negativamente.* Não posso saber por mim, só a companhia telefônica vai poder informar literalmente a quantidade de informações contidas aqui. Para mim, é suficiente saber que preciso pagar a conta. Isso vale também para a composição de Charles Ives, em que muitas coisas ocorrem de uma vez e a qual parece estar em constante colisão com ela mesma. Talvez o compositor não queira que você se concentre em nada em particular, apenas seja sufocado na textura do som.

Vamos observar um pouco mais essa confusão. Como é a sensação de caos total? Ives toma uma dúzia de marchas diferentes, empilha-as uma em cima da outra e então faz que sejam todas tocadas juntas?

ALUNO: – Não é essa a confusão! Eu não sabia que peças de música tão diferentes entre si pudessem soar tão bem juntas. Se eu escolhesse três ou quatro marchas, isso soaria como uma desordem completa o tempo todo. Houve pontos na peça em que tudo parecia convergir e depois tornar a se separar. Às vezes, ouvíamos só uma ou duas bandas e podíamos até distinguir o que cada uma tocava.

SCHAFER: – O que aconteceu às outras?

ALUNO: – Não sei. Suponho que viraram a esquina.

Risos.

SCHAFER: – Sua ideia não é tão louca quanto possa parecer. Você está no caminho certo.

ALUNO: – Bem, se você estiver parado num lugar, digamos, num cruzamento, e as bandas marchando em volta, os sons vão estar mais perto e mais longe, ou seja, estariam entrando e saindo. No final da peça, parece que todas as bandas convergem para o cruzamento onde você está, bem debaixo do seu nariz...

OUTRO ALUNO: –... e precisam tocar o mais forte possível para não se perder.

Risos.

SCHAFER: – Vocês estão sendo muito descritivos e acho que estão absolutamente certos. Essa é uma peça de música pictórica. Podem pensar em uma palavra que descreva a situação que essa peça apresenta, acontecimentos num plano mais perto e outros mais longe?
ALUNO: – Perspectiva.
SCHAFER: – Exatamente. E como um compositor pode criar essa ilusão? Pelo ... ?
ALUNO: – ... controle do volume.
SCHAFER: – Este é um recurso muito importante, não? Quando um compositor quer que algo sobressaia, faz com que isso fique mais forte do que o resto da música. Podemos dizer, em certo sentido, que é como colocar em primeiro plano o que deve aparecer. Um som suave movimenta-se para o fundo, onde não será apreendido tão claramente. Foram os pintores do Renascimento que descobriram a perspectiva como um recurso para separar planos mais e menos importantes numa tela. Se vocês observarem a pintura da época medieval, muitas vezes terão dificuldade em perceber quais são as coisas importantes e quais as secundárias. Isso porque elas todas dão a impressão de estar na frente, num primeiro plano, ao mesmo tempo. Na música, se você quer algo forte e presente, isso é empurrado para a frente, enquanto um som suave fica no fundo, distante. Vocês acham que existe perspectiva na música?
ALUNO: – Quase todas as peças de música têm passagens fortes e suaves.
SCHAFER: – Vou tocar outra peça para vocês. É uma marcha para banda, que data da época de Napoleão.

O disco é tocado. Como toda marcha militar, é consistentemente forte do começo ao fim.

SCHAFER: – Em relação à questão da perspectiva – está presente ou não?
ALUNO: – Acho que não. Era bastante forte o tempo todo.

SCHAFER: – Quase como uma banda escolar? *Risos*. Todo mundo forte para si mesmo, determinado a ser ouvido, sem considerar se tem um papel importante ou não. Ouvindo essa última gravação, você provavelmente tem a impressão de que a banda inteira está em pé na sua frente, quase em cima de você. Assim:

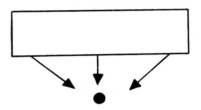

E o Ives?
ALUNO: – Havia movimento de marcha, ia para mais longe e voltava.
SCHAFER: – Algo assim, talvez:

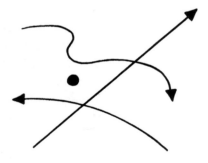

ALUNO: – Na realidade, eles não estavam marchando, não é? Era apenas a impressão que davam, por causa das diferentes secções, parecendo ficar mais fortes e mais fracas, em tempos diferentes.
SCHAFER: – Naturalmente era apenas uma ilusão, criada pelo uso inteligente das dinâmicas. No entanto, vocês sabem, pelas nossas experiências anteriores, que os sons podem, literalmente, se movimentar por uma sala se forem transferidos de um músico a outro. Talvez até mesmo se possa fazer os próprios músicos se movimen-

tarem. Ives apenas sugeriu possibilidades nessa linha e abriu para outros compositores experimentarem também.

Com isso em mente, gostaria de fazer uma experiência com vocês. Há uma dupla relação com os assuntos que temos discutido, como vocês perceberão a seguir. Vamos compor uma pequena peça de música descritiva. Aqui está um texto que poderá pintar a cena para vocês:

> Um passeio num domingo de manhã... Andamos pelos campos às margens do rio e ouvimos à distância o canto que vinha da igreja do outro lado. O nevoeiro ainda não havia deixado o rio; as cores, a água correndo, os barrancos e as árvores compunham uma visão inesquecível.[10]

Quais são os pontos de interesse na descrição?
ALUNO: – O rio com a névoa subindo, a igreja do outro lado, as cores à luz da manhã.
SCHAFER: – Suponhamos uma reconstituição da geografia desta cena aqui na sala e vamos colocá-la em música. Eu serei o narrador andando às margens do rio. A frente da sala vai ser o lado em que eu estou. Onde vai estar a igreja?
ALUNO: – Ao fundo.
SCHAFER: – Bom. E o que vão fazer os outros?
ALUNO: – *caprichosamente*. Nós somos o rio!
SCHAFER: – Infelizmente, vocês não têm escolha. Agora, como vocês sugerem fazer o som desta cena?
ALUNO: – É mais fácil representar a igreja e o coro. Podemos simplesmente cantar hinos.

Localiza-se uma coleção de hinos e Schafer sugere que seja escolhido um quarteto de cordas para tocar a harmonia a quatro vozes. São solicitados a

---

10 Ibid., p.66n.

sair da sala, escolher um hino, ensaiá-lo e voltar em dez minutos, prontos para tocá-lo.

SCHAFER: – Agora, o rio; como vocês acham que podemos imitar esse rio preguiçoso, com a névoa subindo?
ALUNO: – Obviamente podemos tocar alguma coisa lenta – sons murmurados suavemente. Todo mundo pode procurar duas notas diferentes e tocá-las com bem pouca intensidade, como lentas figuras ondulantes.
SCHAFER: – Vamos experimentar.

Começam. Ao final, Schafer pergunta se estão satisfeitos com o som ou se sentem que podem melhorá-lo, de alguma forma.

ALUNO: – Penso que os violinos poderiam tocar efeitos de escorregar, bem agudo e lento, para dar a impressão de que a neblina está subindo lentamente e se desmanchando. As cordas mais graves podem continuar a produzir esses trinados lentos, representando as águas profundas do rio.

Repetem, observando essas sugestões. O som velado e suave das cordas sugere melhor a neblina do rio. Enquanto isso, os outros alunos voltavam com seus hinos.

SCHAFER:- Tenho certeza de que estão todos curiosos como eu para juntar tudo, agora.

Começam. O rio corre. O quarteto começa o hino. Depois da execução, são pedidos comentários.

ALUNO: – O hino soava muito forte. Se realmente ele estava do outro lado do rio, deveria soar como se estivesse distante.
SCHAFER: – Sim, o quarteto estava muito forte. A impressão que eu tive não era a de que o rio me separava da igreja, mas o contrário.

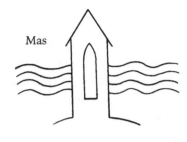

ALUNO: – Não seria melhor também se as cordas colocadas de um lado da sala começassem e, então, gradativamente, as outras iriam sendo acrescentadas, para dar a impressão do rio correndo?
SCHAFER: – É uma boa ideia. Vamos repetir assim. Vou movimentar o braço devagar pela sala e vocês começam à medida que eu apontar. E, lembrem-se, vocês do quarteto de cordas estão do outro lado do rio, não ao meu lado. Vamos tocar com um som cheio, mas calmamente.

A experiência é repetida. A sensação é, na verdade, curiosa. Através das dissonâncias letárgicas e em surdina do rio ouviam-se, ao longe, as harmonias filtradas de um distante hino diatônico. Todos estavam impressionados com os sons que se ouviam, como uma ilustração atmosférica do texto.

SCHAFER: – Agora, já posso identificar esse texto para vocês. Ele é de Charles Ives. É como ele descreve a inspiração que teve para a última das suas *Three Places in New England*, intitulada *The Housatonic at Stockbridge*. Housatonic é o rio; Stockbridge, a cidadezinha com a igreja. Vocês acabaram de orquestrar a cena por vocês mesmos. Agora vamos ouvir como Ives fez.

Schafer aciona o toca-discos enquanto a classe espera com curiosidade que a música comece...

Transcrição II: Música para papel e madeira

Começa-se ouvindo sons. O mundo é cheio de sons que podem ser ouvidos em toda a parte. As espécies mais óbvias de sons são também as menos ouvidas, essa é a razão da operação "limpeza de ouvidos" concentrar-se nelas. Alguns alunos limparam tanto seus ouvidos para ouvir os sons que os rodeiam que já podem partir para um estágio posterior e passar a analisá-los. Quando o processo de análise foi acurado, é possível reconstruir sinteticamente, ou ao menos imitar, um som que se ouve. Esse é o ponto em que a "limpeza de ouvidos" dá lugar ao treinamento auditivo.

Várias folhas de papel são distribuídas pela classe. Schafer começa a escrever no quadro uma mensagem sem sentido.

XOMYBAF ABND FERITOOM YBLLL ZIPVP

Pelo menos um aluno, invariavelmente, começa a copiar. Schafer vira-se de repente.

SCHAFER: – O que você está copiando?
ALUNO: – Não sei. Só pensei que...
SCHAFER: – Você pensou que o natural é que uma folha de papel seja coberta com letras escritas, mesmo que não saiba o que significa. Suponham que eu diga a vocês que este papel que estou mostrando não vai ser coberto com nada escrito. É um instrumento musical.
CLASSE: – ?
SCHAFFER: – Vocês já pensaram em um pedaço de papel como um mecanismo de produzir som?
ALUNO: – Não, não exatamente.
SCHAFER: – Aqui está uma oportunidade. Cada um tome a sua folha de papel e experimente um som com ela. Quantas maneiras diferentes vamos achar para produzir sons?

Muitas são as descobertas. Alguns amassam o papel devagar, outros rapidamente; rasgam também devagar e rápido, dobram, assopram; fazem um canudo, batem, com um dedo ou lápis, dão pancadas etc. Tiveram algum tempo de liberdade para descobrir o papel como som.

SCHAFER: – Acho que pude ouvir alguns sons muito engenhosos, mas, naturalmente, como vocês experimentavam todos de uma vez, era um tanto confuso. Vamos tomar de outra folha e cada um vai produzir seu próprio som, independente.

A classe repete, um de cada vez. Um dos sons – alisar uma folha de papel com os dedos – é sutil demais.

SCHAFER: – *aos que estão do outro lado da sala*. Vocês ouviram isso?
ALUNOS: – Não.
SCHAFER: – A culpa é de vocês; não estavam suficientemente em silêncio. Parem de respirar, se necessário; fechem tudo, menos os ouvidos. Tentem outra vez.

A ponta dos dedos da menina toca o papel com delicadeza sismográfica.

SCHAFER: – Ouviram agora?
ALUNO: – Pude captá-lo. É muito suave.
SCHAFER: – Certo! Como um suspiro. Mais uma razão para procurar ouvir. Um suspiro é uma informação secreta e privilegiada. Por isso, apuramos os ouvidos para percebê-lo. É o mesmo privilégio. Ouvir sons delicados é um privilégio semelhante; muitas pessoas nunca ouvem.

Vamos experimentar improvisações com nossos instrumentos de papel? A quem eu apontar, ao acaso, estou pedindo um som com o papel que seja substancialmente diferente do que foi produzido antes pelo seu colega. Isso vai obrigá-los a ficar alerta, sobretudo porque vocês não irão saber o que seu predecessor vai fazer até que ele o faça.

Por alguns minutos, este exercício de improvisação foi feito como uma espécie de solenidade divertida, até a classe esgotar as possibilidades de som do papel.

SCHAFER: – Dando uma voz ao papel, vocês expuseram sua alma sonora. Todo objeto na terra possui uma alma sonora – ou pelo menos, todo objeto que se move, soa. Isso não quer dizer que produza um som sempre encantador, apenas que ele pode ser percebido se pusermos os ouvidos para trabalhar.

Agora quero apresentar a vocês um outro som bem simples.

Uma série de sons de carrilhão eálio, feito de bambu, são produzidos, vindos de dentro de uma pasta. Vocês sabem o que é isso?

ALUNO: – Um carrilhão japonês. Você o pendura numa janela, por exemplo, e o vento sopra por ele produzindo um som que retine.
OUTRO ALUNO: – Eles não eram usados originalmente para afastar os maus espíritos?
SCHAFER: – Você pode estar certo. Provavelmente deve ter sido isso, porque o som produzido é muito penetrante; e, quando percutido com força, é realmente de espantar.

O carrilhão é percutido rapidamente com a mão e, então, é suspenso, para as plaquetas irem batendo umas nas outras, até voltarem à calma posição inicial.

Limpeza de ouvidos

SCHAFER: – É um som bastante interessante, não? Agora quero fazer um pedido a vocês: todos juntos imitem o som desse carrilhão com as suas vozes. Como vamos fazer?

ALUNO: – É difícil. Os sons não têm altura definida. Não sei se vamos conseguir imitá-los exatamente.

SCHAFER: – O mais parecido possível, então.

ALUNO: – Bem, é um som muito seco, uma espécie de cavidade oca. Podemos provavelmente fazer estalidos com a língua.

SCHAFER: – É uma saída. Você gostaria de começar a experimentar com a classe? Diga apenas o que você quer fazer e nós vamos ouvir.

O aluno se coloca na frente e dá instruções à classe para fazer sons de estalidos mais abertos e mais fechados com a língua. Dá um sinal para começar:

Os estalidos desintegram-se em risadas.

SCHAFER: – Os carrilhões riem? Se não, essa risada não tem nada a ver. Apenas imitem os carrilhões. Vocês podem fazer alguma coisa mais parecida do que isso? Ouçam outra vez o som original.

ALUNO: – Acho que há alguns sons de fala que estão mais próximos, por exemplo o som do "k".
SCHAFER: – Sim, você se refere ao "k" como um fonema, e não como uma letra do alfabeto, não é?
ALUNO: – Sim, "k" como aparece em *"kick"*.
SCHAFER: – Interessante. *Escrevendo o alfabeto fonético no quadro.* Quais desses sons vocês acham que chegam mais perto do carrilhão?
CLASSE: – "d" ... "g" ... "t" ...
SCHAFER: – Outra vez como fonemas, isto é, como aparecem em palavras como: *"did"*, *"got"* ou *"tack"*.[11] O que aconteceria se nós acrescentássemos esses sons aos estalidos?

Um outro regente vem à frente. Pede a alguns para continuarem os estalidos, enquanto outros acrescentam os fonemas.

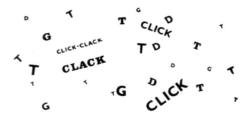

---

11 O correspondente no português poderia ser, por exemplo, "dei", "gol" ou "tão". (N.T.)

SCHAFER: – E então?
ALUNO: – Acho que melhorou. Dá mais variedade, do mesmo jeito que o bambu produz vários sons diferentes, dependendo de quais plaquetas estejam sendo batidas juntas.
SCHAFER: – Estamos começando a chegar a algum lugar agora. Mas estamos apenas começando. Ouçam o som mais uma vez e pensem em algumas de suas outras características. O que está faltando na nossa interpretação?

ALUNO: – Depois do ataque, o som vai morrendo aos poucos, até ficarem umas batidas fracas no final.
SCHAFER: – O som decai gradativamente até morrer ao longe completamente. E como ele começa?
ALUNO: – Muito abrupto. De um silêncio absoluto surge uma súbita explosão de som.
SCHAFER: – *apontando*. Você poderia repetir o som, observando tudo isso?

Esse outro aluno vem à frente e expõe que, quando ele fizesse com as mãos o gesto de fechar um envelope, a classe deveria ir diminuindo o som até acabar. Mas e o ataque inicial? O aluno, de pé, estende os braços, empurrando o ar. Não acontece nada.

SCHAFER: – Você está medindo alguma coisa ou regendo? Desculpe interrompê-lo, mas sinto que preciso chamar sua atenção para a relação que existe entre a cabeça e o corpo. Um bom regente está sempre consciente do efeito preciso que o seu gesto vai provocar na resposta psicológica dos executantes. Uma passagem calma e fluida é comunicada com um gesto lírico das mãos. Um som brusco e súbito, com um gesto vigoroso. Sobretudo, não se esqueça de obter a atenção dos executantes antes de começar. Você disse que o ataque era explosivo, percussivo. Não o apresente como se estivesse empurrando o ar. Fique preparado, seja firme. Ataque.

O aluno entende. Indica à classe para atacar o som com os punhos fechados; depois, fazendo um movimento de apertar com os braços, conduz o som, que vai diminuindo de intensidade até o silêncio.

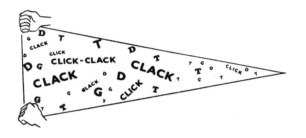

SCHAFER: – Bravo! Agora ouçam o som original outra vez e percebam se há mais alguma coisa específica quanto à diminuição da intensidade.

O carrilhão é acionado mais uma vez. Todos ouvem. Não se nota nada. Schafer pede então ao regente para repetir a imitação do som, e a classe assim faz.

SCHAFER: – consultando o relógio. Onze segundos, do início ao fim. Quanto tempo durava o som original? Alguém observou? *Ninguém.* Vamos prestar atenção agora, enquanto eu o produzo outra vez?

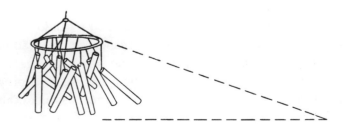

SCHAFER: – Quanto tempo?
ALUNO: – Vinte e três segundos.
SCHAFER: – Interessante. Na ansiedade de reproduzir o ataque, nós diminuímos mais da metade da duração do som original. No ardor da nossa execução, imaginamos que estávamos duplicando a duração do som original, mas vocês viram o quanto fomos imprecisos. Essa é a diferença entre o tempo real, ou o tempo medido no relógio, e o tempo virtual, ou seja, o tempo como o percebemos.

Quando começamos a medir o tempo com precisão somos, muitas vezes, inconsistentes e descuidados. A verdade é que, como seres humanos, fazemos relógios muito ruins. Acho que posso ilustrar isso para vocês. Eis um problema: movimentando o braço no sentido dos ponteiros do relógio, descreva um círculo absolutamente regular durante sessenta segundos, acabando no mesmo ponto que começou! Alguém quer experimentar?

Vários alunos tentam enquanto a classe cronometra. Ninguém consegue, embora alguns cheguem muito perto. No final:

ALUNO: – Você pode fazer?
SCHAFER: – Vou tentar. *Experimenta. Não acerta, chegando ao ponto de partida dois segundos antes.* Na verdade, é quase impossível acompanhar, porque a nossa tendência é sentir a duração em vez de pensar

nela logicamente, como acumulação de pequenas células de tempo, chamadas segundos.

Voltando ao nosso problema anterior, vocês puderam ver como é preciso ser o mais objetivo e científico possível ao analisar um som, se quisermos reproduzi-lo fielmente. Vocês não analisaram adequadamente o som, ou teriam observado sua duração e, mesmo com uma pequena margem de erro, teriam sido capazes de duplicar essa característica junto com as outras.

Há ainda outro aspecto do som original que, me parece, escapou a vocês. Ouçam mais uma vez, usando os ouvidos.

O carrilhão de bambu é percutido novamente. Todos ouvem.

ALUNO: – Acho que não devemos nos dividir em dois grupos, um produzindo estalidos e outro os sons de fala. Todos deviam se sentir livres para escolher o som que quisessem fazer.
SCHAFER: – Experimentem.

O novo aluno rege. Cada um tem liberdade para escolher seu próprio som.

SCHAFER: – Melhor, mas ainda não é satisfatório. Vocês estão perdendo um ponto muito importante aqui, ou, pelo menos, não o estão aproveitando o suficiente. O carrilhão vibra de modo regular – *clac, clac, clac*? Ouçam outra vez e observem as placas.

ALUNO: – Não, elas são bastante livres. Vibram ao acaso.

SCHAFER: – Isso mesmo! Quando vocês estavam tentando imitar o som, tive a impressão de que vocês, conscientemente, procuraram ignorar isso. Não importa a variedade dos sons que foram produzidos, cada um de vocês se expressou numa bela forma regular – vocês impuseram um ritmo organizado num som que não era assim.

ALUNO: – Podemos então desorganizar os sons? Cada um procure expressar seu som de um jeito completamente livre sem qualquer ritmo reconhecível.

A experiência é repetida uma última vez.

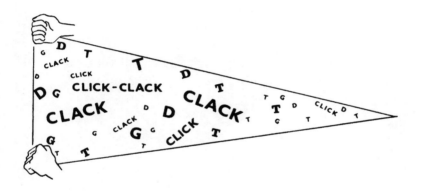

SCHAFER: – Muito bom! Acho que agora chegamos tão perto quanto possível do original com vozes humanas. Procuramos considerar a duração do som, sua curva dinâmica, seu timbre e sua textura rítmica. Nessa última vez descobrimos que o carrilhão de bambu produz realmente uma peça de música arrítmica ou "aleatória". Além disso, se vocês quiserem produzir uma sensação de surpresa e confusão de possibilidades, jamais deverão fazê-lo através da organização de seus sons. Isso nos leva diretamente à filosofia da música aleatória, o que amanhã continuaremos discutindo.

E foi o que fizeram.

Limpeza de ouvidos

Quatro pós-escritos

Tudo o que fizemos no curso foi direcionado para aguçar os ouvidos, ou para liberar a energia criativa latente, ou ambas as coisas. Foi sempre mais desejável a concisão do que a verbosidade. Seguem-se algumas notas breves a respeito de pontos trabalhados e discutidos em aula. O leitor será capaz de colocá-las com facilidade no contexto.

I

Quando foi dita à classe a conclusão de John Cage, de que não há isso a que chamamos silêncio, todos estavam calmos. Procuravam ouvir o silêncio. O único som percebido era o do lápis de um aluno que escrevia: "Silêncio, isso não existe".

II

Um dia, foi dada uma tarefa: trazer um som interessante à aula. Alguns alunos estavam ansiosos, sem saber como fazer.

SCHAFER: – "Se eu lhes pedisse para trazer um livro interessante, vocês poderiam, não é? Bem, então vão para casa e encontrem um som interessante. É muito mais fácil do que um livro".

Uma aluna trouxe uma bola de gás, encheu de ar e a deixou esvaziar lentamente – zzzzzzzzzhzhzhzhzeeeeeeeeeeessssssshshshs. Quando perguntei por que era interessante, ela respondeu que era por ser imprevisível. Nunca se pode saber quando vai ser "zhzhzhzh" e quando vai ser "shshshsh".

Um menino trouxe um trinco de metal. Disse que era interessante porque ouvira esse som durante toda a sua vida, mas realmente era a primeira vez que lhe fora pedido ouvi-lo.

Outra menina trouxe uma caixa de música. Era interessante para ela porque os sons eram tão misteriosos! Ficava sempre maravilhada com o fato de tantos sons caberem numa caixinha minúscula.

Um menino levantou e disse "animal", cerca de uma dúzia de vezes. Explicou que era interessante porque quanto mais fosse repetido, menos se tornava parecido com o que era esperado significar. O sentido foi embalado para dormir e ficou apenas um objeto sonoro curioso, sem qualquer significado.

III

Todos sabem que nossa atitude em relação à música – sons que nos parecem significativos e merecem ser gravados – está condicionada aos sons ambientais de nosso século, geração e posição geográfica no planeta. Nesse sentido, poderia ser feito um estudo sonoro valioso.

Um dia pedi à classe para ver o quadro *A batalha entre o Carnaval e a Quaresma*, de Pieter Brueghel, o Velho, e a registrar os sons reais e potenciais que poderiam existir aí – tudo, desde o som das muletas do coxo, que se movimentava no calçamento de pedras, até o som do alaúde.

Como uma segunda tarefa, foi pedido aos alunos para colocar um gravador em uma esquina e registrar por dez minutos os sons ambientais contemporâneos.

Então, lhes pedi para comparar os sons que se ouviam no século XVI com os do século XX; por exemplo, o número de sons produzidos pelo homem e os produzidos pela máquina.

A mesma experiência pode ser feita com pinturas, poemas ou dramas de períodos históricos e civilizações diferentes.

IV

Um dia, alguém escreveu um poema que deu o que pensar à classe:

Poemas Sonoros[12]

Se há silêncio e som –
Silêncio sem silêncio é som
Silêncio com som é som
Som sem som é silêncio
Som sem silêncio é som
Silêncio sem som é silêncio
Som com som é som
Som com silêncio é silêncio
Silêncio com silêncio é silêncio
Silêncio sem som é som
Som com silêncio é silêncio

Se não existe o silêncio
Silêncio sem silêncio é som
Silêncio com som é som
Som sem som é som
Som sem silêncio é som
Silêncio sem som é som
Som com som é som
Som com silêncio é som
Silêncio com silêncio é som
Silêncio sem som é som
Som com silêncio é som
Agora, uma pergunta final:
"Por que os homens ouvem menos quando bocejam?"
(Aristóteles, *Livro de problemas*, I:XI)
E um pensamento final:
A música não é para ser ouvida. É ela que nos ouve.

---

12 No original inglês: *Sound-Poem / If there is silence and sound – Silence emptied of silence is sound / Silence filled with sound is sound / Sound emptied of sound is silence / Sound emptied of silence is sound / Silence emptied of sound is silence / Sound filled with sound is sound / Sound filled with silence is silence / Silence filled with silence is silence / Silence emptied of sound is sound / Sound filled with silence is silence*

  If there is no such thing as silence – Silence emptied of silence is sound / Silence filled with sound is sound / Sound emptied of sound is sound / Sound emptied of silence is sound / Silence emptied of sound is sound / Silence filled with sound is sound / Sound filled with silence is sound / Silence filled with silence is sound / Silence emptied of sound is sound / Sound filled with silence is sound.

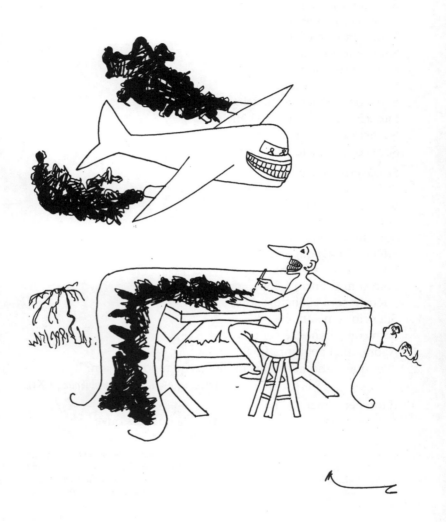

3
A nova paisagem sonora

Entreouvido no saguão, depois da primeira apresentação da *Quinta Sinfonia* de Beethoven: – *Sim, mas isso é música?*

Entreouvido no saguão, depois da primeira apresentação do *Tristão* de Wagner: – *Sim, mas isso é música?*

Entreouvido no saguão, depois da primeira apresentação da *Sagração* de Stravinsky: – *Sim, mas isso é música?*

Entreouvido no saguão, depois da primeira apresentação do *Poème électronique* de Varèse: – *Sim, mas isso é música?*

Um avião a jato arranha o céu por sobre minha cabeça, e eu pergunto: – *Sim, mas isso é música? Talvez o piloto tenha errado de profissão?*

Sim, mas isso é música?

MÚSICA: Arte de combinar sons visando à beleza da forma e a expressão das emoções; os sons assim produzidos; som agradável, por exemplo o canto de um pássaro, o murmúrio de um riacho, o latido de cães. (*The Concise Oxford English Dictionary*)

Era um dos meus primeiros dias na sala de música. A fim de descobrir o que deveríamos estar fazendo ali, propus à classe um problema. Inocentemente perguntei: – "O que é música?"

Passamos dois dias inteiros tateando em busca de uma definição. Descobrimos que tínhamos de rejeitar todas as definições costumeiras porque elas não eram suficientemente abrangentes, e não se pode ter uma definição que não inclua *todos* os objetos ou atividades de sua categoria. A definição a que chegamos e a transição da nossa trajetória de pensamento são relatadas em "O compositor na sala de aula". Um sem-número de pessoas solícitas tem chamado a atenção para inadequações naquela definição. Concordo com suas críticas.

O simples fato é que, à medida que a crescente margem a que chamamos de vanguarda continua suas explorações pelas fronteiras do som, qualquer definição se torna difícil. Quando John Cage abre a porta da sala de concerto e encoraja os ruídos da rua a atravessar suas composições, ele ventila a arte da música com conceitos novos e aparentemente sem forma.

Apesar disso, eu não gostava de pensar que a questão de definir o objeto a que estamos devotando nossas vidas fosse totalmente impossível. Eu achava que John Cage também não pensaria isso, e então escrevi para ele e lhe pedi sua definição de música:

"Música é sons, sons à nossa volta, quer estejamos dentro ou fora de salas de concerto" – veja Thoreau.

A referência é ao *Walden* de Thoreau, em que o autor descobre um inesgotável entretenimento nos sons e visões da natureza.

Definir música meramente como "sons" teria sido impensável há poucos anos atrás, mas hoje são as definições mais restritas que estão se revelando inaceitáveis. Pouco a pouco, no decorrer do século XX, todas as definições convencionais de música vêm sendo desacreditadas pelas abundantes atividades dos próprios músicos.

Primeiro, com a tremenda expansão dos instrumentos de percussão em nossas orquestras, muitos dos quais produzem sons arrítmicos e sem altura definida; em seguida, pela introdução de procedimentos aleatórios em que todas as tentativas de organizar racionalmente os sons de uma composição se rendem às leis "mais altas" da entropia; depois disso, pela abertura dos receptáculos de tempo e de espaço a que chamamos de composições e salas de concerto, para permitir a introdução de todo um novo mundo de sons que estavam fora deles. (No *4'33" Silence*, de Cage, ouvimos apenas os sons externos à composição em si, a qual é meramente uma cesura prolongada.) Finalmente, nas práticas da *musique concrète*[1] torna-se possível inserir numa composição qualquer som do ambiente por meio de uma fita magnética, ao passo que na música eletrônica, o som *hard-edged*[2] do gerador de sinais pode ser indistinguível da sirene da polícia ou da escova de dentes elétrica. Hoje todos os sons pertencem a um campo contínuo de possibilidades, situado *dentro do domínio abrangente da música*.

Eis a nova orquestra: o universo sônico!

E os novos músicos: qualquer um e qualquer coisa que soe! Isso tem um corolário arrasador para todos os educadores musicais. Pois os educadores musicais são os guardiões da teoria e da prática da música. *E toda a natureza dessa teoria e prática terá agora que ser inteiramente reconsiderada.*

O ensino da música tradicional tem seus objetivos especiais: o domínio técnico de instrumentos como o piano, o trompete ou o

---

1 Música concreta. Em francês no original. (N.T.)
2 "*Hard-edged*" é um termo utilizado na arte moderna e refere-se a um tipo de pintura na qual as formas são geométricas, e as cores empregadas são monótonas e não se misturam. Estou utilizando esse termo para referir-me à paisagem sonora das modernas vias expressas, porque os sons dos veículos são também linhas penetrantes (cortantes, agressivas) e monótonas, que não se misturam com os outros sons da paisagem sonora. (N.A.)

violino para execução de uma literatura que abrange várias centenas de anos. Com o propósito de compreender as formas dessa música, foi desenvolvido um vocabulário teórico que capacita o estudante a executar, de modo aparentemente aceitável, qualquer obra da música ocidental escrita entre a Renascença e nossa própria época.

Não há nada de permanente ou perfeito nessa prática ou teoria, naturalmente, e a música da Idade Média ou da China não pode ser avaliada pelas regras da teoria clássica, do mesmo modo que não pode ser executada nos instrumentos da orquestra clássica. A vastidão cultural histórica e geográfica que caracteriza o nosso tempo nos tornou muito conscientes da falácia de controlar o temperamento de todas as filosofias musicais pelo mesmo diapasão.

Os novos recursos musicais que tentarei focalizar a seguir exigirão atitudes inteiramente novas no que se refere à ênfase do estudo. Novas disciplinas são necessárias no currículo e elas nos levarão longe pelos contornos mutantes do conhecimento interdisciplinar adentro.

O novo estudante terá que estar informado sobre áreas tão diversas, como acústica, psicoacústica, eletrônica, jogos e teoria da informação.

São estes últimos, juntamente com o conhecimento dos processos de construção e dissolução da forma, observados nas ciências naturais, que serão necessários para registrar as formas e densidades das novas configurações sonoras da música de hoje e de amanhã. Hoje, ouve-se mais música por meio de reprodução eletroacústica do que na sua forma natural, o que nos leva a perguntar se a música nessa forma não é talvez a mais "natural" para o ouvinte contemporâneo; se for assim, não deveria o estudante compreender o que acontece quando a música é reproduzida desse modo?

O vocabulário básico da música modificar-se-á. Falaremos talvez de "objetos sonoros", de "envelopes" e "transientes de ataque" em vez de "tríades", *sforzando* e *appoggiatura*. Sons isolados serão estudados mais atentamente, e prestar-se-á atenção aos componentes de seus espectros harmônicos e às suas características de ataque e queda.

O estudo será talvez dirigido à descrição da música em termos de frequências exatas ou faixas de frequência, em vez da limitada nomenclatura do sistema tonal. Também a dinâmica poderia ser melhor descrita em relação a algum padrão de referência como o *fon* (volume) ou o *decibel* (intensidade) em vez de algumas antigas intuições italianas sobre o assunto.

A psicologia e a fisiologia da percepção de padrões auditivos suplantarão muitos estudos musicais passados em que os sons musicais eram emudecidos por exercícios escritos. (Os livros tradicionais de teoria negam vida aos sons considerando-os como cadáveres imóveis.) Por fim, em algum lugar se poderia começar a trabalhar numa história da percepção auditiva, muito necessária, que nos mostre como é que diferentes períodos ou diferentes culturas musicais realmente escutam coisas "diferentes" quando ouvem música.

Um dos propósitos desta parte do livro é dirigir os ouvidos dos ouvintes para a nova paisagem sonora da vida contemporânea e familiarizá-los com um vocabulário de sons que se pode esperar ouvir, tanto dentro como fora das salas de concerto. Pode ser que os ouvintes não gostem de todos os sons dessa nova música, e isso também será bom. Pois, juntamente com outras formas de poluição o esgoto sonoro de nosso ambiente contemporâneo não tem precedentes na história humana.

Isso me traz ao meu outro propósito. Nos últimos anos, a Medicina vem operando uma dramática mudança de ênfase, da cura da doença para sua prevenção. É uma mudança tão pronunciada que o termo "medicina preventiva" não precisa de explicação. Estou a ponto de sugerir que é chegada a hora, no desenvolvimento da música, de nos ocuparmos tanto com a prevenção dos sons como com sua produção. Observando o sonógrafo do mundo, o novo educador musical incentivará os sons saudáveis à vida humana e enfurecer-se-á contra aqueles hostis a ela. Será mais importante conhecer a respeito dos limiares da dor que se preocupar se o diabo ainda habita o trítono. Será de maior interesse tornar-se membro da International Society for Noise Abatement[3] que da Registered Music Teachers Association[4] local.

---

3 Sociedade Internacional para a Diminuição do Ruído (N.T.)
4 Associação dos Professores de Música Registrados. (N.T.)

Se esta sugestão atingir o leitor como uma piada, somente posso esperar que as páginas seguintes tenham um efeito moderador. É que eu considero a questão de prevenção sonora inevitável e urgente.

"A nova paisagem sonora" não é um texto técnico. Ele se constitui de algumas incursões preliminares, em pensamento, pelas linhas da questão que acabo de levantar. Pode ser que, de vez em quando, alguns de meus alunos do primeiro ano da universidade se tornem participantes. Por que não? Eles estão à minha volta enquanto escrevo.

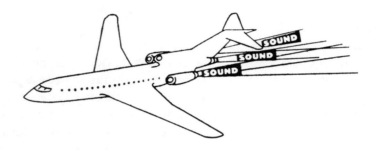

O ambiente sônico

Qualquer coisa que se mova, em nosso mundo, vibra o ar.

Caso ela se mova de modo a oscilar mais que dezesseis vezes por segundo, esse movimento é ouvido como som.

O mundo, então, está cheio de sons. Ouça.

Abertamente atento a tudo que estiver vibrando, ouça. Sente-se em silêncio por um momento e receba os sons. A classe tinha feito isso por quatro dias seguidos, dez minutos a cada dia, cadeiras voltadas para a parede, recebendo mensagens sonoras.

No quinto dia, foi-lhes pedido que descrevessem o que tinham ouvido. Àquela altura todos tinham ouvido um bocado de sons – passos, respiração, movimento de cadeiras, vozes distantes, uma campainha, um trem etc. Mas eles estavam descrevendo o que tinham ouvido? Aquilo não era meramente uma lista de palavras comuns?

Todo mundo sabe como é que soa um passo, ou uma tosse, ou uma campainha. Mas a diferença entre meus passos e os seus, ou a tosse dele e a dela, como deveríamos descrever isso? Um ou dois tentaram expressar a diferença fazendo desenhos. Não ajudou muito.

Se a nova orquestra é o universo sônico, como diferenciarmos os instrumentos? Como poderíamos escrever a biografia completa de um passo, de modo a sabermos que era a história do seu passo e não do meu?

Uma garota decidida foi até uma esquina no sábado e tentou elaborar uma notação descritiva para os diferentes pés dos passantes. Ela observou e ouviu a coreografia dos pés e anotou o tamanho do sapato ou bota; a altura de seu passo, agudo ou grave; o timbre de seu som, metálico, arrastado ou pesado; e o tempo de seu movimento, desde o ágil tique-taque dos saltos pontiagudos até o abafado arrastar de pés errantes.

Os sons da orquestra universal são infinitamente variados. Foi pedido a todos que passassem dez minutos por dia ouvindo em casa, num ônibus, na rua, numa festa. Foram preparadas listas de sons. Mais listas foram entregues, ainda não descritivas.

Mas uma coisa descobrimos que podíamos dizer. Os sons ouvidos podiam ser divididos em sons produzidos pela natureza, por seres humanos e por engenhocas elétricas ou mecânicas. Dois alunos catalogaram os sons. Será que as pessoas sempre escutaram os mesmos sons que escutamos hoje? Para fazer um estudo comparativo, foi pedido a todos que tomassem um documento histórico e listassem todos os sons ou sons em potencial contidos nele. Qualquer documento serviria: uma pintura, um poema, a descrição de um vento, uma fotografia. Alguém tomou *A batalha entre o Carnaval e a Quaresma*, de Pieter Brueghel, o Velho, e nos apresentou os sons de uma paisagem urbana holandesa do século XVI. Outra pessoa tomou um trecho de um romance do Arnold Bennett e nos apresentou os sons de uma cidade industrial do norte da Inglaterra no século XIX. Outra pessoa tomou uma aldeia indígena norte-americana; outra, uma cena bíblica e assim por diante.

A nova paisagem sonora

A batalha entre o Carnaval e a Quaresma, Pieter Brueghel, o Velho. Na vila do século XVI, os sons humanos ainda ocupavam o lugar principal na paisagem.

A nova paisagem sonora

A moderna paisagem sonora *hard-edged* da cidade mascara as vozes de seus inventores humanos.

Tínhamos somente amostras aleatórias, naturalmente, mas talvez pudéssemos extrair delas algumas conclusões. Por exemplo, descobrimos que a princípio, quando havia poucas pessoas e elas levavam uma existência pastoril, os sons da natureza pareciam predominar: ventos, água, aves, animais, trovões. As pessoas usavam seus ouvidos para decifrar os presságios sonoros da natureza. Mais tarde, na paisagem urbana, as vozes das pessoas, seu riso e o som de suas atividades artesanais pareceram assumir o primeiro plano. Ainda mais tarde, depois da Revolução Industrial, os sons mecânicos abafaram tanto os sons humanos quanto os naturais, com seu onipresente zunido. E hoje? Eis algumas de nossas tabelas:

	Sons naturais	Sons humanos	Os sons de utensílios e tecnologia
Culturas primitivas	69%	26%	5%
Culturas medieval, renascentista e pré-industrial	34%	52%	14%
Culturas pós-industriais	9%	25%	66%
Hoje	6%	26%	68%

A respeito do silêncio

Com a intensidade da barragem sonora se ampliando em todas as direções, tornou-se moda falar de silêncio. Portanto, falemos de silêncio.

Nós o estamos deixando escapar.

Antigamente, havia santuários silenciosos onde qualquer pessoa que estivesse sofrendo de fadiga sonora poderia se refugiar para recompor a psique. Podia ser no bosque, ou em alto-mar, ou numa encosta de montanha coberta de neve, no inverno. Olhar-se-ia para as estrelas ou para o planar silencioso das aves e ficar-se-ia em paz.

Estava subentendido que cada ser humano tinha o inalienável direito à tranquilidade. Este era um artigo de grande valor, num código não escrito de direitos humanos.

Apoiando-nos em nossas sólidas bengalas de carvalho, bornais às costas, subíamos a estrada calçada de pedras redondas que levava a Karyés, atravessando uma densa floresta de castanheiras meio desfolhadas, pistacheiros e loureiros de folhas largas. O ar cheirava a incenso, ou assim nos parecia. Sentíamos que havíamos adentrado uma colossal igreja composta de mar, montanhas e floresta de castanheiras e cujo telhado era o céu aberto em vez de uma cúpula. Virei-me para meu amigo; eu queria quebrar o silêncio que começava a pesar sobre mim.

– "Por que não conversamos um pouco?", sugeri. – "Estamos conversando", respondeu meu amigo, tocando de leve o meu ombro.

– "Estamos conversando, mas com o silêncio, a língua dos anjos".

Então, de repente, ele pareceu ficar zangado.

– "O que você espera que digamos? Que isso é bonito, que nossos corações criaram asas e querem voar, que estamos caminhando por uma estrada que leva ao Paraíso?

Palavras, palavras, palavras. Fique quieto!"[5]

Até mesmo no coração das cidades havia reservatórios de quietude. As igrejas eram esses santuários, e também as bibliotecas. Na sala de concerto, ainda hoje o silêncio toma conta da plateia quando a música está para começar, para que esta possa ser carinhosamente depositada num receptáculo de silêncio.

Enquanto essas tradições existiram, o conceito de silêncio era real e tinha dignidade. Pensava-se no silêncio mais em termos figurativos do que físicos, pois um mundo fisicamente silencioso era, naquele tempo, tão altamente improvável como é hoje. A diferença

---

[5] Kazantzakis, *Report to Greco*, p.189.

é que o nível sonoro médio do ambiente era suficientemente baixo para permitir que as pessoas meditassem sem um contínuo recital de incursões sônicas em seu fluxo de pensamento. (As frases de nossos pensamentos tornaram-se indubitavelmente mais curtas desde a invenção do telefone!)

Mas contemplar um silêncio absoluto, isso é negativo e aterrorizante. Assim, quando o telescópio de Galileu sugeriu a infinidade do espaço pela primeira vez, o filósofo Pascal ficou profundamente assustado com a perspectiva de um silêncio infinito e eterno.

Le silence éternal de ces espaces infinis m'effraye.[6] [7]

Quando se entra numa câmara anecoica – isto é, uma sala completamente à prova de som –, sente-se um pouco do mesmo terror. Fala-se e o som parece despencar dos lábios para o chão. Os ouvidos se apuram para colher evidências de que há vida no mundo.

Quando John Cage entrou numa sala assim, entretanto, ele ouviu dois sons, um agudo e um grave.

> Quando eu os descrevi para o engenheiro responsável, ele me informou que o agudo era meu próprio sistema nervoso em funcionamento, e o grave era meu sangue circulando.

A conclusão de Cage:

> O silêncio não existe. Sempre está acontecendo alguma coisa que produz som![8]

---

[6] O silêncio eterno desses espaços infinitos me assusta. (Em francês no original.) (N.T.)
[7] Pascal, *Pensées*, p.131.
[8] Cage, *Silence*: Lectures and Writings, p.8 e 191.

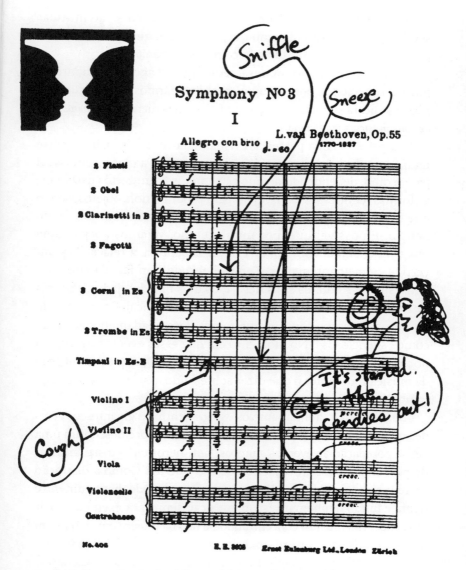

A relação figura-fundo, da visão, também se aplica ao ouvido.

Cage havia detectado a relatividade do silêncio e, ao intitular seu livro de *Silence*,[9] enfatizou que, doravante, qualquer uso dessa palavra deve ser qualificado ou aceito como irônico.

O mito do silêncio foi desacreditado. De agora em diante na música tradicional, por exemplo, quando falarmos de silêncio, isso não significará silêncio absoluto ou físico, mas meramente a *ausência de sons musicais tradicionais*.

Na psicologia da percepção visual, fala-se da alternância entre figura e fundo: qualquer dos dois pode se tornar a mensagem visual para o olho, dependendo do que este quer ver. Em certos desenhos, as formas idênticas se combinam para produzir dois objetos, sendo que qualquer um deles pode ser visto em relevo sobre um fundo neutro. É possível que, por muito tempo, vejamos apenas uma imagem, e, então, com uma oscilação repentina, a relação seja invertida. Semelhantemente, o engenheiro de som fala da diferença entre sinal e ruído, os sons desejados e os não desejados. Por trás de cada peça musical se oculta outra peça musical – o minúsculo mundo de eventos sonoros que temos descuidadamente aceitado como "silenciosos". No momento em que esses eventos irrompem no primeiro plano, nós os chamamos de ruído. Qualquer reavaliação da música terá muito o que dizer sobre ruído, pois ruído é som que fomos treinados a ignorar.

Se você ouvir atentamente os espaços entre os gigantescos acordes que abrem a *Sinfonia heroica*, de Beethoven, você descobrirá uma densa população de eventos sonoros "anti-heroicos" – tosse, arrastar de pés, chiados na gravação, ou seja, o que for. Como a distinção entre figura e fundo num desenho, você agora pode distinguir entre figura e fundo também na escuta musical. Tente, por exemplo, ouvir uma execução musical concentrando-se não na música em si, mas em todos os sons não musicais exteriores a ela, que a rodeiam e forçam caminho durante suas pausas momentâneas. Meus alunos o fizeram. É um exercício estranhamente sensibilizador para refocalizar o ouvido.

---

9 Silêncio. (N.T.)

Mas nós começamos falando de santuários sossegados, um aluno nos lembra. Não deveríamos tentar proteger a boa música das intrusões, continuando a construir salas melhores para a sua execução e exigindo mais gravações de melhor qualidade?

Sem dúvida. Talvez, outro aluno sugere, a nova sala de concerto venha a ser o aparelho de som da sala de estar.

Certamente ela é uma nova sala de concerto. Não se deve então concluir que nossa sala de estar ou sala de música teria de receber os mesmos cuidados quanto ao isolamento e à acústica que a atual sala de concerto! Quantos de nós temos salas à prova de som em nossas casas? Quanto custaria aos construtores para criá-las? E assim encontramos uma tarefa: pesquisar junto ao ramo da construção civil para descobrir quais os atuais regulamentos de isolamento acústico e como eles poderiam ser melhorados.

Depois de nossa investigação, descobrimos que tínhamos aprendido muito sobre os materiais de isolamento acústico, a condução do som pela madeira, vidro e outros materiais. Descobrimos, por exemplo, que em nossa própria cidade não há regulamentos mínimos a respeito do tratamento acústico de paredes em casas e apartamentos. Decidimos que, em nossa "casa ideal", deveríamos poder especificar ao construtor qual o nível de ruído que estaríamos preparados para tolerar em seu interior. Assim, levamos um decibelímetro[10] bem para dentro do bosque, para medir a quietude ali. Primeiro, paz; então, um avião zumbiu por sobre nós. Depois que ele se foi, fizemos uma leitura: 20 decibéis (20 db).

Então fomos para a casa de Jeff B., que disse morar num apartamento terrivelmente barulhento, para medir o nível de ruído. Um rádio estava tocando no apartamento ao lado. Havia crianças gritando no corredor. Nossa leitura: 64 db.

Aí entramos numa discussão sobre se aquilo era ruído ou não. Éramos cinco pessoas: Barbara, Donna, Jeff, Doug e eu. Barbara gostava da música do rádio...

---

10 Um decibelímetro é um dispositivo que mede a intensidade do som em decibéis, com o db estabelecido ao nível do limiar de audição. (N.A.)

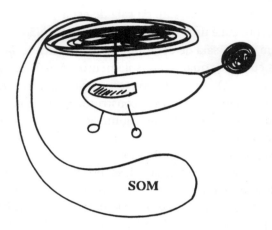

Uma nova definição de ruído[11]

Caminhamos por ali um pouco falando sobre ruído. Doug carregava o decibelímetro, medindo, medindo. Paramos na esquina de uma rua residencial (35 db), e eu perguntei a Jeff por que ele achava barulhento o rádio de seu vizinho.

JEFF: – Porque ele fica ligado o dia inteiro, e eu não gosto dos programas que eles ouvem.
BARBARA: – Bem, eu não o achei desagradável (a 40 db).
SCHAFER: – Está bem. Então, como você definiria ruído?

---

11 A palavra *noise*, utilizada pelo autor, pode ser traduzida igualmente como "ruído" ou "barulho", enquanto o adjetivo *noisy* pode ser "ruidoso(a)" ou "barulhento(a)". Na presente tradução optamos, na maior parte das vezes, por ruído/ruidoso(a) nos contextos científicos ou formais, e por barulho/barulhento(a) nos contextos coloquiais ou informais. O leitor deve, porém, ter em mente que a palavra original engloba ambas as formas. (N.T.)

BARBARA: – Um som feio.

Passou um ônibus (80 db).

SCHAFER: – Você achou feio?
BARBARA: – O quê?
SCHAFER: – O ônibus.
BARBARA: – Bem, foi alto, mas muito menos feio que os sons daquela peça que você tocou para nós outro dia. *Estivéramos ouvindo* Déserts, *de Edgar Varèse.*

Jeff achou aquilo muito engraçado e riu (68 db).

SCHAFER: – O que faz um som ser feio?

Exatamente nesse momento passou por nós uma motocicleta a toda velocidade (98 db).

JEFF: – Aquela é uma Harley-Davidson, sessenta e dois HP. Que beleza!
SCHAFER: – Feio?
JEFF: – Não, liiiindo!
SCHAFER: – Ah!

Andamos um pouco, sem falar. Virando uma esquina, entramos num parque e nos sentamos (35 db). De longe, o som de dentes de serra de um cortador de grama veio em nossa direção, empurrando o medidor para 75 db. Comecei a pensar nas muitas confusões que rodeiam a palavra "ruído". Era uma questão de dissonância, de intensidade, ou simplesmente de (des)gosto pessoal? O grande físico do século XIX, Hermann von Helmholtz, teve pouca dificuldade em distinguir "música" de "ruído". Isto é o que ele diz em seu famoso livro *Sobre as sensações do som*:

> A primeira e principal diferença entre os diversos sons experimentados pelo nosso ouvido é a diferença entre ruídos e sons musicais... Percebemos que, geralmente, um ruído é acompanhado de uma rápida alternância entre diferentes espécies de som... Pense,

por exemplo, no chocalhar de uma carruagem, no granito do calçamento, na água se esparramando e fervilhando numa cachoeira ou nas ondas do mar, no farfalhar de folhas num bosque. Em todos esses casos temos rápidas e irregulares, porém distintamente perceptíveis, alternâncias entre várias espécies de sons, que se manifestam intermitentemente... Os movimentos regulares que produzem os sons musicais foram investigados com exatidão pelos físicos. São oscilações, vibrações ou balanços, isto é, movimentos de corpos sonoros para cima e para baixo ou para frente e para trás, e é necessário que essas oscilações tenham periodicidade regular. Movimento periódico é aquele que retoma constantemente à mesma condição após intervalos de tempo exatamente iguais.

Então ele formula sua definição:

> A sensação de um som musical se deve ao rápido movimento periódico do corpo sonoro; a sensação de ruído, a movimentos aperiódicos.[12]

Você pode ver isso com bastante facilidade num osciloscópio, um instrumento que representa o som pictoricamente para ajudar em sua análise. Há um ramo da matemática, conhecido como "análise harmônica", que se ocupa com os problemas da análise das curvas que aparecem num osciloscópio, para determinar os ingredientes de um som. Num "som musical", todos os harmônicos são proporcionais à sua fundamental, e o padrão produzido é regular e periódico. Um "ruído" (para manter a distinção de Helmholtz) é muito mais complexo, consistindo de muitas fundamentais, cada uma com sua própria superestrutura harmônica, e estas soam em desarmoniosa concorrência umas com as outras. Na figura oscilográfica, o resultado é uma profusão de linhas em que é difícil ou impossível ver qualquer regularidade ou padrão.

---

12 von Helmholtz, *On the Sensations of Tone*, 1954, p.6 e 7.

Mas esta definição é satisfatória? Já não examinamos problemas e paradoxos suficientes para forçar um reexame da clássica proposição de Helmholtz?

Por exemplo, segundo a definição de Helmholtz, o som da motocicleta que ouvimos não poderia absolutamente ser considerado um ruído, e sim um "som musical", pois, sendo um veículo mecânico, a motocicleta é, obrigatoriamente, periódica. Não se vai muito longe num veículo aperiódico. E será que, estudando o ruído, podemos ignorar a amplitude? A motocicleta estava a 98 decibéis, de acordo com nossa própria leitura. Falando coloquialmente, muita gente chamaria isso de "barulho".[13] Por outro lado, muitos instrumentos de percussão, tais como o tambor, são aperiódicos, e ainda assim os encontramos em orquestras sinfônicas.

Parece que temos um problema. É claro que, cientificamente, não podemos discutir a divisão helmholtziana dos sons em periódicos e aperiódicos. O problema é meramente semântico e surge porque ele decidiu chamar um de "som musical" e outro de "ruído". Quando a música ainda era considerada uma coleção de eventos sonoros harmonicamente relacionados, a palavra "ruído" se referia automaticamente a eventos sonoros desarmoniosos. Os instrumentos de percussão foram introduzidos na orquestra pela audácia de compositores interessados em romper novas barreiras do som. Beethoven foi tão audacioso ao dar um solo para os tímpanos no *scherzo* de sua 9ª *sinfonia* como foi George Antheil ao introduzir hélices de avião e sirenes em seu *Ballet mechanique*.

No passado, as pessoas pensavam menos na intensidade ou no volume dos sons, provavelmente porque havia uma quantidade muito menor de sons brutalmente fortes em suas vidas. Foi somente após a Revolução Industrial que a poluição sonora veio a existir como um problema sério.

Foi no começo deste século que o compositor futurista italiano Luigi Russolo, reconhecendo que nossas vidas estavam de certo modo dominadas por "ruídos", sugeriu que esses deveriam ser

---

13 Vide N.T. à p.122.

completamente incorporados à música. Em 1913, ele escreveu um manifesto intitulado *L' arte dei rumori* ("A arte dos ruídos"), no qual demonstrou que, desde a invenção da máquina, o homem estava sendo gradualmente condicionado por esses novos ruídos, e esse condicionamento estava modificando sua suscetibilidade musical. Russolo defendia o fim do exílio do "ruído" na esfera do desagradável e insistia em que as pessoas abrissem seus ouvidos para a nova música do futuro. Agora que é precisamente isso o que está ocorrendo, o até então pouco conhecido Russolo surge como uma espécie de profeta.

Esta é, portanto, a essência de nossa definição revista de "ruído". Quem a deu para nós foram os engenheiros da comunicação. Quando alguém está transmitindo uma mensagem, *qualquer* som ou interferência que prejudique sua transmissão e recepção corretas é classificado como *ruído*.

Ruído é qualquer som indesejado.

É certo que isso faz de "ruído" um termo relativo, porém nos dá a flexibilidade de que necessitamos quando nos referimos ao som. Num concerto, se o trânsito do lado de fora da sala atrapalha a música, isto é ruído. Porém se, como fez John Cage, as portas são escancaradas e o público é informado de que o trânsito faz parte da textura da peça, seus sons deixam de ser ruídos.

Ainda podemos falar em sons periódicos e aperiódicos para distinguir entre duas qualidades bem diferentes de som; porém, devemos deixar para decidir se elas são música ou ruído depois que determinarmos se constam da mensagem que se quer fazer ouvir ou se são interferências misturadas a ela.

Ruído é qualquer som indesejável.

Alguns dias mais tarde, um grupo de música pop estava tocando no pátio de nossa escola, com as guitarras e amplificadores no último volume. Jeff o mediu em 101 db. "Como você aguenta?", gritei para uma garota em pé ao meu lado. "Hein?", respondeu ela. – Deixe para lá, disse eu. "Não estou te ouvindo", ela respondeu.

A nova paisagem sonora

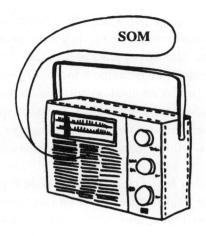

Esgoto sonoro: uma colagem

RUÍDO: qualquer som indesejado.

O prédio está situado numa base militar em algum lugar dos Estados Unidos... Dentro dele há pesadelos.

Num dos amplos laboratórios, dois físicos e um biólogo estão de pé em volta de uma pesada mesa de metal. Estão usando grossos tapa-ouvidos. Sobre a mesa há um dispositivo aproximadamente do tamanho e formato de um televisor, com um mostrador e uma buzina em forma de corneta que sai de um de seus lados. O dispositivo é uma espécie de sirene projetada para gerar um som de alta frequência, numa intensidade monstruosa. Os cientistas estão pesquisando os efeitos desse som em objetos, animais e homens. Eles querem saber se o som pode ser usado como arma...

Um dos físicos começa a demonstração apanhando um chumaço de palha de aço com um instrumento em forma de pinça que está na ponta de uma vara comprida. Ele mantém a palha de aço dentro do invisível raio de som que emana da buzina. A palha de aço explode numa rodopiante cascata de faíscas incandescentes...

O biólogo trouxe para a sala um rato branco numa pequena gaiola. O rato está correndo ao redor da gaiola, parecendo infeliz com todo o barulho. Mas suas preocupações não duram muito. O biólogo levanta a gaiola até o campo sonoro. O rato se retesa, se ergue esticando as pernas ao máximo, arqueia do dorso, abre bem a boca e tomba. Está morto. Uma autópsia revelará que ele morreu de superaquecimento instantâneo e um caso grave de doença de descompressão. Há bolhas em suas veias e órgãos internos.[14]

§

A Nasa quer saber o que os fortes ruídos de foguetes causam às pessoas ao redor de uma plataforma de lançamento, e por que esses ruídos ocasionalmente provocam náuseas, desmaios e crises epileptiformes.[15]

§

Testes científicos... revelam que modificações na circulação sanguínea e no funcionamento do coração ocorrem quando uma pessoa é exposta a uma determinada intensidade de ruído. Até mesmo breves períodos de conversa em voz alta são suficientes para afetar o sistema nervoso e assim provocar constrições em grande parte do sistema circulatório... Desse modo, pessoas que trabalham perto de caldeiras, por exemplo, sofrem de uma circulação constantemente prejudicada na epiderme.[16]

§

O Professor Rudnick e seus colegas construíram a mais poderosa sirene concebida até então. Ela gerava o que era, até onde se sabia, o mais forte som contínuo ouvido na Terra até ali: 175 db, umas 10 000 vezes mais forte que o barulho ensurdecedor de uma grande rebitadeira pneumática. A frequência desse uivo colossal variava de aproximadamente 3 000 ciclos por segundo (próximo ao registro mais agudo do piano) até 34 000 cps, na faixa ultrassônica.

---

14 Max Gunther, The Sonics Book; *Playboy*, maio 1967.
15 Ibid.
16 Gunther Lehmann, Noise and Health; *The Unesco Courier*, jul. 1967.

Aconteciam coisas estranhas nesse apavorante campo sonoro. Se um homem pusesse a mão diretamente no raio do som, isso lhe causava uma dolorosa queimadura entre os dedos. Quando a sirene era apontada para cima, pedaços de mármore de 2 cm flutuavam preguiçosamente ao redor dela em determinados pontos do campo harmônico, sustentados pela monstruosa pressão acústica. Variando a estrutura harmônica do campo, o Prof. Rudnick podia fazer moedinhas dançarem sobre um anteparo de seda com a precisão de um coral. Ele podia até mesmo fazer uma moeda se erguer devagarinho para a posição vertical e enquanto isso equilibrar outra moeda sobre um dos lados da primeira. Um chumaço de algodão colocado dentro do campo irromperia em chamas em cerca de seis segundos. – "Para satisfazer um colega cético", relata o Prof. Rudnick, "acendemos o seu cachimbo expondo a abertura do fornilho ao campo".[17]

§

Pesquisadores do Instituto Max Planck, na Alemanha Ocidental, querem saber por que as pessoas que trabalham em lugares barulhentos, como fundições de ferro, têm mais problemas emocionais e familiares do que as que trabalham em lugares mais sossegados.[18]

§

Mas, de todos os ruídos da Cidade do México, o mais forte e mais peculiar era produzido pelo bate-estacas mecânico em frente à Casa da Ópera, *Tud – chiiiiii, Tud – chiiiiii*;[19] ele funcionava dia e noite; o martelo caía, o ar comprimido escapava e grandes troncos de árvore afundavam pouco a pouco na terra mole. Enquanto, no período de recessão geral, outras obras importantes estavam paralisadas, essa

---

17 Gunther, op. cit.
18 Ibid.
19 No original *thud-shriek, thud-shriek*. Na língua inglesa, a onomatopeia tem a característica de poder ser utilizada não só como tal, mas também como verbo ou substantivo. Assim, *thud* (pronúncia aproximada: *tãd*) denota, ao mesmo tempo, golpe ou ruído surdo (subst.), cair ou bater com ruído surdo (vb.) e a reprodução aproximada de um ruído surdo (onomatopeia). Do mesmo modo, *shribek* (pronúncia: *chirk*) é um guincho ou grito agudo e estridente, guinchar ou gritar de modo estridente, e é a palavra utilizada para reproduzir o som assim gerado. (N.T.)

máquina infernal continuava martelando incessantemente, dominando toda uma zona da cidade.[20]

§

A ciência do som começou a receber atenção durante a II Guerra Mundial, com o desenvolvimento de suas aplicações militares, tais como o Sonar (*Sound Navigation and Ranging*)[21] para o rastreamento de navios inimigos no ar. Nos anos 50, os estudos a respeito de outros fenômenos sônicos começaram a desaparecer um por um, por trás de uma nuvem de sigilo militar – talvez a honraria mais autêntica que pode ser concedida a qualquer projeto de pesquisa.[22]

§

James Watt, em certa ocasião, afirmou corretamente que, para pessoas incultas, ruído sugere poder. Uma máquina que funcione silenciosamente ou sem vibração é, obviamente, muito menos impressionante que uma barulhenta.[23]

§

Há pessoas, é certo – mais que isso, há muitas pessoas –, que sorriem indiferentes a tais coisas porque não são sensíveis ao ruído; mas essas são exatamente as mesmas pessoas que também não são sensíveis à argumentação ou à reflexão, ou à poesia, ou à arte, em suma a nenhuma espécie de influência intelectual. A razão disso é que o tecido de seus cérebros é de uma qualidade muito grosseira e ordinária. Por outro lado, o ruído é uma tortura para pessoas intelectuais.[24]

§

A conhecida exclamação "silêncio, por favor!" pode ser traduzida para a terminologia científica da seguinte maneira: "Meu trabalho exige grande concentração e, por isso, devo preservar as funções corretivas de meu córtex cerebral. Não posso me permitir enfraque-

---

20 Waugh, *Mexico, an Object Lesson*, p.28-31.
21 Navegação e localização pelo som. (N.T.)
22 Schenker-Sprungli, Down with Decibels!, *Noise Pollution*.
23 Stramentov, The Architects of Silence, *Noise Pollution*.
24 Schopenhauer, On Noise, *Studies in Pessimism*.

cer os processos inibitórios e tenho que preservar as condições de funcionamento do meu sistema nervoso".²⁵

§

Se você cortar um diamante grande em pedacinhos pequenos, ele perderá completamente o valor que tinha como um todo; e um exército, se for dividido em pequenos grupos de soldados, perde toda a sua força. Dessa forma, um grande intelecto desce ao nível de uma inteligência comum assim que é interrompido e perturbado, sua atenção distraída do assunto em exame, pois sua superioridade depende de seu poder de concentração – de pôr em ação toda a sua força dirigindo-a para um único tema, do mesmo modo que um espelho côncavo reúne num único ponto todos os raios luminosos que incidem sobre ele.²⁶

§

O progresso das civilizações criará mais ruído, e não menos. Disso estamos certos. Com toda a probabilidade, o nível de ruído aumentará não só nos centros urbanos, mas, com aumento da população e a proliferação das máquinas, o ruído invadirá os poucos refúgios de silêncio restantes no mundo. Daqui a um século, quando o homem quiser fugir para um local silencioso, pode ser que não tenha sobrado nenhum lugar para onde ir.²⁷

§

Mas há apenas dez anos atrás, em vários países europeus, foram fundadas organizações para empreender campanhas contra o alastramento do ruído. Esses grupos... decidiram unificar suas forças e em 1959 formaram a International Association Against Noise...²⁸ Uma vez que sua diretoria sempre incluiu um médico, um engenheiro, um especialista em acústica e dois juristas, a associação está em

---

25 Stramentov, op. cit.
26 Schopenhauer, op. cit.
27 Baranek, Street and Air Traffic Noise – and What Can Be Done About It, *Noise Pollution*.
28 Associação Internacional contra o Ruído. (N.T.)

condições de dar opiniões imediatas e abalizadas sobre questões de alcance internacional, dentro de sua esfera.[29]

§

O mais indesculpável e infame de todos os ruídos é o estalido de chicotes – uma coisa verdadeiramente infernal quando é feita nas ruas estreitas e ressonantes de uma cidade. Eu o denuncio por impossibilitar uma vida tranquila; ele acaba com qualquer pensamento silencioso... Ninguém que tenha na cabeça qualquer coisa semelhante a uma ideia pode evitar uma sensação de verdadeira dor ao ouvir esse estalo estridente e repentino que paralisa o cérebro, despedaça o fio da reflexão e assassina o pensamento.[30]

§

As motocicletas são o nosso problema atualmente. Há em nossa cidade uma motocicleta ou motoneta para cada doze pessoas... Em Córdoba, nós estudamos alguns dos aspectos psicológicos das infrações do ruído. Por exemplo: por que é que os motoristas, e especialmente os motociclistas, modificam os escapamentos de seus veículos? Seria porque um desvio de personalidade os leva a apreciar o excesso de barulho? Ou será que o ambiente urbano barulhento lhes dá uma espécie de "sede de barulho?".[31]

§

Há uma coisa ainda mais infame do que isso que acabo de mencionar. Com bastante frequência, pode-se ver um carroceiro andando pela rua, completamente só, sem nenhum cavalo, e ainda assim chicoteando incessantemente – de tanto que o infeliz se acostumou a isso em consequência da injustificável tolerância a essa prática".[32]

§

Em 1964 fundamos o primeiro Noise Abatement Council[33] da Argentina... Primeiramente, nosso novo regulamento municipal

---

29 Schenker-Sprungli, op. cit.
30 Schopenhauer, op. cit.
31 Fuchs, Cordoba (Argentina) Takes Noise Abatement by the Horns, *Noise Pollution*.
32 Schopenhauer, op. cit.
33 Conselho para Diminuição do Ruído. (N.T.)

antirruído faz uma distinção entre ruído "desnecessário" e "excessivo". Ele classifica mais de quinze ruídos desnecessários sujeitos a penalidades sem que seja preciso recorrer à medição de nível sonoro ou à análise.

Desde a aplicação da lei antirruído, temos classificado como ruídos desnecessários todos os sistemas públicos de comunicação que possam ser ouvidos do lado de fora de locais fechados, incluindo música, publicidade e discursos.[34]

§

A Ling Electronics, da Califórnia, fabrica um gerador de ruído cujo gigantesco uivo, forte o bastante para despedaçar equipamentos eletrônicos, é usado para testar a resistência dos instrumentos de naves espaciais.[35]

§

Quantos pensamentos grandiosos e esplêndidos, eu gostaria de saber, perderam-se para o mundo por causa do estalar de um chicote? Se tivesse voz de comando, eu logo provocaria na cabeça dessas pessoas uma indissolúvel associação de ideias entre estalar um chicote e receber uma chicotada.[36]

§

O incremento do transporte motorizado nos últimos vinte anos tem levado muitos países a revisarem suas leis de trânsito – às vezes, desafiando a opinião pública. A decisão de proibir o uso de buzinas em Paris foi um desses lances polêmicos, e especialmente os motoristas prognosticaram que aumentaria o número de acidentes nas ruas. Na prática, a medida foi notavelmente bem-sucedida. Numa demonstração de autodomínio, que surpreendeu os próprios parisienses, o grasnido e clangor das buzinas foi silenciado de um dia para o outro. Paris agora se admira de ter um dia conseguido suportar uma barulhada tão inútil e irritante.[37]

---

34 Fuchs, op. cit.
35 Gunther, op. cit
36 Schopenhauer, op. cit.
37 *Noise Pollution*.

§
Com todo o respeito devido ao santíssimo princípio da utilidade, eu realmente não consigo entender por que um sujeito que está conduzindo uma carroça de cascalho ou esterco deva obter assim o direito de matar os pensamentos em botão que porventura estejam brotando em dez mil cabeças – o número que ele perturbará, uma após outra, na meia hora que levará para atravessar a cidade.[38]

§
Outra de nossas descobertas é que as pessoas cultas (cientistas, artistas e profissionais das ciências humanas) são muito mais suscetíveis ao barulho do trânsito que as pessoas relativamente incultas.[39]

§
Em agosto de 1956, o uso de buzinas tornou-se ilegal em Moscou, e o nível de ruído nas ruas imediatamente caiu para oito a dez fons.[40]

§
Na França, é proibido tocar rádios nos trens, ônibus e metrô, assim como nas ruas e lugares públicos, tais como parques e praias. Também não se tolera seu uso em restaurantes e estabelecimentos similares.[41]

§
Um arranha-céu concluído no ano anterior, em Nova York, mostrou que se pode construir edifícios de maneira silenciosa. As pessoas que trabalhavam nos escritórios próximos ao edifício, de cinquenta e dois andares, relataram que os cortadores de grama elétricos zumbindo ao redor de suas casas nos subúrbios perturbavam-nos mais que a obra. A explosão de dinamite era abafada por mantas especiais de malha de aço, cada uma pesando várias toneladas. Estendidas por guindastes sobre o local a ser dinamitado, elas absorviam a maior parte dos sons da explosão e também mantinham os fragmentos em segurança, dentro de uma área confinada. Todas as juntas da estrutura de 14 000 toneladas de aço foram soldadas de modo silencioso,

---

38 Schopenhauer, op. cit.
39 Fuchs, op. cit.
40 Stramentov, op. cit.
41 *Noise Pollution*.

para eliminar o abominável e estilhaçante barulho do rebitamento ou cavilhagem convencionais.[42]

§

O objetivo do desenvolvimento técnico deveria servir ao homem, tornar sua vida mais agradável e enriquecê-la. Assim, logicamente, o progresso técnico deveria conduzir a menos ruído, e não a mais.[43]

§

Ainda assim, superguinchos estão agora sendo desenvolvidos em laboratórios militares. Robert Gilchrist, presidente da Federal Sign and Signal,[44] conta-nos a respeito de torturantes rumores que têm circulado nos últimos anos no ramo da produção de ruído.

"Acabamos de ouvir falar de um certo tipo de sirene, supostamente projetada para o Vietnã", diz ele. "Dizem que ela gera algo em torno de 200 decibéis". Isso seria uma potência várias centenas de vezes maior que a do monstruoso guinchador do Professor Rudnick.[45]

§

Um ruído repentino e muito forte, como o de uma arma de fogo, com a duração de somente frações de segundo, pode danificar o mecanismo auditivo de uma pessoa e produzir uma perda duradoura da audição ou surdez parcial. Mas a exposição aos níveis de ruído bastante comuns na indústria – e indubitavelmente característicos de certos ramos da indústria pesada, como forjamento e corte de metal – leva progressivamente à "surdez perceptiva", dependendo em cada caso da intensidade do ruído e duração da exposição. Uma vez que um defeito auditivo dessa espécie tenha se estabelecido, nada pode ser feito. Dispositivos de proteção podem ajudar a adiá-lo e a reduzir a velocidade de seu desenvolvimento, mas, uma vez que o dano esteja feito, ele é irreparável.[46]

---

42 Ibid.
43 Lehmaun, op. cit.
44 Departamento Federal de Signo e Sinal. (N.T.)
45 Gunther, op. cit.
46 Lehmann, op. cit.

§
Nos Estados Unidos, estima-se que aproximadamente um milhão de trabalhadores tenha grave perda auditiva devido a altos níveis de ruídos em seus locais de trabalho.[47]

§
Caros alunos, é hora de se familiarizarem com uma nova disciplina: Acústica Forense, o estudo do crescente número de casos de perdas por ruído e danos auditivos que são levados aos tribunais. Seu velho mestre espera que vocês possam também interessar-se em aprender sobre o trabalho de sua sociedade local para a redução do ruído, ou, se sua comunidade ainda não possui uma, que vocês mesmos possam formar tal sociedade. Endereço da International Society Against Noise:[48] Sihlstrasse 17, Zurique, Suíça.

---
47 *Noise Pollution*.
48 Sociedade Internacional para a Redução do Ruído. (N.T.)

Três limiares do audível e um do suportável

Um dia, falamos do clavicórdio. O clavicórdio produz sons tão doces e delicados que mal se pode ouvi-los. Com as cabeças voltadas em sua direção, apurávamos os ouvidos para seu trêmulo vibrato.

BARBARA: – Psiu!

Ninguém ousava respirar, enquanto a caixa, frágil como casca de ovo, nos sussurrava uma delicada mensagem musical.

DOUG: – E você diz que Bach realmente preferia isso ao órgão ou ao piano?
SCHAFER: – Preferia.
DOUG: – Por quê?
SCHAFER: – O clavicórdio era mais sutil, e ele era um homem sensível.
DOUG: – Mas é tão fraco que a gente tem que apurar muito o ouvido!
SCHAFER: – Sim.
DOUG: – Talvez as pessoas tivessem a audição mais aguçada nos dias de Bach.
SCHAFER: – Talvez. Elas de fato pareciam ficar mais satisfeitas com sons suaves ou moderadamente fortes. Uma das coisas interessantes que percebemos através da história é que a música vai aumentando em volume. Todos os famosos violinos antigos de Stradivarius e outros artesãos foram reforçados durante o século XIX para poderem produzir sons mais fortes. O piano substituiu amplamente o cravo e o clavicórdio, porque produzia sons mais fortes. Hoje, como demonstram a guitarra elétrica e o microfone de contato, não nos satisfazemos mais, de modo algum, com o som natural, mas queremos fazê-lo chegar ao "tamanho família". Agora estão disponíveis amplificadores com força suficiente para levar os sons além do limiar da dor.
BARBARA: – O que é isso?

SCHAFER: – Isso é quando a pressão do som sobre os tímpanos fica tão forte que causa dor física, ou pode até fazer os ouvidos sangrarem. Finalmente, a pessoa fica surda.

Todos pareciam um pouco perplexos e assustados. O amplificador, como uma arma letal através da qual a música poderia, concebivelmente, destruir o organismo humano em vez de causar prazer? Mas, com a recente lembrança de nosso conjunto de baile ainda fazendo a adrenalina borbulhar nos meus ouvidos, dei-me conta de quanto estávamos realmente nos aproximando do doloroso limiar do som suportável, que é por volta de 120 decibéis.

Sempre houve entre os compositores um certo traço malevolente de "chocar" o público, uma certa tendência ao pugilismo, que chegou algumas vezes às raias da brutalidade, o que é evidente em compositores tão diversos como Beethoven, Berlioz, Stravinsky e Stockhausen. Lembrei-me de que a crítica Susan Sontag, falando sobre o teatro de Happenings,[49] observou que sua característica mais notável era seu tratamento abusivo para com a plateia. Durante a Idade Média, o Flautista de Hamelin atraía suas vítimas e as levava à destruição com os sons irresistivelmente doces de sua flauta. O sadista de hoje, com seu amplificador, pode matar suas vítimas imediatamente.

A classe reagiu com suspeita às minhas observações. Eu estava de fato ficando exaltado. Mas eu não pensava (e enquanto escrevo isso, continuo a não pensar) que meu pessimismo e temor fossem injustificados. O fato de ruídos extremamente fortes parecerem saturar a capacidade cerebral de receber sensações, impossibilitando o ser humano de atuar, é bem conhecido pelos departamentos de polícia, que agora usam sirenes para imobilizar tumultos. A surdez do tipo que se encontra nas fundições de ferro em breve poderá sem dúvida deixar de ser meramente uma doença profissional. De qualquer modo, uma sociedade que realiza no laboratório militar experiências com sons de intensidade humanamente destrutivas não pode esperar seriamente que os mais desagradáveis entre seus

---

49 Espetáculo artístico espontâneo e improvisado. (N.T.)

cidadãos comuns não participem desses entretenimentos vingativos, de todas as maneiras que estejam ao seu alcance.

Há um limiar do suportável e três do audível. Podemos ter sons tão fracos que não podem ser ouvidos pelo ouvido humano. Por exemplo, se batermos um diapasão e escutarmos, o som logo parece extinguir-se, embora possamos ver o diapasão vibrando; e, se amplificarmos o som colocando o diapasão sobre um tampo de mesa, podemos ouvi-lo novamente, o que prova que ele ainda estava gerando sons o tempo todo, embora o som estivesse abaixo do limiar de audibilidade do ouvido humano.

Também temos sons tão agudos ou tão graves que não podem ser ouvidos. Por volta de dezesseis ciclos por segundo, deixamos de ouvir os sons graves e começamos a senti-los como fortes vibrações que podem sacudir a sala. A 20 000 ciclos por segundo ou menos, os sons agudos desaparecem, pois ultrapassam o limite da audição humana. Tais coisas podem ser demonstradas com um oscilador, e os jovens sempre ficam um pouco orgulhosos quando descobrem que podem ouvir sons um tanto mais agudos que as pessoas mais velhas – um fato puramente fisiológico, que resulta da juventude. Naturalmente, muitos animais podem, em termos de audição, sobrepujar as pessoas, tanto em sensibilidade a sons muito fracos como em capacidade de ouvir frequências mais altas. O gato, por exemplo, pode ouvir sons de até 60 mil ciclos.

Podemos desenhar um gráfico mostrando o perímetro do humanamente audível. A ordenada mostra a intensidade do som em decibéis, sendo o db estabelecido no limiar da audibilidade, enquanto a abscissa mostra o âmbito da frequência.

A história demonstra que a música está constantemente aumentando de volume. Em reação a isso, ela vem se tornando mais suave também. Anton Webern escreveu minúsculas peças nas quais há sons que se aproximam do limiar de audibilidade (são tão suaves). E pode-se especular quão suave Morton Feldman quer que o som seja quando instrui um percussionista a tocar as campanas e o vibrafone com as polpas dos dedos.

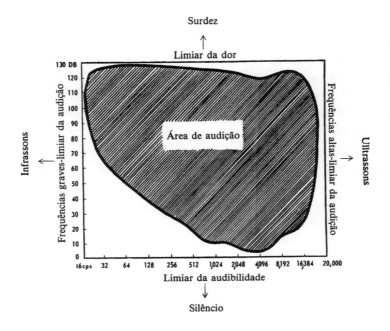

O mesmo aconteceu com a altura na música. Ela foi sendo gradualmente elevada aos limites da perceptibilidade. Até a Renascença predominava a música vocal, e uma vez que a frequência da voz humana captada, do baixo ao soprano (excluindo-se os harmônicos), vai aproximadamente de 100 a 1 000 ciclos, a maior parte da música estava confinada a esse registro central de frequência. À medida que foram inventados instrumentos mais versáteis em execução, essa faixa foi enormemente ampliada. Temos agora sons eletrônicos que nos levam diretamente aos limites audíveis em ambas as direções, ou tão perto desses limites quanto nossos equipamentos de gravação e reprodução nos permitam chegar.

É fácil perceber que os instrumentos a que chamamos de quentes ou líricos (o violoncelo, a viola, a trompa, a clarineta) são precisamente os que mais se aproximam do registro da voz humana. Mas, se os compositores desejam sugerir um evento ou sensação sublime ou sobre-humana, fazem considerável uso dos instrumentos que estão fora do registro vocal humano. A maior evidência disso está na música sacra, onde as notas extremamente agudas e graves do órgão de tubos podem ser usadas para sugerir a voz de Deus e dos seres celestiais. Hoje, se a música eletrônica soa misteriosa para algumas pessoas, é parcialmente por causa de sua predileção pelas extremidades "transcendentais" da faixa de frequência.

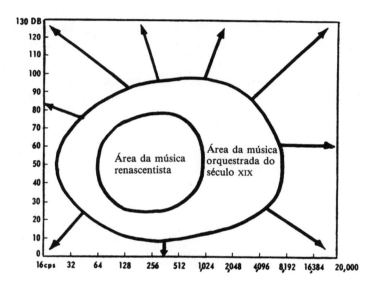

De maneira geral, podemos dizer que até a Renascença, ou mesmo até o século XVIII, a música ocupava uma área de variação de frequência e intensidade como a que é mostrada no centro de nosso gráfico; desde então essa área vem aumentando progressivamente, de modo a praticamente coincidir com a forma que representa a área total do som audível!

O compositor pode agora aventurar-se a qualquer lugar, através da paisagem sonora do audível.

Tentamos vivenciar isso, seguindo com a ponta do lápis vários trechos de gravações, através do gráfico de potenciais expressivos, registrando todas as flutuações de altura e dinâmica. Depois, desenhando na lousa uma versão ampliada do gráfico e, usando vários objetos produtores de som, tentamos seguir um ponteiro em movimento, a fim de reproduzir essas sensações, ao menos de um modo geral.[50]

Fazendo o ponteiro saltar de um extremo a outro em nosso gráfico (digamos, forte e agudo para muito suave e grave), nós penetramos em toda a questão do contraste. Qualquer teoria da música cedo ou tarde desenvolverá séries de estudos destinados a esquadrinhar as questões do contraste. A música tonal tradicional tinha muitos tipos de contraste, dos quais o produzido pela oscilante alternação (eu quase escrevi "altercação") entre consonância e dissonância inspirou a maior parte das teorizações.

Toda dissonância exigia sua resolução numa consonância. Toda consonância exigia uma dissonância para perturbar sua vida enfadonha. As duas eram inimigas íntimas.

---

50 No momento, naturalmente, este é um exercício horrivelmente inexato, pois nenhum de nós tem muita sensibilidade para o reconhecimento de alturas baseado na escala de frequência, ou para o reconhecimento de intensidade baseado na escala de decibéis ou de fons. Isso teria que ser aprendido. A nova teoria musical teria que desenvolver algum método descritivo para identificar e medir o som captado, e pareceria natural que um método em conformidade com a medição científica do som fosse o mais apropriado, pois ele nos daria a flexibilidade necessária para descrevermos nossas percepções de todos os sons, enquanto o vocabulário tradicional da teoria musical não o faz. Afinal de contas, não há nada de sagrado numas poucas intuições italianas a respeito da dinâmica, ou num punhado de símbolos alfabéticos para designar a altura +.

Ter ouvido absoluto seria, então, ter frequência absoluta, isto é, saber a diferença entre 440 e 466 cps. Poder-se-ia reconhecer os *clusters* pela extensão aproximada de sua faixa.

A frequência poderia também nos dar a chave da medição de tempo, ritmo, pois a frequência nos informa o número de ciclos por segundo. Se o segundo fosse adotado como medida temporal básica no novo solfejo, poderíamos rapidamente falar de oitavas rítmicas (dobrando a velocidade), e os coeficientes intermediários nos dariam todas as nuanças rítmicas necessárias.

A vantagem de se elaborar um solfejo nas linhas que estou sugerindo seria que todos os sons poderiam ser assim descritos, e essas descrições poderiam ser verificadas com rapidez e precisão por meio de equipamentos eletrônicos de teste. (N.A.)

+ A notação que se utiliza nos países de língua inglesa é a alfabética:
A B C D E F G
LÁ SI DÓ RÉ MI FÁ SOL (N.T.)

Nos primórdios da música atonal, pensava-se que a dissonância tivesse assassinado a consonância e se imposto como déspota absoluta da música. Agora nos apercebemos de que isso era uma ilusão e que os sons são consonantes ou dissonantes apenas relativamente, dependendo do seu contexto.

Dissonância é a tensão, e consonância é relaxamento. Do mesmo modo que a musculatura humana se tensiona e relaxa alternadamente, não se pode ter uma dessas atividades sem a outra. Assim, nenhum dos dois termos tem significado absoluto; um define o outro. Qualquer pessoa que não compreenda isso deveria tentar ficar com o punho fechado e bem apertado pelo resto da vida.

Consonância e dissonância são como dois elásticos, um mais esticado que o outro. Sua relatividade é esclarecida pela adição de um terceiro elástico, mais esticado que os dois primeiros. Agora descreva o papel do elástico do meio, face a cada um de seus vizinhos.

Aconteça o que acontecer à música, as palavras "consonância" e "dissonância" ainda estarão no centro de nosso vocabulário teórico e aplicar-se-ão a qualquer conjunto de opostos, não somente aos contrastes tonais. Um som curto, por exemplo, é dissonante em comparação a um som sustentado. Se você quer palavras neutras, experimente Yin e Yang, mas você sempre precisará de vocabulário para descrever e medir contrastes, pois isso é inevitável. Mas, se continuarmos com as palavras "consonância" e "dissonância", devemos expandir os significados estritamente limitadores que elas tinham quando eram aplicadas somente à música tonal. Eis um único exemplo:

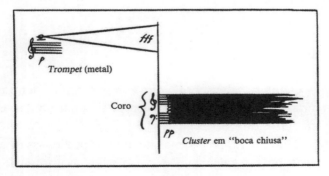

Bem ao contrário do que diria o teórico tradicional, este som de trompete solitário e ousado, com seus harmônicos assimétricos, é um evento dissonante que encontra sua resolução no veludo macio do som do *cluster* vocal! Experimente, e você ouvirá isso imediatamente. Se você analisar algumas peças da música recente em termos de suas dissonâncias e consonâncias, tensões e relaxamentos, seu instinto mostrar-lhe-á quão urgentemente os livros de teoria precisam ser revistos.

Assim, para concluir, podemos fazer três observações importantes:
1 – O conceito do limiar torna-se agora importante para os músicos porque separa, num sentido muito real, o audivelmente possível do audivelmente impossível.
2 – Precisamos desenvolver um novo meio para a descrição dos sons que captamos ... Sugiro que ele poderia estar em conformidade com os padrões de medição acústica de instrumentos eletrônicos, os quais poderíamos usar para checar nossas sensações subjetivas.
3 – Qualquer complexo sonoro pode ser analisado em termos de sua consonância e dissonância relativas, dentro de sua vizinhança acústica. "Consonância" e "dissonância" referem-se a variações em intensidade, altura, duração ou timbre, dentro dos perímetros do audivelmente possível.

A classe estava pensativa. Eu comecei a me sentir como um professor da teoria.

Além do audível

DONNA: – O que se sabe sobre o que é impossível de ser ouvido? Vimos o que acontece se ultrapassarmos o limiar da dor. O que ocorre em outras direções?
SCHAFER: – Muito bem, precisamos de um interlúdio, assim vamos condescender em fazer algumas especulações extravagantes. Se vocês

chegarem a uma frequência muito grave, abaixo de 16 ciclos, não terão mais a sensação de altura, mas sim a de trêmulos vibratórios. Chama-se a isso de faixa infrassônica, da mesma maneira que uma forma diferente, na faixa superior, com cerca de 20 000 ciclos, é chamada ultrassônica. Vocês conhecem a experiência na qual uma nota pedal muito profunda, tocada no órgão, faz toda a igreja vibrar. Possivelmente, pode-se imaginar um tipo de música-massagem, resultante de frequências muito graves, pois essa é a área na qual o sentido da audição e o sentido do tato se sobrepõem. Conheci alguns jovens compositores que se interessaram por esse mundo da massagem musical, e eles afirmam ter composto peças em que utilizaram apenas essas frequências profundas.

DONNA: – Como elas são?

SCHAFER: – Nunca as senti.

DOUG: – Deve ser algo parecido com os *feelies* de que Aldous Huxley fala em *Admirável mundo novo*.

SCHAFER: – Certamente, várias partes do corpo ressoam em diferentes frequências, algumas na faixa audível e outras abaixo ou acima dela. Por exemplo, descobriu-se que o esfíncter anal humano médio ressoa a cerca de 77 ciclos. Se ressoar bastante forte, pode-se perder o controle sobre ele. A polícia experimentou controlar motins através do emprego de sons muito fortes, nessa frequência.

Um intrigante uso das ondas infrassônicas é a base de uma peça musical do compositor Alvin Lucier. Ele utiliza as ondas alfa do cérebro como fonte geradora de sons. As ondas alfa ocorrem quando se fecham os olhos e se busca um pensamento sem imagens. O sinal de onda alfa, que é uma corrente de onda cerebral de baixa voltagem, tem cerca de 10 ciclos. Na peça de Lucier, o executante traz eletrodos implantados no cérebro para captar essas ondas. Vocês podem imaginar quão teatral poderia ser a preparação do executante! As ondas são então amplificadas e alimentam uma série de alto-falantes, diante dos quais estão colocados alguns instrumentos musicais como gongos, que ressoam por simpatia, junto a esses sinais muito graves.

DOUG: – Essa é uma peça que eu realmente gostaria de ouvir!

SCHAFER: – O que você realmente ouve são os harmônicos dos gongos. Você não pode ouvir as próprias ondas alfa; elas são muito graves. Talvez, como acabei de mencionar, o aspecto mais interessante da execução seria o fascinante espetáculo de um solista sentado no palco, com eletrodos no cérebro, abrindo e fechando os olhos para iniciar e interromper os sons, pois as ondas alfa somente estão presentes quando os olhos estão fechados e, algumas vezes, nem mesmo assim; para o infortúnio de algumas tentativas de execução da peça.

DONNA: – E sobre os sons de alta frequência, além dos 20 000 ciclos?

SCHAFER: – Vocês se lembram que eu disse que os gatos podiam ouvir sons acima de 60 000 ciclos, o que lhes dá uma margem bem extensa sobre nós. Pode parecer um pouco bizarro, mas é concebível que as composições pudessem ser criadas nessas faixas de frequências superiores e executadas em geradores eletrônicos, exclusivamente para a apreciação dos gatos e seus amigos. Utilizando instrumentos eletrônicos, vocês poderiam facilmente escrever uma sinfonia para gatos, que seria completamente inaudível para nós, e suponho que, algum dia, alguém terá a brilhante ideia de fazer exatamente isso, embora os gatos, indiferentes, provavelmente não vão ser muito bons patronos dessa música. Muitos animais ouvem sons muito mais agudos que nós. Barbara, talvez para amanhã, você pudesse tentar achar alguma coisa sobre os limites de audição de alguns desses animais e insetos. Jeff, você e Donna, vejam o que podem encontrar sobre a música sob o microscópio. Outro dia eu estava conversando sobre isso com o Dr. E. J. Wells no departamento de química. Acho que ele pode ter alguma coisa interessante para nos contar, relacionada com sua pesquisa recente. E talvez Doug pudesse conseguir encontrar algo sobre a Música das Esferas...

DOUG: – O quê?

SCHAFER: – Música das Esferas. Dê uma olhada em alguns livros de História da Música. E depois procure em livros de astronomia.

DOUG: – Soa selvagem!

SCHAFER: – É um pouco. Vejo vocês amanhã.

No dia seguinte. Todos estavam presentes, embaralhando anotações, limpando as gargantas, ansiosos para começar.

SCHAFER: – Barbara?
BARBARA: – Um dos mais interessantes tipos de habilidade auditiva na – como se diz? – faixa ultrassônica é a dos morcegos. Os morcegos usam ecos ultrassônicos de cerca de 50 000 ciclos para voar em volta de obstáculos sem se chocar com eles. Seus gritos batem nos obstáculos e voltam, e assim eles são advertidos de sua presença e podem precaver-se deles. Os morcegos emitem a espantosa quantidade de cinquenta gritos ultrassônicos ecoantes por segundo.

O chamado para acasalamento dos Beatles

Também achei alguma coisa sobre a audição dos gafanhotos. Alguns têm pequenas membranas circulares semelhantes a ouvidos em suas patas dianteiras. As fêmeas são cortejadas pelos machos, que chilram ou cantam para elas. Se um macho chilrar no telefone, a fêmea, do outro lado, começa a saltar mesmo sem vê-lo. O apelo sexual entre os gafanhotos realmente parece ser feito através da audição, e não da visão.

SCHAFER: – Charles Darwin achava que, mesmo entre nós, a música não era mais que uma forma de chamado para acasalamento, altamente desenvolvida.

DONNA: – Há muitas canções de amor na música.

SCHAFER: – Jeff, o que você conseguiu com o Dr. Wells?

JEFF: – Nós ouvimos música nuclear no laboratório dele.

SCHAFER: – Você nos tantaliza. Como soa?

DONNA: – Ela faz pequenos sons sibilantes, silvos muito claros, agudos a princípio e depois morrendo ao longe. Nunca ouvi nada igual antes.

SCHAFER: – E o Dr. Wells explicou para vocês como ele fez isso?

JEFF: – Sim, e escreveu um pequeno relato. Talvez eu possa ler. Chama-se Música Nuclear.

Toda matéria é composta de moléculas. As moléculas são formadas por átomos. E o átomo consiste de núcleos muito pequenos que têm uma carga positiva, e uma nuvem de carga muito maior, feita de elétrons, de modo que o átomo, em sua totalidade, é eletricamente neutro. Os átomos, numa molécula, são mantidos juntos pelas cadeias químicas, que nada mais são do que nuvens de elétrons direcionais. Assim, uma molécula se parece com um pudim de ameixas – a ameixa nuclear está imersa numa massa de nuvens de elétrons.

Certos núcleos giram em seus próprios eixos, como piões. Aqueles que o fazem (os núcleos dos átomos do hidrogênio, da fluorina e do fósforo são exemplos) comportam-se como ímãs minúsculos. Assim que conseguem se alinhar num grande campo magnético, do mesmo modo que uma pequena agulha imantada, alinham-se com o campo magnético da Terra. No entanto, o alinhamento dos eixos de giro de um só núcleo com o campo magnético não é perfeito. Isso se dá porque, para cada núcleo que gira, o eixo do giro roda pelo campo com uma frequência proporcional ao campo de força. O movimento é chamado *precessão*, e a frequência, *frequência precessional*. Para determinado campo de força, essa frequência é uma frequência nuclear natural, bem definida.

Num bom e poderoso laboratório, magnetizam-se diferentes tipos de precessão dos núcleos em diferentes regiões de frequência, espalhadas pelo espectro de frequências do rádio. Num eletromagneto com um campo de força de 14 000 gauss, os núcleos de hidrogênio precessam a cerca de 60 milhões de ciclos por segundo, os da fluorina, a cerca de 56 milhões de ciclos, e os do fósforo, a cerca de 24 milhões de ciclos. Sobretudo, a frequência característica de uma só espécie de núcleo é levemente modificada por dois tipos sutis de interação com a nuvem de elétrons que estão à sua volta. Sabe-se que a frequência nuclear depende ligeiramente da densidade da nuvem de elétrons que rodeia o núcleo, isto é, da espessura da massa à volta de cada ameixa, na nossa estrutura de pudim. Esse efeito é de interesse dos químicos, pois toda a química se deve à massa de elétrons. Então, se uma molécula contém vários núcleos do mesmo tipo, mas em diferentes posições arquiteturais dentro da molécula, eles terão uma frequência precessional característica da posição que ocupam, e a molécula terá uma impressão digital, característica da *frequência magnética nuclear do espectro*.

Caso se queira ouvir um violão, puxa-se a corda. Quando esta é puxada, é tirada levemente de sua posição de equilíbrio estável. Ao fazer isso, emite sua própria nota característica ou frequência, que depende da tensão da corda, e a intensidade da nota decresce, ou diminui no tempo, por causa das perdas friccionais da corda, que vibra em relação ao ar circundante.

Voltando a nossas moléculas, os núcleos que atuam no concerto podem também ser puxados para longe de sua baixa orientação de energia ao longo do campo magnético, através de um curto pulso de rádio, cuja frequência está próxima à da frequência natural do núcleo. Desse estado de alta energia, os núcleos retomam ao equilíbrio e, ao fazer isso, emitem suas próprias frequências precessionais características, enfraquecidas, como um sinal de rádio. O processo de enfraquecimento, nesse caso, é muito diferente do da corda do violão, mas o resultado é bastante semelhante. Através de técnicas-padrão de frequência de rádio é possível produzir-se dois sinais heteródinos em alta frequência de rádio, que carregam o sinal do núcleo e tornam audíveis as pequenas diferenças de frequência entre os vários núcleos do nosso modelo.

Em geral, quanto mais complexa a molécula, mais complexo é o espectro da frequência nuclear e, portanto, mais complexo e mais auditivamente interessante o envelope modulado do espectro temporal. Essa sobreposição de duas frequências no envelope é uma propriedade molecular pura, e, num sentido real, o método que produz "música nuclear" proporciona um novo meio para imprimir ao ouvido uma característica peculiar de uma molécula. E, como o entendimento vem da completa interação humana, qualquer método que aumente o número de sentidos em atuação pode possibilitar uma nova iluminação.

DONNA: – O que significa "heteródino"? Perdi nas notas do Dr. Wells, alguma coisa em torno disso.

SCHAFER: – Refere-se a uma prática de combinar frequências na faixa de frequências do rádio, de modo a produzir impulsos, cujas frequências sejam a soma e a diferença das originais. Na faixa auditiva, esse fenômeno é também bastante conhecido, produzindo o que se chama de sons diferenciais e somacionais. Isso nos desviaria muito do curso, em direção a outros, na área de Matemática, mas um bom livro de acústica explicará esse assunto. É suficiente entender que o som diferencial entre duas frequências de, digamos, 1 000 ciclos e 100 ciclos seria de 900 ciclos, e o som somacional seria de 1 100 ciclos. Muitos sons diferenciais podem ser ouvidos com facilidade a "ouvido nu"; os sons somacionais, ao contrário, são normalmente mais obscuros.

Lembrem-se de que as frequências precessionais dos núcleos moleculares do Dr. Wells estão na faixa de frequência do rádio; elas oscilam a uma velocidade de milhões de ciclos por segundo. Ele os tornou audíveis, puxando as freqências com outro pulso de rádio de quase, mas não exatamente a mesma frequência, produzindo, assim, um som diferencial na faixa audível. O Dr. Wells achou que seria útil guardar esses sons em fitas gravadas, para análise posterior.

Poderíamos ter pensado que o mundo sob o microscópio seria um mundo silencioso, mas mesmo aqui percebemos que, com a ajuda de equipamento eletrônico, podemos descobrir sons.

Isso é tudo, então, sobre o mundo microcósmico de moléculas. E sobre o mundo macrocósmico das estrelas e dos planetas? Doug, o que você descobriu a respeito da Música das Esferas?

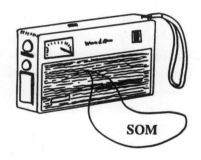

A música das esferas

DOUG: – A Música das Esferas é uma teoria muito antiga; ela se reporta, pelo menos, até os gregos, particularmente, a escola de Pitágoras. Dizia-se que cada um dos planetas e estrelas fazia música enquanto viajava pelos céus. Pitágoras, que havia elaborado as razões entre as várias harmonias de cada corda sonante, descobriu que havia uma correspondência matemática perfeita entre eles e, como também estava interessado nos céus, notou que esses, do mesmo modo, se moviam de maneira ordenada, conjeturou que as duas coisas eram aspectos da mesma lei matemática perfeita, que governava o universo. Se fosse assim, então, obviamente os planetas e as estrelas deveriam fazer sons perfeitos ao se mover, exatamente do mesmo modo que a vibração da corda produzia harmônicos perfeitos.

BARBARA: – Ele conseguiu? Ouvir a Música das Esferas?

DOUG: – Supõe-se que sim, de acordo com seus discípulos. Mas ninguém mais jamais a ouviu.

BARBARA: – Mas não entendo como as estrelas podem fazer música.

SCHAFER: – Vocês todos já viram piões de crianças, assim, sabem que, quando são girados, produzem um som determinado. Se você os girar mais forte, o que acontece?

BARBARA: – A altura aumenta.

SCHAFER: – E se eu tivesse um pião grande e um pequeno e os girasse com a mesma velocidade, qual seria a diferença?

BARBARA: – O maior produziria um som mais grave.

SCHAFER: – Então, você deve ser capaz de determinar o som que qualquer corpo que gire produz, se conhecer seu volume e a velocidade de sua revolução. E, como os céus têm milhões de planetas e estrelas, todas de diferentes tamanhos, e girando a diferentes velocidades, você pode entender por que os antigos pensavam que poderia haver toda uma sinfonia formada por esses sons. Se você tivesse muitos planetas girando à sua volta em diferentes órbitas de modo que, de qualquer ponto, fosse possível ouvi-los, e eles constantemente estivessem alterando a velocidade e a distância, haveria uma harmonia celestial em som estereofônico, que estaria permanentemente se modificando.

BARBARA: – Mas eu não a escuto. Como poderíamos ouvi-la?

DOUG: – PSSSSS! Ouçam!

Longa pausa

BARBARA: – Você está me enganando. Não escuto nada.

DOUG: – Bem, aparentemente vocês não pensam que podem ouvir alguma coisa. Não sei exatamente por quê. Mas parece que, nos tempos antigos, quase todos acreditavam na Música das Esferas. Eu estava lendo sobre isso num escritor medieval, Boethius, que viveu de 480 a 524 d.C. Ele disse que havia três tipos de música: Música Vocal, Instrumental e Música das Esferas. Eis o que ele disse sobre a Música das Esferas.

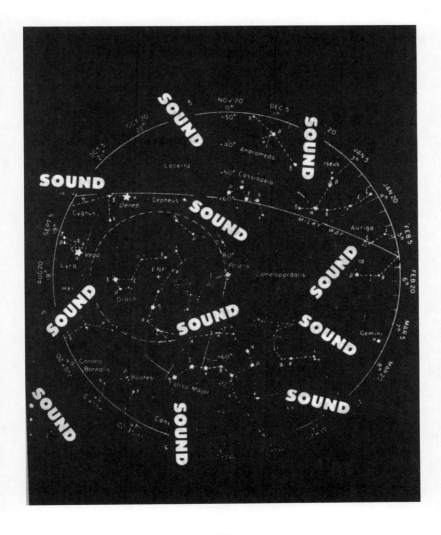

Como, de fato, poderia o rápido mecanismo do céu mover-se silenciosamente em seu percurso. E, apesar disso, esse som não alcança nossos ouvidos, o que pode dever-se a muitas razões...

embora ele não tenha dado as razões

... o movimento extremamente rápido desses grandes corpos não poderiam estar juntos sem som, especialmente desde que os percursos das estrelas estão ligados por uma adaptação tão natural que não se poderia imaginar nada mais compacto ou unido. Pois algumas nasceram mais agudas e outras mais graves, e todas se movem com grande impulso, e de suas diferenças e desigualdades, uma ordem estabelecida de modulação não pode faltar nesse movimento celestial.[51]

Também encontrei uma referência para isso em *O mercador de Veneza*,[52] de Shakespeare:

> Veja como o chão do céu
> É denso, encravado de pátinas de ouro brilhante;
> Não há a menor que tu contemples
> Mas em seu movimento, semelhante a um anjo que canta ...
> Tal harmonia está nas almas imortais;
> mas, enquanto esta suja veste decadente,
> grosseiramente a enclausurar,
> não a poderemos ouvir.[53]

---

51 Boethius, *De institutione musica*, quoted in Source readings in Music History, p.84.
52 No original inglês: *Merchant of Venice*
   Look how the floor of heaven
   Is thick inlaid with patines of bright gold;
   There's not the smallest which thou behold'st
   But in his motion like an angel sings ...
   Such harmony is in immortal souls;
   But, whilst this muddy vesture of decay
   Doth grossly close it in, we cannot hear it.
53 Shakespeare, *The Merchant of Venice*, v.i.

SCHAFER: – O astrônomo Kepler foi contemporâneo de Shakespeare. Você encontrou qualquer referência sobre o interesse de Kepler na Música das Esferas? Ele era apaixonado por ela.
DOUG: – Esta é a melhor parte. Eu a estava guardando. Kepler tentou computar os vários sons emitidos pelos diferentes planetas, a partir de sua razão de velocidade e de sua massa, do mesmo modo que os piões. Ele realmente encontrou um padrão, com alguns sons para cada planeta. Aqui estão eles:[54]

Todos estavam ansiosos para ouvir esses sons, por isso eu os toquei ao piano.

BARBARA: – Isso é tudo que Kepler ouviu? É muito desapontador.
SCHAFER: – Não acredito que tenha realmente ouvido. Ele apenas computou matematicamente e conjeturou que, se fosse possível ouvir os planetas, eles poderiam soar dessa maneira.
BARBARA: – Mas ninguém os ouviu? Por que não se pode ouvir...
JEFF: – Porque não há ar no espaço sideral e as ondas sonoras precisam de ar para se propagarem.
SCHAFER: – Como soaria a música na Lua?
JEFF: – Não soaria.
SCHAFER: – Porque lá não há atmosfera. As ondas sonoras precisam de um meio físico através do qual se movem. Vocês devem ter feito

---

[54] *Johannes Kepler, Harmonice Mundi*, cap.3.

uma experiência em Física no colégio, na qual se põe um diapasão de garfo num recipiente e depois se bomba todo o ar para fora. Não se pode mais ouvir o diapasão, de jeito nenhum.

Mas frequentemente imagino se não existe também outra razão. Vou tentar explicar sem tornar-me muito técnico.

Se quisermos falar do som mais elementar possível, teremos que considerar o que é chamado onda sinoidal. O matemático Shillinger a descreveu eloquentemente: "Uma onda sinoidal é o limite da simplicidade, em ação". A onda sinoidal é aquela formada por um som puro, sem nenhum harmônico. É o som do diapasão de garfo e aparece assim, num osciloscópio:

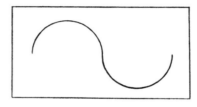

De acordo com o matemático francês Fourier, qualquer som periódico, não importa sua complexidade, pode ser decomposto em uma série de ondas sinoidais absolutamente elementares; e o procedimento dessa investigação é chamado análise harmônica. Mas Fourier também afirmou que o som perfeitamente puro (definido matematicamente), onda sinoidal, só existe como conceito teórico. Porque no momento em que se liga o gerador ou se bate o diapasão de garfo criam-se pequenas distorções chamadas *distorções transientes de ataque*. Isso quer dizer que, em primeiro lugar, o som tem que se sobrepor à sua própria inércia para ser posto em movimento, e, fazendo isso, pequenas distorções se introduzem nele. O mesmo ocorre em relação aos ouvidos. Para o tímpano começar a vibrar, em primeiro lugar tem que se sobrepor à sua própria inércia e por esse motivo também introduz mais distorções transientes.

BARBARA: – Não se pode livrar-se delas começando o som um pouco antes?

SCHAFER: – Bem, hoje estamos falando de modo puramente especulativo. A questão é: quanto tempo antes? Para livrar-se completamente da distorção transiente de ataque, deve-se começar o som antes do momento de seu nascimento. O universo começou antes que qualquer um de nós tivesse nascido. Talvez haja sons matematicamente perfeitos no universo, que sempre estiveram soando. E, se assim for, talvez nunca possamos ouvi-los, justamente por serem perfeitos. Todos os sons que ouvimos são imperfeitos; isso quer dizer que eles começam e acabam. E por isso trazem em si minúsculas distorções transientes. Não seria possível haver realmente algum tipo de Harmonia das Esferas que não podemos ouvir porque somos seres imperfeitos?
DOUG: – É exatamente isso que os escritores medievais pensavam.
SCHAFER: – Por muito tempo descartamos essa ideia por achá-la tola. Mas algumas vezes parece que o povo intui misteriosamente uma ideia, sem conhecer exatamente a razão de sua validade, e somente mais tarde é reabilitada e validada pela Ciência. O que estou dizendo é simplesmente que esses antigos humanistas acreditavam que um som perfeito seria percebido como silêncio!

Houve um momento de silêncio enquanto aquelas ideias loucas penetravam na mente.

SCHAFER: – Se alguma coisa está conosco durante toda a vida, ela é tomada como fato porque não se pode tirá-la para fora e medi-la. Por exemplo, todos nós respiramos ar desde que nascemos, mas qual é o cheiro do ar? Ele nos parece perfeitamente natural e inodoro, porque não podemos nos afastar dele. A única coisa que podemos sentir são as impurezas que estão nele. Bem, talvez algo assim ocorra com a Música das Esferas. É perfeita, e nossa música é apenas uma imperfeita tentativa humana de recriá-la.
DONNA: – Isso soa religioso.
SCHAFER: – E isso é mal?

JEFF: – Mas alguns sons não identificados têm sido colhidos no espaço sideral, não têm?
SCHAFER: – Fale mais sobre isso.
JEFF: – Realmente não sei, apenas ouvi algumas pessoas mencionarem que misteriosos sinais de rádio têm sido detectados no espaço sideral.
SCHAFER: – Há um observatório na cidade. Por que não telefonamos a um astrônomo e não lhe perguntamos sobre isso?

Jeff assim fez, e em quinze minutos estava de volta, pronto a relatar.

JEFF: – Os astrônomos captaram sinais do espaço, mas eles são radiações eletromagnéticas, e não ondas sonoras. As radiações eletromagnéticas não precisam de um meio para se propagar e assim podem passar pelo vácuo do espaço. São de frequências muito mais altas que as ondas sonoras sobre as quais você está falando, impossíveis de serem ouvidas por ouvidos humanos. Mas elas são ainda as mais longas de toda uma série de radiações, que se propagam por microondas, ondas de calor radiantes, infravermelhas, luz visível, ultravioleta, depois o espectro dos raios X e, finalmente, as ondas cósmicas, que são as mais curtas e as de mais alta frequência que até agora se conhecem. Todas essas ondas movem-se à velocidade da luz e são cerca de 100 mil vezes mais rápidas que as ondas sonoras.
    Em 1955, as primeiras ondas de rádio foram ouvidas vindas de Júpiter, e foi a primeira vez que se ouviu algo vindo de algum planeta de nosso sistema solar. Elas pareciam ser organizadas, mas, de acordo com os astrônomos, isso não significa que foram transmitidas por criaturas do espaço sideral. De fato, acredita-se que sejam causadas por distúrbios na atmosfera de Júpiter, semelhantes às nossas tempestades. Soam do mesmo modo que os ruídos de estática no rádio.
SCHAFER: – Com certeza, descobrimos muito chão em nossa fantástica busca da música sob o microscópio e além do telescópio. Há ainda alguma questão antes do intervalo?
BARBARA: – Como funcionam as ondas de rádio? Sempre imaginei como seria possível haver alguém falando num lugar e sendo ouvido noutro, sem fios.

O restante de nossa aula, naquele dia e no outro, consistiu numa investigação sobre o funcionamento do rádio. Quando ficamos confusos, convidamos um técnico de rádio para vir à aula nos esclarecer. Não era música, mas era fascinante.

Esquizofonia

Ligamos o rádio. A voz do locutor anunciou:

Ei, gente, o Chefão do Molho Quente com a revelação de um segredo! É Pinkus Stevie em tempo de oferta (blip-blup-plib). Sim, gente! O Grande Stevie com ofertas e preços malucos novamente! Continuem conosco, estamos chamando Voceeeeê! (fanfarra).

SCHAFER: – Esquizofônico.
GRUPO: – Esquizo – o quê?
SCHAFER: – Esquizofônico. Uma palavra que inventei. Vocês sabem que *phono* refere-se a som. O prefixo grego *schizo* significa fendido, ou separado. Estava pensando sobre o interesse de Barbara na maneira como a voz ou a música podem ter origem num lugar e ser ouvida em lugares completamente diferentes, a quilômetros de distância.

...E agora, para todos os companheiros ligados na mesma onda, aqui está a canção número um do país, às 4 horas e 10 minutos: Wah Wah Wah...

SCHAFER: – Importam-se que eu desligue? *Eles se importavam, mas desliguei assim mesmo.* O rádio e o telefone nem sempre existiram, é claro, e antes que houvesse esse milagre a transmissão sonora instantânea de um lugar para outro era completamente desconhecida. A voz de alguém somente chegava até o alcance do grito. Os sons estavam ligados indissoluvelmente aos mecanismos que os produziam. Naquela época, cada som era original, repetido apenas em sua vizinhança imediata.

Agora tudo isso se modificou. Desde a invenção dos equipamentos eletrônicos de transmissão e estocagem de sons, qualquer som natural, não importa quão pequeno seja, pode ser expedido e propagado ao redor do mundo, ou empacotado em fita ou disco, para as gerações do futuro. Separamos o som da fonte que o produz. A essa dissociação é que chamo esquizofonia, e se uso, para o som, uma palavra próxima de esquizofrenia, é porque quero sugerir a vocês o mesmo sentido de aberração e drama que esta palavra evoca, pois os desenvolvimentos de que estamos falando têm provocado profundos efeitos em nossas vidas.

Vou sugerir algo do drama da esquizofonia contando a vocês uma história que, suponho, seja verdadeira. Mas, mesmo se for apócrifa, isso não importa!

Vocês já ouviram falar de Drácula, o vampiro. Supõe-se que esta seja a origem de sua lenda.

No final do século XIX um conde romeno foi a Paris e lá tomou-se de amores por uma jovem cantora de ópera. A jovem senhora era bastante famosa e tinha gravado algumas árias. Mas, para grande desespero do conde, ela morreu subitamente, e ele, desalentado, retornou a seu castelo, nas montanhas carpacianas, com algumas gravações daquela voz notável como única recordação. Ele tinha uma estátua da jovem, esculpida em mármore branco e colocada ao lado da lareira de seu escritório, onde, solitariamente, a cada noite, tocava seus discos. O conde tinha muitos camponeses em suas propriedades. Esses camponeses que, naturalmente, nunca haviam ouvido um disco gravado, espreitaram pela janela quando ouviram a voz da mulher, mas viram somente o conde sozinho ante a estátua sombria e ficaram aterrorizados. O conde, imediatamente, tornou-se conhecido como Drácula – *dracul*, em romeno, significa "diabo". Todo outro mal associado a esse nome proveio desse simples equívoco.

Não se pode imaginar Drácula com um aparelho de alta-fidelidade. Provavelmente, ele possuía gravações cilíndricas de muito baixa qualidade, pois, apesar de o fonógrafo haver sido inventado em 1877, somente um ano após o telefone, levou muitas décadas para que sua qualidade fosse melhorada e os discos soassem de modo natural. O rádio é ainda mais recente. Ele data da invenção do tubo amplificador tríodo, em 1906, e também levou muitos anos antes de se tornar de uso diário e poder ser ouvido sem fones e sem aparatos complicados. Apesar disso, algumas pessoas logo perceberam suas possibilidades. A primeira amplificação pública de um discurso político ocorreu em 1919, sem dúvida para grande satisfação dos políticos de todos os lugares, cujas vozes poderiam alcançar ilimitado número de votantes.

A vida moderna foi "ventriloquizada".

Através das transmissões e gravações, as relações obrigatórias entre um som e a pessoa que o produz foram dissolvidas. Os sons foram arrancados de seus encaixes e ganharam uma existência amplificada e independente. O som vocal, por exemplo, não está mais ligado a um orifício na cabeça, mas está livre para sair de qualquer lugar na paisagem. Agora, podemos sintonizar sons originados em qualquer lugar do mundo, em nossas casas, em nossos carros, nas ruas, em edifícios públicos de qualquer lugar. E, assim, como o grito transmite aflição, o alto-falante comunica ansiedade.

Tomar e preservar a textura do som vivo é uma antiga ambição do homem. Na mitologia babilônica há indícios de uma sala especialmente construída em um dos *ziggurats*,[55] onde os sussuros

---

55 *Ziggurats* – um tipo de torre retangular em templos e monumentos para enterrar os mortos, erigidos pelos sumérios e babilônios, na Mesopotâmia. (N.T.)

permanecem para sempre. Numa antiga lenda chinesa, um rei tinha uma caixa negra secreta, dentro da qual ele ditava suas ordens e as enviava por seu reino, conduzidas por seus súditos, o que, a meu ver, significa que há magia no som capturado.

BARBARA: – Escrever também é uma espécie de som capturado. Nos tempos antigos, somente os sacerdotes e monarcas conheciam seu segredo.

JEFF: – E precisamente por causa disso eles comandavam de forma a assegurar o poder.

SCHAFER: – Talvez, algo semelhante esteja acontecendo com a música. Como a notação musical tornou-se cada vez mais precisa, os compositores tornaram-se cada vez mais poderosos. O compositor da primeira parte do século XX tendia mesmo a olhar os executantes como autômatos operados por botões; tudo era especificado exatamente na partitura. As páginas dessas partituras são cheias de notas editoriais.

Hoje, temos os meios para obter ainda mais precisão: a gravação. A gravação de música é tão importante que está substituindo os manuscritos como expressão musical autêntica. Igor Stravinsky reconheceu esse fato quando decidiu, poucos anos atrás, gravar toda sua música como um guia documental para os futuros regentes.

Mas nenhuma gravação é uma reprodução exata do som vivo. Distorções são introduzidas tanto na produção como em sua reprodução. Mesmo nos equipamentos domésticos mais simples há recursos para influenciar o som. Pelo manejo do botão controlador do volume, o som diminuto do clavicórdio pode ser aumentado às dimensões de uma orquestra inteira; ou uma orquestra pode ser reduzida a sussurros de grama. A maior parte dos bons aparelhos de alta-fidelidade possui filtros para reduzir ou incrementar as frequências graves ou agudas. Desse modo, a seletividade é introduzida ao ato de ouvir música, e os ouvintes estão aptos a influenciar e controlar coisas que, no passado, eram conformadas por leis naturais e estavam muito além de seu controle.

O que faz de tal ato um desenvolvimento espetacular é isso: hoje nos é mais natural ouvir música reproduzida eletricamente do que música ao vivo, que começa a soar não natural.

Com os gravadores, muitos outros tipos de manipulação são possíveis, que podem levar a irreconhecíveis transformações e distorções dos sons originais. Cortando e emendando a fita, variando a velocidade e a frequência, revertendo os sons e assim por diante: essas são técnicas e podem ser efetuadas na maioria dos gravadores.

Dispendemos cerca de uma hora experimentando com sons desse modo, tentando descobrir as possibilidades criativas do gravador.

Em primeiro lugar, alguém gravou um comprido "sh" muito perto do microfone, com a velocidade do aparelho em seu ponto mais alto. Tocando-o de novo na velocidade mais baixa, descobrimos que havíamos produzido o som de uma enorme máquina a vapor. Então, gravamos alguém mordendo uma maçã na mesma alta velocidade e descobrirmos que, em baixa velocidade, tínhamos obtido uma perfeita imitação de uma grande árvore caindo, numa floresta reverberante.

Gravando as notas médias e graves do piano, de tal modo que o controle do volume fosse aumentado somente após a nota ser percutida, surpreendemo-nos com os sons semelhantes aos de órgão e de clarineta, que estavam no gravador.

Os sons retrogradados proporcionaram aos grupos outras surpresas. Em geral, não gostaram deles. Um som retrogradado não tem reverberação natural; ele se expande de trás para diante, para culminar numa explosão sem eco. Sem reverberação, esses sons se parecem com os que são ouvidos numa câmara anecoica, sons que caem, sem vida, no chão. Concluí que a razão pela qual os seres humanos acham tais sons desconcertantes é que sugerem um mundo sem ar.

Você já ouviu sua voz gravada e tocada de novo para você? Experimente. É surpreendente e educativo. Você pode sair fora de si mesmo e inspecionar criticamente sua impressão vocal. "Aquele som gago e surpreendente sou realmente eu?", você diz. A partir daí, você fica um pouco mais consciente do caminho que toma ao falar.

Através do recurso da gravação, você pode congelar sons para estudá-los. Um grande progresso ocorreu na análise e síntese do som desde a invenção do gravador. Antes disso, perseguir um som era como seguir o vento.

Nesse ponto, coloquei um disco de efeitos sonoros e pedi ao grupo que descrevesse o que ouvia.

BARBARA: – Várias batidas.
DONNA: – Batidas.
JEFF: – Cerca de doze pancadas numa porta de madeira.
DOUG: – Dez batidas numa porta pesada.

Se, como no passado, não houvesse jeito de repetir aquele som, teríamos ficado satisfeitos com essa descrição, mas hoje – ouçam de novo.

Ouvindo de novo concordamos que o som consistia em seis pancadas leves e rápidas numa sólida porta de madeira, seguidas por uma pequena pausa, então três pancadas mais fortes. A possibilidade de repetir o mesmo efeito sonoro não apenas nos ajuda a estudá-lo mais acuradamente como também a estudar nosso próprio processo de percepção padrão.

Ao longo de nossa discussão, um fator ficou claro: o corte livre do som, de sua origem natural, e é isso que chamo esquizofonia.
DOUG: – Você está preocupado com ela?
SCHAFER: – Vivemos com ela, não vivemos? Talvez somente seja possível voltar numa data posterior e determinar o quanto ela nos tornou bons ou doentes. Mas uma coisa me preocupa. Fico imaginando se posso explicá-la. Anteriormente, sempre houve uma correspondência entre a atividade fisiológica de produzir som e as qualidades psicológicas que atribuímos a ele. Há uma grande energia produzida num som forte, uma energia tensa num som agudo, uma energia relaxante num som fraco e assim por diante. Isso é verdade, não importa se são utilizadas as cordas vocais ou os instrumentos musicais. Eu diria que isso nos tem ajudado a sentir interiormente a profundidade dos sons com nossos músculos e nervos. E, desde que esses sons são produzidos

por nós, com nossos corpos, temos um instintivo sentimento de simpatia quando outros os produzem, para nosso benefício e prazer.

Hoje, não há realmente relação entre aumentar e abaixar o botão do volume do rádio e o estado dos acontecimentos resultantes. A música eletrônica[56] é composta quase exclusivamente dessa maneira. O compositor senta-se em frente aos painéis e governa seus amplificadores e osciladores, mas a minúscula dança pantomímica de seus dedos tem pouca relação, em termos físicos, com aquilo que ele pode estar produzindo como som. Serão as consequências desse desenvolvimento esquizofônico positivas ou negativas? Deixo esse assunto para que seja debatido. Pressupõe-se que a "esquizofonia" (diz seu inventor) seja uma palavra nervosa.

(Click). Bem, estamos aqui de novo com os maiores sucessos, e o Chefão do Molho Quente vai tocar para vocês (blup-blip-blip). Fiquem atentos à escolha nacional às 5 horas e 10 minutos, nesta tarde feliz em sua cidade, logo depois desta importaaaaaaaaaante mensagem...

O objeto sonoro

Ouça!
Ouça o som de suas pálpebras batendo!
Que mais você pode ouvir? Cada coisa que você ouve é um objeto sonoro. O objeto sonoro pode ser encontrado em qualquer parte. Ele é agudo, grave, longo, curto, pesado, forte, contínuo ou interrompido.

Os objetos sonoros podem ser encontrados dentro ou fora das composições musicais.

---

56 O termo "música eletrônica" é utilizado no contexto da música de vanguarda das décadas de 1960 e 1970, isto é, a corrente musical iniciada por Karlhein Stockhausen, composta por recursos eletrônicos, dentro de uma nova estética, que influenciou profundamente a composição musical do século XX. Não se refere ao significado atual de música eletrônica, ligada à música popular, a princípio relacionada ao *rock* até libertar-se, constituindo um gênero próprio, a partir da década de 1970.

"Traga um som interessante para a escola" é um exercício que frequentemente dou à classe. E eles encontram objetos sonoros em casa, na rua ou em sua imaginação.

Vamos entender o objeto sonoro como um evento acústico completamente autocontido. Um evento único. Nasce, vive e morre. Nesse sentido, podemos falar da vida biológica do objeto sonoro.

Frequentemente o objeto sonoro ocorre nas vizinhanças de outros objetos sonoros. Nesse sentido, podemos falar da vida social do objeto sonoro.

Quando falamos assim, falamos metaforicamente, pois na realidade o som consiste em vibrações mecânicas sem vida. É uma preferência antropomórfica que nos inclina a falar da música em tão grandes metáforas como o ato de trazer sons à vida e dar-lhes existência social.

Os objetos sonoros podem diferir de vários modos importantes, através de variações em: 1. frequência (altura); 2. intensidade (volume); 3. duração; 4. timbre (cor tonal).

Nas antigas formas e música foram usados objetos sonoros distintos chamados "notas". Consideradas abstratas, pareciam ser relativamente isomórficas, isto é, tendiam a se parecer umas com as outras em suas qualidades primárias, como tijolos.

Quando praticamos escalas, tendemos a pensar nas notas isomorficamente – como tijolos.

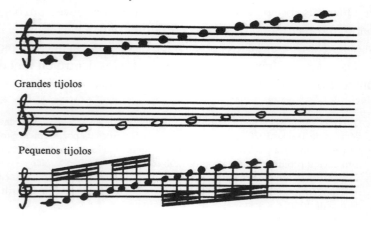

Frequentemente, quando fazemos nossos exercícios teóricos, tendemos a pensar nas notas desse jeito. Num sistema isomórfico, as notas vivem mecanicamente e não têm existência biológica e social (se é que vivem).

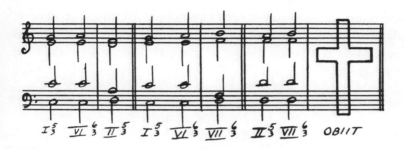

Comparados com tal teoria da música "racional", os sons variados da nova música, que estivemos estudando, podem parecer "irracionais". Por outro lado, a teoria tradicional da música subestimou as diferenças anárquicas que existem entre diferentes notas e grupos de notas, pelos costumeiros exercícios de escalas e insistência nos livros didáticos. Os grandes compositores e executantes certamente entenderam que os potenciais expressivos das notas não são os mesmos quando tocadas em diferentes registros, ou por diferentes instrumentos, ou quando atacadas e abandonadas livremente, ou com diferentes durações, ou em diferentes graus de intensidade.

Dando suporte às intuições dos mestres compositores executantes, o trabalho recente de acústica e psicoacústica (a partir de Helmholtz) tem nos auxiliado a nos tornarmos conscientes da fascinante variedade do mundo dos sons e o drama de sua vida social.

Nos mais altos graus de abstração, há os estudos de acústica matemática. Nem todos esses estudos são relevantes para o ouvido. Mas o objeto sonoro é um evento acústico, cujos aspectos podem ser percebidos pelo ouvido. Enlaçando e submetendo a "nota" da música tradicional, o objeto sonoro, agora, a substitui, como o termo pelo qual descrevemos o evento acústico cosmogênico. As paisagens sonoras são construídas a partir do evento acústico.

Cada objeto sonoro está envolvido por um ectoplasma, que chamamos de envelope sonoro. Dentro, há uma existência vibrante, que podemos dividir em vários estágios de vida bioacústica. Aos diferentes estágios podem ser dados nomes diferentes, dependendo da maneira como se deseja observá-lo, mas as divisões do envelope permanecem mais ou menos as mesmas. Vou mostrá-las juntas, num gráfico.

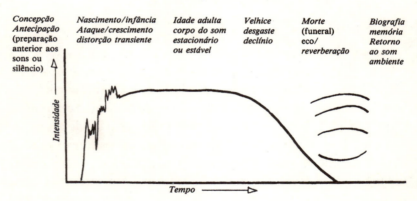

Preparação

Começar do começo.

Cada som tem um modo de preparação (o pianista ergue as mãos etc.), que é um sinal mimético antecipado. Se ele não tem isso (um rádio repentinamente ligado atrás das costas de alguém), nos surpreende tanto como se um nascimento não fosse precedido pela gravidez. As preparações miméticas para uma peça podem estender-se diretamente até o camarim do regente. Cerimônia, ritual, teatralidade.

Ataque

Sempre tenho chamado o ataque de *ictus*, isto é, o instante do impacto sonoro. Ele deve ser uma experiência traumática. O ar silencioso é cortado pelo som primordial. Por um instante, há total confusão.

O comportamento de ataque do som é um fascinante objeto de estudo. Quando um sistema é repentinamente acionado, um grande enriquecimento do espectro ocorre, gerando um som de superfície áspera. Tecnicamente, isso é chamado distorção transiente de ataque. Quando um som é atacado mais lentamente, menos desse excitamento repentino ocorre e até mesmo uma qualidade tonal emerge. Qualquer instrumento pode atacar suave ou duramente, mas alguns têm uma tendência natural a "falar" mais rápido que outros, e assim têm mais dissonância em seu ataque (compare trompete com o violino).

Na música clássica, certos ornamentos como a *acciacatura* foram recursos utilizados para enfatizar as distorções transientes de ataque. Um beliscão nervoso na cabeça de uma nota. Adição de especiarias. *Piquer les dormeurs*.[57]

Som estacionário

Não existe. No som, tudo está em movimento. Contudo, pode parecer haver, no meio de um som, um período no qual nada muda (a mesma frequência, o mesmo volume etc.) e, para o "ouvido nu", o som parece ser não progressivo e estacionário. Seria um exercício útil, para alunos, experimentar e medir a duração do que eles presumem ser um período estacionário de diferentes sons – isto é, aquela porção separada das características de ataque e declínio. Alguns sons simplesmente não têm condição estacionária, mas são inteiramente formados de ataque e declínio: harpa, piano, todos os instrumentos de percussão.

Os sons mais estacionários são os das máquinas mecânicas: carros, ar condicionado, motores elétricos, jatos etc... Poucas on-

---

57 *Piquer les dormeurs* – em francês no original. Cutucar os dorminhocos. (N.T.)

dulações internas não compensadas pelo que é, essencialmente, uma vida de tédio.

Declínio

O som se desgasta; morre ao longe, talvez para ser seguido por novos sons. Há declínios rápidos e declínios imperceptivelmente lentos. É biologicamente natural que os sons decaiam.

(O som do ar-condicionado não decai. Recebe transplantes e vive para sempre.)

Reverberação

W. C. Sabine, o especialista em acústica, definiu reverberação tecnicamente. É o tempo que decorre do instante em que uma fonte sonora é acionada até que sua energia decresça a um milionésimo de sua força original (uma perda de 60 db). Tanto quanto nosso ouvido possa perceber, é o tempo que um som leva para se dissolver e se perder dentro dos sons ambiente da sala. Obviamente, as reverberações da sala afetam a música que é nela tocada. Assim, a música escrita para as catedrais (com um tempo de reverberação de 6-8 segundos) é mais lenta que a música escrita para os modernos e secos estúdios de gravação, nos quais os sons devem ser rapidamente esquecidos, para dar lugar a outros sons.

Morte e memória

Um som dura tanto tempo quanto nos lembramos dele. Quem, se já ouviu, pode se esquecer da modulação da Abertura de *Tristão*, perseguindo a imaginação para sempre? Sons inesquecíveis, como as histórias inesquecíveis, fazem a mitologia crescer.

O som carinhosamente lembrado e a antecipação de novos sons dão-se as mãos para formar o que podemos chamar uma apreciação musical.

Morfologia do som

A forma e a estrutura dos sons.

Cada som individual tem sua morfologia interna. Muito dela pode ser captado pelo ouvido quando a audição é cuidadosamente educada.

Para estudos morfológicos mais avançados dos objetos sonoros, temos que ir ao laboratório ou, ao menos, à literatura daqueles que têm trabalhado no laboratório.[58]

Mas vocês podem também, embora aceitando o trabalho dos acústicos, continuar ainda a acreditar na poesia do som. As investigações científicas não impedem cada som de ter sua palavra-metáfora.

---

[58] A este respeito eu me referia aos leitores interessados no estudo de Fritz Winckel intitulado Música, Som e Sensação (do qual eu tomei emprestado inúmeras ideias. Winckel trabalha cientificamente, e as descobertas de seu livro podem ser úteis para qualquer músico que queira comprovar suas instruções.

As pictografias para os sons podem ser úteis. Mesmo as classes elementares devem ser capazes de desenhar, analisar e classificar objetos sonoros pela pictografia de seus envelopes.

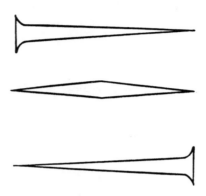

Qualquer pessoa pode fazer isso. Uma escala de tempo pode ser desenhada a partir da base da página, para mostrar a duração relativa do objeto sonoro. As alturas relativas do som podem ser indicadas pela altura; a cor tonal, pela textura ou colorido do envelope e assim por diante. Então, a classe pode começar a analisar os sons contínuos, interrompidos, descendentes, permanentes, longos e breves, que fazem parte da natureza e de suas vidas.

A sociedade dos sons

Temos falado da vida de sons individuais. Mas estes são apenas fragmentos dentro da vida social maior, que chamamos de composição.

Um psicólogo social, suspeitando que a música havia descoberto algo importante, pediu-me para falar sobre *harmonia* à sua classe. Examinar o interior das composições do ponto de vista dos sistemas sociais poderia ser um exercício fascinante. Uma composição como um espetáculo de humanidade. Cada nota como um ser humano, um sopro de vida.

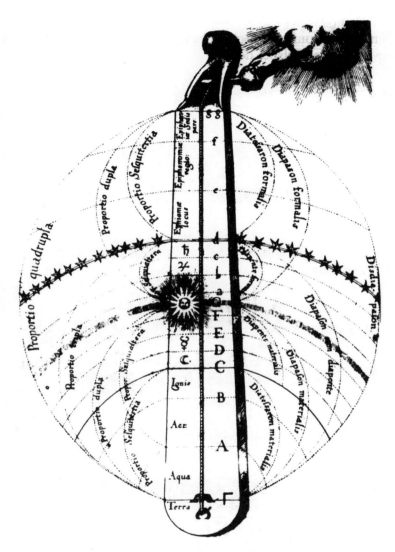

"A afinação do mundo" de *Utriosque Cosmi Historia*, de Robert Fludd, ilustra o desejo constante de o homem encontrar harmonia em seu ambiente.

Certo tipo de musica é sociável, com muito de brindes harmoniosos (Mozart); alguns outros são cheios de beligerantes antagonismos (Schoenberg); alguns, por outro lado, revelam as confusões de uma explosão populacional (Ives).

Vamos observar brevemente um detalhe na vida social de *Heldenleben*, de Richard Strauss.[59]

Duas vidas nobres em conflito; quem será o vitorioso e quem será o vencido?

Tornaram-se inimigos beligerantes.

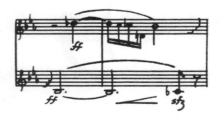

---
59 Strauss, *Ein Heldenleben Eulenburg*, p.162, 163, 191, 197, 214 e 215.

Confronto no fio da espada.

Mais tarde, descobriram que eles têm ideias semelhantes e, finalmente, dão-se as mãos em amizade.
A música clássica prefere finais felizes.

A nova paisagem sonora

Seria bom concluir que todas as paisagens sonoras poderiam preferir finais felizes. Ou algumas prefeririam finais quietos. Ou algumas outras poucas prefeririam apenas terminar.

De algum lugar, no meio da sessão do desenvolvimento da paisagem sonora mundial, vamos ouvir cuidadosamente os temas, e tentar chegar aonde eles estão nos levando.

Tomando a definição de música de Cage, como "sons à nossa volta, não importa se estamos dentro ou fora das salas de concerto", esta parte do livro tem sido uma tentativa de convencer os educadores musicais de que a mais vital composição musical de nosso tempo está sendo executada no palco do mundo. Se pudéssemos reverter a relação figura-fundo, a hora semanal enclausurada a que chamamos aula de música seria substituída por uma aula muito maior – a verdadeira sinfonia cósmica da qual temos tentado nos distanciar.

A música é, sobretudo, nada mais que uma coleção dos mais excitantes sons concebidos e produzidos pelas sucessivas operações de pessoas que têm bons ouvidos. O constrangedor mundo de sons à nossa volta tem sido investigado e incorporado à música produzida pelos compositores de hoje. A tarefa do educador musical é, agora, estudar e compreender teoricamente o que está acontecendo em toda parte, ao longo das fronteiras da paisagem sonora do mundo.

Na introdução, sugeri que poderíamos, neste momento, ter entrado numa era em que a prevenção do som pode bem ser tão importante quanto sua produção. Pode ser que já tenhamos também muitos sons no mundo para que todos eles sejam ouvidos por um ângulo favorável. Pode ser que alguns sejam feios, aborrecidos ou simplesmente desnecessários. Reflitam, por exemplo, nos milhões de cortadores de grama motorizados idênticos, mastigando seu caminho pelas áreas dos subúrbios. Pode-se perceber que não se escutam os sons dos pássaros muito claramente por trás dos ruídos mecânicos. Ou considerem-se as serras motorizadas sem abafador, ou aparelhos elétricos da cozinha: não poderia sua intensidade ser enfraquecida? Naturalmente. Pelo custo de uma entrada de concerto, um artesão poderia adaptar um abafador a qualquer um deles (a lavadora a vácuo, naturalmente, já é silenciosa, pois nenhum som pode existir no vácuo).

Os motores são os sons dominantes da paisagem sonora do mundo. Todos os motores compartilham um aspecto importante: são todos sons de baixa informação, altamente redundantes. Isso quer dizer que, a despeito da intensidade de suas vozes, as mensagens que falam são repetitivas e, em última análise, aborrecidas. Há uma sugestibilidade hipnótica sobre motores que nos faz imaginar se, à medida que invadem totalmente nossas vidas, eles não podem estar mascarando todos os outros sons, nos reduzindo, no processo, a aquiescentes bípedes dopados, tateando indolentemente em volta, num mudo transe hipnótico.

Do mesmo modo que a máquina de costura nos deu a linha longa nas roupas, assim também o som do motor nos deu a linha contínua no som.

Que efeito têm os sons do ambiente? Considere, por exemplo, dois compositores, um vivendo no século XVIII e o outro no nosso. O primeiro viaja para todo lugar numa carruagem. Ele pode extrair

A nova paisagem sonora

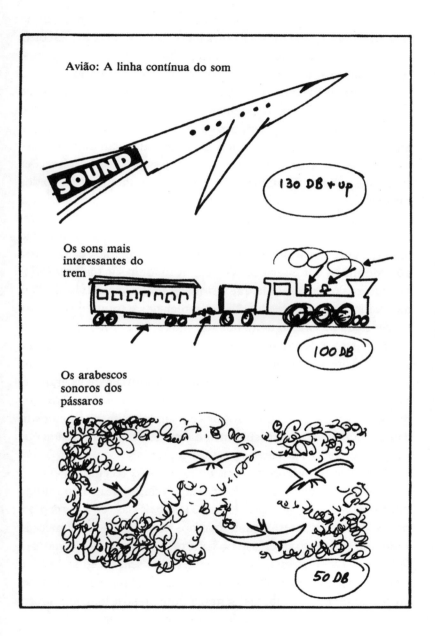

de sua mente os cascos dos cavalos e, assim, torna-se o inventor do baixo de Alberti. O último viaja para todo lugar em seu carro esporte. Sua música é notável por seus baixos, *"clusters"* e efeitos sibilantes. (Estes pensamentos podem ser meramente idiossincráticos.)

Nenhum som contém menos informações interessantes do que os do avião. Seu único ornamento é o efeito Doppler. Compare isso com os sons ricos e característicos do veículo que ele substituiu – a máquina a vapor. Um trem tinha um ruído informativo: o assobio, o sino, o bufo da máquina, com suas acelerações e desacelerações súbitas e graduais. O guincho das rodas nos trilhos, o barulho dos vagões, o alarido dos trilhos.

Ou compare o tráfego aéreo com o objeto que ele imita – o passarinho. O arabesco agudo do canário, por exemplo, é tão intrincado que escutar centenas de vezes não esgotaria a fascinação que tem para nós. Mesmo as notas separadas do canto do tordo são mais melodiosas que qualquer máquina que o homem tenha lançado ao ar. Mas não tão forte, naturalmente. Temos o registro do mundo para isso.

Se estou insistindo tanto nos sons do céu, é porque esses temas estão prestes a dominar o próximo movimento de nossa sinfonia mundial. Uma vez desenhei um quadro de uma cidade do futuro, na lousa, para um grupo de estudantes de arquitetura e lhes perguntei os aspectos mais evidentes que esse ambiente parecia ter. No meu desenho, havia sete helicópteros no céu; ainda assim, nenhum estudante achou esse fato particularmente notável. Eu, exasperadamente: "Alguma vez vocês já *ouviram* sete helicópteros?".

O grande sumidouro de sons do futuro será o céu.

Isso já é evidente. Logo, toda casa e todo escritório do mundo estarão situados em qualquer lugar ao longo dessas rodovias expressas. Nos anos recentes, alguns governos municipais têm começado a mostrar um certo interesse no controle de sons que incomodam (latidos de cachorro etc.), mas essa legislação sem imaginação é patética quando qualquer número de coisas estrondosas pode acontecer no céu sobre nossas cabeças, sem nenhuma restrição, não importa com que frequência e intensidade possam acontecer.

A paisagem da cidade do futuro

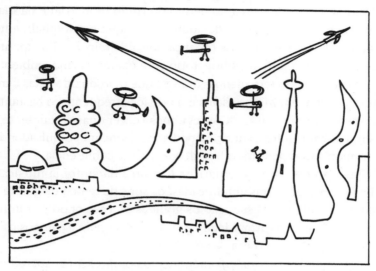

Pergunta: Como será o som do céu?

O mundo todo é um aeroporto. Que vamos fazer a respeito disso? O objetivo de uma sociedade de prevenção do ruído é simplesmente eliminar todos os sons que não são necessários, incluindo os da indústria e os dos meios de transporte.

Logo falaremos do amplificador como uma arma potencialmente letal. A evidência está agora começando a chegar e mostra que, se quisermos continuar a ouvir totalmente, teremos que estar atentos aos aspectos forenses desse desenvolvimento "musical". Pesquisas feitas com adolescentes que tocam em bandas e vão a concertos, nos quais a intensidade do som pode facilmente ultrapassar 100 db acima do limiar de audibilidade, mostram que eles estão se tornando surdos, em número significativo o bastante para causar alarme à profissão médica.[60]

---

[60] Numerosos artigos surgiram recentemente a respeito deste assunto. Um dos quais, que trata resumidamente sobre a descoberta, está na revista *Time*, de 9 de agosto de 1968, p.51. (N.A.)

Tenho à minha frente alguma literatura criada pelo *Workmen's Compensation Board* acerca do perigo do ruído industrial e da maneira de prevenir os danos de audição pelo que é coloquialmente chamado *boilemaker's disease* [doença do caldeireiro].[61] Ela aponta que o protetor auditivo é obrigatório para operários cujo ambiente sônico de trabalho tem menos ruído do que o produzido pelas bandas que tocam em minha escola em ocasiões frequentes o bastante para serem significativas. "Conseguimos vencer quase totalmente a doença de caldeireiro", anunciou poderosamente um pesquisador da Workmen's Compensation Board, em recente conferência.

Tais são portanto os enfáticos *leitmotifs* da sinfonia musical: tráfego aéreo, guitarras amplificadas, os sons de tempo de guerra e maquinário elétrico. Esses são os grandes blocos sonoros, a linha contínua do som, as armas letais que agora dominam a composição. Eles demonstram a crueza da sua orquestração.

Em seguida, os *leitmotifs* menores: os onipresentes aparelhos de rádio e televisão, os sons de trânsito nas ruas, o telefone (que Lawrence Durrell descreveu em *Justine* como um som pequeno como agulha), o som de encanamento, de fornalhas, de ar condicionado. Esses são os sons – algaravia.

E aqui, no centro de tudo, como uma viola no final de um *allegro* para trompete e tambor, estão os sons de nossas próprias vozes. Não faz muito tempo, cantávamos nas ruas da cidade. Mesmo falar é frequentemente um esforço violento. O que deveria ser o mais vital som da existência humana está pouco a pouco sendo pulverizado sob sons que podemos chamar, muito acuradamente, de "não humanos".

Partes da sinfonia mundial que já foram tocadas e não serão repetidas: a máquina a vapor, a carruagem puxada por cavalos, o barulho do açoite (que Schopenhauer achava tão agoniante), a lâmpada de

---

61 A doença do caldeireiro foi registrada pela primeira vez, em 1890, como nos informa Schafer em *A afinação do mundo* (p.113), "quando Barr pesquisou cem caldeireiros e descobriu que nenhum deles tinha audição normal", (N.T.)

óleo de carvão. Sim, como soava a lâmpada de óleo de carvão? Você pensará em outros sons.

Foi dada a uma classe de crianças do Ensino Fundamental 1 a frase: "Tão quieto como ..." e foi pedido que a completasse com todas as metáforas para silêncio que, talvez, somente uma classe de crianças pudesse encontrar por trás da cacofonia que os adultos estão aceitando como necessária ao progresso da civilização.

Pássaros, folhas, gritos de animais, variedades do vento e da água. Onde isso entrará no sonógrafo do mundo contemporâneo?

Haverá ainda movimentos em pianíssimo?

Haverá logo uma sessão em adágio?

E para finalizar com uma tarefa: Faça um diário de som. Nele, você anota o que ouve. Estamos todos dentro da sinfonia mundial. O que ainda não está claro é se somos meramente parte de seu aparato ou se somos compositores responsáveis por dar-lhes forma e beleza.

Tentei mostrar como o rico universo de sons à nossa volta poderia ser o objeto de um novo tipo de estudos musicais, um projeto que levaria os participantes a cruzarem os limites dos currículos dos conservatórios e os colocaria dentro de formas variáveis do que poderíamos chamar de "campos intermediários" entre as muitas disciplinas diferentes.

Mas, se quisermos dedicar nosso pensamento ao cerne do que está acontecendo hoje, para onde mais iremos?

Muito foi deixado em aberto para ser desenvolvido posteriormente, e os estudantes ativos acrescentarão suas próprias ideias, corrigindo os erros que detectarem quando mergulharem mais a fundo no campo da ciência, da ciência social e da arte, das quais retirarão os princípios de trabalho de uma nova teoria da música, passo a passo com os saltos imaginativos dos artistas, que estão hoje carregando a música com ousadia, novas sinergias muito além de tudo o que os dicionários do passado pensavam que deveria ser.

O universo é nossa orquestra.

Não deixemos que nada menos seja o território de nossos estudos.

Epílogo

Esse é um longo caminho desde o piano. Durante os últimos duzentos anos, o piano tem sido o ponto focal de todos os estudos de música: o piano como orquestra *Ersatz*,[62] o piano como instrumento acompanhador, o piano como solista líder e heroico em seu próprio direito, o piano como arquissímbolo de uma era de fazer música e de instituições relacionadas com sua promulgação.

Hoje os pianos, nos subúrbios, estão adormecidos.

Os dedos dos jovens voltaram-se, em toda parte, para a guitarra, o saxofone e o potenciômetro, e o piano começou a parecer um esquife decorativo.

Ah, sim, é verdade que algumas mãozinhas ainda aprendem a tocar *Mistress Mary*[63] para os festivais de música. E então?

"O quê! Dezesseis anos e ainda estuda piano?", disse a tia, certa vez, a uma jovem francesa que, casualmente, estava me ajudando neste livro.

Hoje os pianos, nos subúrbios, estão adormecidos.

O piano é um instrumento planejado para sala de estar, apontou o sociólogo Max Weber, um divertimento idealizado para os invernos do Norte da Europa. Todas as grandes composições para piano foram escritas por pessoas do Norte. Saindo do frio de arrepiar os ossos, elas vieram esquentar seus dedos bem protegidos nos teclados ardentes.

Os sulistas, que planejam suas casas dissolvidas em jardins, preferem instrumentos portáteis, o violão e o bandolim, que podem ser levados para as alamedas sombreadas ou para os pátios enluarados.

Hoje, novamente, a sala de concerto mudou.

A nova orquestra é o universo.

---

62 Substituto – em alemão no original. (N.T.)
63 *Mistress Mary* – livro tradicional para crianças, impresso no século XIX por Dodd, Mead and Company. Contém textos em prosa, poesia e canções. Muito popular na América do Norte. (N.T.)

A nova paisagem sonora

O concerto de piano é um fantasma em seu reduto. E há algo fantasmagórico nas instituições onde ele permanece.

Mas vamos sempre abrigar alguns grandes pianos em nossa companhia. Seu tesouro-museu é de grande beleza. Você não será esquecido, mas sempre nos encantará com as lembranças de seus memoráveis *amores*.

> Conte-nos como Mozart tocou você,
> como Beethoven tempestuosamente se embebedou
> com você,
> como Schumann fez você ficar acordado até
> tarde da noite,
> como Liszt o cavalgou como um garanhão
> selvagem,
> como Debussy pintou você de azul,
> como Stravinsky o confundiu com um relógio
> parado,
> e como John Cage rompeu suas ligas.
>
> Sopre história em nossos ouvidos.

Pois a atividade mudou-se para outro lugar, e você é muito grande para ser levado para lá ...

Adeus, piano adormecido... Você expôs bem seu caso.

Deixe agora que outros exponham os deles.

Diário de sons do Oriente Médio

Pouco tempo depois de escrever "A nova paisagem sonora" fui dar uma pequena volta pelo mundo. Aqui estão algumas notas de meu diário de sons.

25 de março – Perturbado pelo Hovercraft[64] que opera (a 80 db) em frente a nossa casa, telefonei para a West Vancouver Town Hall para obter uma cópia de sua lei de controle do ruído. Eles a enviarão. Amanhã devo partir.

26 de março – O envelope de minha passagem diz: "Bem-vindo aos amigáveis céus da United".[65] Sento-me em meu assento modular, como minha refeição modular. Um voo totalmente desconfortável para Frankfurt. Duas horas sobrevoando o aeroporto de Frankfurt e, então, uma descida vertiginosa. Sempre imaginei uma colisão em que o único sobrevivente seria o *Muzak*.[66]

§

British European Airways para Istambul. "O Trident-Two é rápido, suave, quieto e seguro: Os motores a jato Rolls Royce são uma garantia da suavidade e quietude do voo".

Madison Avenue suja de óleo.

Pergunto: Que obrigação tem uma companhia aérea de proporcionar conforto às pessoas infortunadas o bastante para ficarem fora ou abaixo de seus aviões?

Investir em companhias aéreas para um retorno rápido. Noventa e sete por cento do mundo nunca voou. E gasta seus salários em protetores de ouvido.

---

64 Marca de um tipo de veículo que se mantém fora do chão, sustentado por uma bolsa de ar. (N.T.)
65 Companhia aérea. (N.T.)
66 Som ambiente. Conforme diz Schafer em *A afinação do mundo*, Muzak é o "termo aplicado a toda sorte de baboseiras esquisofônicas musicais, especialmente em lugares públicos" (op. cit., p.365). (N.T.)

27 de março – O grande sumidouro de sons do futuro será o céu.

28 de março – Os sons dos pregões de rua em Istambul. O contraponto vocal dos falcoeiros e camelôs, cada um com seu próprio *leitmotiv*.
§
As buzinas de carro são mais fortes na Turquia. Vozes silenciosas na rua principal.
§
Você já experimentou o famoso eco de Santa Sofia?

30 de março – PAN AM para Teerã. Quer assistir a um filme? Fones de ouvido com soquetes afiados e uma presilha de cabeça de plástico flexível, para assegurar que o som atinja a cóclea com "presença" suficiente! E também quatro canais para escolher: música popular, *shows* da Broadway, clássica ligeira e clássica (*Nona Sinfonia*, de Beethoven). Interferências em todos os canais, fazendo um perfeito Charles Ives, em algum lugar sobre Ardabil ou Tabriz. O comissário de bordo arrecada dois dólares e meio por essa experiência. Os ouvidos têm pontadas por três dias.

2 de abril – Na mesquita que contempla Bouzar Tomehr-ie-Now, em Teerã, o muezim foi impropriamente substituído por um alto-falante, que oscila no balcão do minarete.
§
Por que uma certa aspereza na linguagem sugere apelo sexual? O persa é menos *sexy* que o árabe por causa da aspiração mais concentrada do último.
§
Teerã, cidade das gemas e dos germes, e do congestionamento do tráfego. Há um número incompreensível de carros aqui. Objeto de uma campanha de vendas da General Motors: um carro para cada asiático. Novamente o contraste entre os sons vocais que animam os bazares e a compressão da multidão silenciosa nas ruas principais.

4 de abril – Som de muezim às cinco horas da manhã. Assombra.

§

Silêncio – Um presente para o ouvido. Os zoroastrianos enterram seus mortos em Torres de Silêncio. Um presente para o corpo.

5 de abril – Ambiente não é apenas aquilo que é visto. Plano: pegar cartões-postais de vários lugares famosos e bonitos e gravar os sons que estão junto deles. Por exemplo, Trafalgar Square, o Arco do Triunfo, o Coliseu, a Catedral de Colônia. Pode-se presumir que as paisagens sonoras dessas atrações não devem ser muito bonitas.

§

O ambiente sônico contemporâneo nos previne do que está para acontecer. Ele está se tornando idêntico no mundo todo, enquanto o ambiente visual ainda pode reter vestígios do idiossincrático e vernacular.

§

Redução mesmo das variedades de ruído de transporte. Uma centena de tipos de carros e caminhões. Seis tipos de aviões a jato. Um tipo de *boom* sônico.

6 de abril – O mundo inteiro está no aeroporto.

7 de abril – Criar uma sociedade para a preservação dos ruídos perdidos. Por exemplo, o assobio da lâmpada de óleo de carvão e mesmo o mais delicado aspirado da vela. Nos bazares, à noite, ainda se ouvem essas coisas.

8 de abril – Se alguém quiser estudar sons, não pode ignorar seu simbolismo. O enorme simbolismo do mar, por exemplo.

9 de abril – Reflexões sobre as consequências das extensões da anatomia humana através da tecnologia. Por exemplo, o canhão como extensão do braço, o carro como extensão do pé etc... Pegue uma pedra e atire. Corra cinquenta metros. O que é notável sobre o mecanismo do braço e do pé é que eles operam tão silenciosamente. Deus foi um engenheiro acústico de primeira linha. Sua máquina não dissipa energia através do ruído. Por que não aprendemos com Deus sua genialidade em engenharia?

10 de abril – As lascas dos martelos de pedra britada em Takht-el--Jamshid. Compreensão súbita de que, nas primeiras sociedades, a maioria dos sons deve ter sido descontínua (interrompida, única), enquanto os nossos são, na maioria, contínuos (onipresentes, aborrecidos). Em que ponto da história o ambiente do mundo deixou de ser dominado pelos sons descontínuos e começou a ser dominado pelos contínuos? Consequências.

§

Função do grave em música: hipnotizar. É um narcótico anti-intelectual.

§

O mar como um símbolo da continuidade e da descontinuidade do som.

§

As mulheres persas são muito quietas, muito graciosas. Nunca riem em voz alta. Nunca dão gargalhadas. Sua fala delicada embaçada por seus véus.

11 de abril – As ruas de Shiraz. O grande silvo das lâmpadas Coleman. A noite chama para orar. O cantar quebrado do Alcorão. Frases curtas, altamente ornamentadas, entre silêncios tensos.

§

Atrás de um estábulo, o borbulhar de um narguilé.

§

Estudantes andam pelo parque, lendo em voz alta seus livros escolares.

13 de abril – Os persas descuidados decoram seu antigo capitólio de Persépolis com um gerador alojado perto das ruínas. Seu zumbido agudo e contínuo pode ser ouvido por toda a região. Também o rumor distante dos caminhões de transporte ecoam nas escarpas das rochas, ao lado do palácio. Lagartos de olhar de aço nos espreitam das pedras, mas não fazem nenhum som.

14 de abril – O som da chuva persa...

15 de abril – O mais bonito edifício do mundo é a Mesquita Shah em Isfahan, suntuosamente elegante com seus azulejos em ouro e azul, com seu eco de sete voltas, sob a cúpula principal. Ouve-se esse eco sete vezes perfeitamente quando se fica parado diretamente sob o ápice da cúpula; deslocando-se meio metro para qualquer dos lados, não se ouve mais nada. Foi o eco, imagino, um produto eventual da construção arquitetural perfeitamente simétrica, ou será que a estrutura foi de fato planejada especificamente para produzir esse eco? Também em Ali Qapu há uma sala de música em que, supunha-se, os sons eram capazes de viver para sempre.

17 de abril – Na Maidan-e-Shah, o enorme caravançarai em frente à Mesquita Sha, tem havido um uivo feroz por vários dias, continuadamente. O *trailer* de um caminhão de transporte está estacionado numa extremidade; dentro há uma máquina cuja função é misteriosa, pois não há cabos ou correias ligando-a a qualquer outra estrutura. Mas seu uivo, que inunda o quarteirão, deve exceder 100 decibéis. Ela trabalha dia e noite, abafando até a voz do muezim.

§

No hotel, compramos uma reprodução de Maidan-e-Shah na antiga época de Shah Abbas, quando era um grande campo aberto para camelos.

21 de abril – *Zang, djaras*; palavras persa e árabe, respectivamente, para sino.

22 de abril – O brilhante martelar em *staccato* das forjas de estanho. Tintinabular.

25 de abril – Sem a cooperação das árvores, o vento não teria ajuda para sussurrar. Sem a assistência dos pedregulhos, o riacho não borbulharia. Sons do passado, incluindo muitos daqueles produzidos pela natureza e todos os produzidos por animais e humanos, foram feitos nas circunstâncias específicas do ambiente de vida. Pode-se chamar isso de ecologia acústica. Em outras palavras, eles dependeram da resposta do ambiente para ter sons e caráter precisos. Será que alguém percebeu que os sons da tecnologia não são controlados desse modo? A máquina está ali, uma desafiante presença sônica. É o crescimento dessas presenças impiedosas e antiecológicas que vejo como insultantes e inimigas do homem e da vida em geral.

§

O cão e seu dono podem conversar; o automóvel e seu dono nunca fazem isso. Os motores monologam.

§

As buzinas, nos carros persas, soam num intervalo de segunda maior ou menor. Compare com os carros norte-americanos (terça maior ou menor).

1º de maio – "Ouch! Ouch!", diz o garotinho turco, imitando latido do cachorro. A estudar: as palavras onomatopaicas para os sons dos animais em diversas línguas.

2 de maio – Em Konya, as buzinas de táxi são um tanto abrandadas pelos sinos das carruagens puxadas por cavalos, sinos de som alto e brilhante, operados por pedais.

3 de maio – O rádio do ônibus perfura nossos ouvidos de Konya a Mersin (350 km). Música turca, não europeia ou americana, geralmente para voz e *Sass* (o instrumento nacional). Mas as buzinas, os sons de motor, o barulho das janelas e das engrenagens e o tagarelar dos turcos tornam impossível concentrar-se na música.

Alguém deve ter antevisto que, com o advento do rádio portátil e do toca-discos, seria meramente uma questão de tempo antes que a razão sinal/ruído na escuta musical deteriorasse e que, eventualmente, surgisse um tipo de música que contivesse em si seu próprio ruído. Isso agora está começando a acontecer. Muita música popular americana de hoje inclui seus próprios ruídos ambientais e distorções da fala diretamente no disco.

Esse hábito de ouvir música na presença do ruído também levará à deterioração dos comportamentos nos concertos.

§
A razão sinal/ruído de um transistor médio é, em geral, de um para um.

5 de maio – Side, na costa do Mediterrâneo, na Turquia. Ouço o tinido da areia na praia seca, em frente ao anfiteatro.

6 de maio – O som de um pente passando pelos seus cabelos...
O som enquanto acaricio sua face...
O som de suas pálpebras batendo...
Palavras obscuras, espalhadas por entre os cincerros dos carneiros, ao longe.

7 de maio – Na noite passada, realmente ouvi o som da ponta de meus dedos escovando as páginas do livro que lia: um som em flocos.

§
A sístole e a diástole do ritmo do coração, com o fluxo e o refluxo das ondas.

§
Estou murmurando um nome repetidas vezes...

8 de maio – Estou golpeando a casca de um limoeiro. "As árvores também falam", ela disse.

A verdadeira essência e, como foi, o nascer e a origem de toda música é o som realmente agradável que as árvores da floresta fazem quando crescem.[67]

9 de maio – A importância da música em *As mil e uma noites*, que comecei a ler. A estúpida "bowdlerização",[68] pelo editor de Harvard, que exclui todas as repetições de nomes, listas, encantações. Como

---

67 No original inglês: *"The verie essence and, as it were, springheade and origine of all musiche is the verie pleasaunte sounde which the trees of the forest do make when they growe"*. (Poe, *Al Aaraaf*, citando uma velha fábula inglesa).
68 *"Bowdlerization"* – no original. Referência a Thomas Bowdler (1754-1825), editor inglês que publicou uma edição expurgada de Shakespeare. Editar uma obra, omitindo-se palavras ou trechos considerados de baixo calão ou obscenos. (N.T.)

se pode compreender a essência dessa obra sem o reaparecimento isorrítmico de Shahrazad durante o final de cada canto? São essas articulações rítmicas, esses motivos, que funcionam como pontos de reunião arquiteturais da composição inteira; as cadências, em Mozart, não são mais importantes. Poder-se-iam grafar as histórias de *As mil e uma noites* como se grafa uma composição musical, de modo a investigar sua cronometragem precisa e seus padrões crescentes.

13 de maio – Em Bergama, durante a corrida de táxi da acrópole de Pergamum ao Aescelapion, um percurso de sete quilômetros através da moderna cidade, o motorista buzinou 289 vezes (geralmente em batidas assimétricas de três a oito toques), por qualquer coisa no caminho, em movimento ou parada.

20 de maio – Do mesmo modo que as sondagens da lua são uma expressão do imperialismo ocidental, e da urgência faustiana de dominar os espaços infinitos, assim também os imensos ruídos de nossa civilização nada mais são do que uma cruel continuação da mesma ambição imperialística. Pascal ficou aterrorizado com a noção do infinito espaço *silencioso*, e desde seu tempo temos progressivamente tentado dominar os espaços vazios, preenchendo-os com sons. Nessa conexão, Sprengler falou da arte de Wagner como "uma concessão ao barbarismo da Megalópolis".

O que temo é a erosão de todos os refinamentos acústicos por uma espécie de som ambiental, caracterizado exclusivamente por sua amplitude e brutalidade.

Na era da vulgaridade, Rumi adotou o Ney (flauta de junco) para expressar a docilidade de sua doutrina e a simplicidade de suas aspirações.[69]

---

69 Jalal-al-Din Rumi (1207-1273), poeta e místico persa, está enterrado em Konya, Turquia, que visitamos. Ele é o fundador do movimento dervixe, agora suprimido pelo atual governo turco. A abertura de seu Masnavi, um lamento para flauta de junco (Ney), é um dos mais belos poemas em língua persa. (N.A.)

23 de maio – No Museu Arqueológico de Istambul há um mosaico de Orfeu rodeado por animais. A lira de Orfeu amansa a voz dos animais e dos monstros. Que lira amansará a voz dos *brutos* de hoje?

25 de maio – O som ácido da música grega em instrumentos tradicionais de cordas puxadas, que costumava arrepiar nos restaurantes de Atenas, foi esquecido agora que os amplificadores estão sendo utilizados. A música, agora, é um mingau – banana em vez de limão.

26 de maio – Na Acrópole em Atenas há um aviso no qual se lê: "Este é um lugar sagrado. É proibido cantar ou fazer barulho de qualquer tipo". Hoje, enquanto estávamos lá, a Acrópole foi apascentada por dezessete jatos.

§

"... nem um som sai de um quarto de céu sem nuvens" (Lucrécio, *Da natureza das coisas* – VI 96-131).

29 de maio – Eastern Airlines, "Whisper Jet Service"[70] para Toronto.

30 de maio – Collingwood: Não incomodaremos falando da substituição das canoas pelas poderosas lanchas em todos os lagos da América.

1º de junho – Hoje, por volta das nove horas da manhã, dois bons homens vieram com poderosas serras Black & Decker devastar as delicadas florestas. Saí e lhes ofereci café. "Estamos alargando a estrada. Todas as estradas têm que ser alargadas. Estamos cortando árvores há um mês". Um dos homens tinha um filho na universidade. Disse-me que entende o problema; seu filho também precisa estudar. Então ele pegou sua serra e continuou a devastar os arbustos. A Black & Decker bate comoventemente por toda a extensão das florestas... Ninguém ouve o sussurro assustado das árvores-vítimas.

§

---

70 "Whisper Jet Service" – Serviço de jato sussurrante. (N.T.)

"Se uma árvore pudesse mover-se com os pés ou asas, não sentiria a dor da serra ou dos golpes do machado", Rumi.

18 de junho – Tema para um projeto de pesquisa mundial: compilar o sonógrafo mundial. Eis como será feito. Equipes de especialistas por todo o mundo (engenheiros acústicos de som, audiólogos, médicos, músicos e biólogos) seriam formadas para preparar uma pesquisa sobre a engenharia e a sociologia de todos os sons do ambiente, para determinar as maneiras como os diferentes ambientes acústicos afetam as pessoas.

Do mesmo modo como, em arquitetura, Le Corbusier utiliza o corpo humano como seu modelo básico, assim também, em qualquer estudo do ambiente acústico, são o ouvido e a voz humanos que devem servir como medidas básicas, pelas quais tomamos decisões relativas aos sons saudáveis e aos inimigos da vida humana.

Isso não nos leva de volta à famosa classificação da música, na *República*, de Platão? Singular paralelo.

21 de junho – Volta para casa em Vancouver. No caminho para lá, na revista *In Flight*, aprendo que a Air Canada não será deixada para trás na corrida pelo avião mais rápido: ordens para SST já foram dadas e aceitas.

§

No topo de uma montanha de correspondência, uma cópia da Lei sobre a Diminuição do Ruído de Vancouver – Oeste, nº 2141, 1967:

> Os falcoeiros, marreteiros, mascates, vendedores ambulantes, jornaleiros, ou qualquer outra pessoa, não poderão com seus gritos intermitentes ou reiterados, perturbar a paz, a ordem, o silêncio e o conforto público.

O gato se atreve a ronronar?

4
Quando as palavras cantam

Esta quarta parte é sobre vozes – vozes humanas – vozes humanas *audíveis*. Eu a escrevo jubiloso e desesperado. Ela registra experiências que tive em numerosas ocasiões, em diferentes lugares, com crianças e adultos. A voz humana foi o único instrumento empregado – cantando, recitando, apregoando, entoando, algumas vezes do jeito mais imprevisível, mas sempre de um modo vivo e enfático, pouco a pouco vencendo uma inibição após outra para encontrar a personalidade de cada impressão vocal individual.

Assim como o arquiteto utiliza-se do corpo humano para conceber as escalas de suas estruturas de vida cotidiana, a voz humana, em conexão com o ouvido, deve fornecer os referenciais para as discussões sobre o ambiente acústico saudável à vida. Tragicamente, ainda não compreendemos esse fato.

Os pesquisadores têm observado que há muito mais modulação colorida nas vozes dos povos primitivos do que nas nossas. Mesmo na Idade Média a voz era um instrumento vital. A leitura, nessa época, era feita em voz alta; sentia-se a forma das palavras com a língua. Na Renascença todos cantavam do mesmo modo como ainda hoje se faz em todas as culturas "menos desenvolvidas". Não precisávamos que McLuhan nos contasse que, do mesmo modo como "a máquina de costura... criou a longa linha reta nas roupas... o linotipo achatou o estilo vocal humano". Durante séculos não ouvimos nada mais do que murmúrios indiferenciados.

Não comecei com o canto tradicional. Pelo contrário, paramos perto do ponto em que este começa. (O professor qualificado pode seguir facilmente a partir daí.) Minha intenção foi trabalhar com o som vocal bruto, recomeçar tudo como os aborígenes, que nem mesmo sabem a diferença entre fala e canto, significado e sonoridade. Gostaria de poder cantar esta parte, e entoá-la, sussurrá-la e gritá-la. Quero tirá-la de seu sarcófago impresso. Ela precisa ser tocada no instrumento humano. Na Idade Média não teria sido necessário fazer essa exortação – mas hoje é desse modo; eu os incito a *executar esta parte com a voz*.

Em voz alta.

Impressão vocal

Sente-se em silêncio, atentamente. Feche os olhos. Ouça. Num instante você será preenchido por um som inestimável.

Na Mantra Yoga, o discípulo repete uma palavra muitas vezes, como um encantamento, sentindo sonoramente sua majestade, seu carisma e seu obscuro poder narcotizante. Quando o monge tibetano recita "OMmmm OMmmm OMmmm", sente o som se expandir pelo seu corpo. Seu tórax balança. Seu nariz ressoa ruidosamente. Ele vibra.

Com uma profunda voz ressonante comece a repetir:

OMmmmmmmm OMmmmmmmm OMmmmmmmm

Sinta seu golpe vibratório. Hipnotize-se com o som de sua própria voz. Imagine o som rolando para fora de sua boca, para preencher o mundo. Quando a palavra OM é proferida, a emissão do "o" terá chegado a uma distância de quarenta metros em todas as direções, antes de o "m" começar:

OMmmmmmm OMmmmmmm OMmmmmmm

Esta é sua impressão vocal. Você não disse nada. Você disse tudo. Não é preciso palavras A flauta em seu corpo revelou você. Você está vivo.

Exercícios

1. Tome seu próprio nome. Repita-o muitas vezes, até que, gradualmente, ele perca sua identidade. Embale o sentido dele para que durma, hipnotize-o até que não mais lhe pertença. Agora que ele é apenas um belo objeto sonoro pendurado à sua frente, examine-o totalmente com os ouvidos.
2. Encante outras palavras da mesma maneira. Os discípulos da Mantra Yoga sabiam como a meditação e a auto-hipnose podem desenvolver a clariaudiência. Podemos aprender com eles este segredo.

Melisma

Melisma, em grego, quer dizer canção. Na música ocidental, geralmente significa uma vocalização prolongada sobre uma vogal ou consoante – uma exploração jubilosa. Deixe-a livre. Descubra seu alcance, seus potenciais expressivos. Descubra a forma das coisas que você pode desenhar com a sua voz. Use a imaginação e produza:

1. O som mais agudo que for capaz
2. O som mais grave
3. O som mais leve
4. O som mais forte
5. O som mais suave
6. O som mais áspero
7. O som mais engraçado
8. O som mais triste
9. Um som austero
10. Um som aborrecido

11. Um som interrompido
12. Um som rítmico, repetido
13. Um som arrítmico
14. Novamente, o som mais agudo
15. Agora, subitamente, o mais leve
16. Gradualmente, module para o mais engraçado

(Você ri de sua voz. Bom. Ouça o som de sua voz rindo dela mesma.)

Se tiver um gravador, grave sua voz enquanto executa o exercício anterior. Ouça o curioso trinado vocal que você é. Então, toque-o de novo e tente fazer um contraponto com sua própria voz ao vivo, executando efeitos opostos, para cada um dos efeitos da fita gravada.

Veja o que faz sua voz a partir dessas formas. Tente executar cada uma delas.

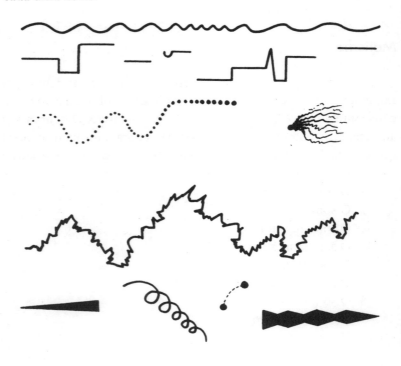

Exercícios

1. Desenhe algumas outras formas para si próprio e execute-as.
2. No quadro seguinte, proponho uma composição para voz solo. Tente executá-la. O que você propõe para as formas altas, baixas, contínuas ou interrompidas, para as escuras ou para aquelas que explodem, ou movem-se ou gotejam? Haverá tantas diferentes realizações de minha peça quanto cantores. E uma peça de possibilidade infinitas.

3. Desenhe uma composição feita por você mesmo e execute. Ou procure fazer com que um amigo a execute. Você precisará recorrer a amigos, de vez em quando, neste livro.

Concerto da natureza

A primeira vez que tentei o seguinte exercício foi num acampamento de verão, nas montanhas Laurencianas de Quebec. Um grupo de oitenta músicos amadores, de idades entre seis e sessenta anos, reuniu-se na espaçosa sala de assembleias uma noite após o jantar.

Dei-lhes um problema: utilizando apenas suas vozes, criem uma composição baseada nos sons da natureza. Façam suas imitações de forma tão convincente quanto possível. Todos devem participar e a peça deve ter alguma organização formal. Vocês têm quinze minutos.

As pessoas foram divididas em grupos de seis a oito executantes. Eles foram para a floresta ou para a beira d'água e começaram a fazer experimentações com a voz.

A ideia para esse exercício, deve ser acrescentado entre parênteses, foi sugerida por uma afirmação de Marius Schneider, quando escreve:

> É preciso que se tenha ouvido para se perceber como os aborígenes são capazes de imitar os barulhos de animais e sons da natureza de maneira tão realística. Eles, inclusive, costumam fazer "concertos da natureza", nos quais cada cantor imita um determinado som (ondas, vento, árvores lamentosas, gritos de animais assustados), "concertos" de surpreendente magnitude e beleza.[1]

Quando nossos músicos voltaram, cada grupo teve que executar sua composição enquanto os outros ouviam (de olhos fechados). Cada execução era seguida por uma discussão crítica.

O primeiro grupo levantou-se e deu-nos um concerto de curral. Vacas mugindo, cavalos relinchando, cachorros latindo, porcos grunhindo. Todos riram histericamente. Depois o segundo grupo levantou-se e deu-nos outro concerto de curral. O riso, desta vez, foi mais controlável. Quando o terceiro grupo se levantou e deu-nos (previsivelmente?) mais outro exemplo de berreiro de curral – ao menos algo assim, pois penso que acrescentaram gatos e passarinhos –, já não havia mais risos. Agora, podíamos começar a trabalhar.

---

1 Schneider, Primitive Music, *The New Oxford History of Music*, v.I, p.9.

Qual das três execuções foi a mais convincente? Quando isso foi decidido, os dois grupos perdedores foram mandados para fora, de novo, para surgir com algo melhor.

O próximo grupo. Um novo tema, afinal. Seu tema era uma tempestade de verão. Silêncio. Então, o vento soprou, tornando-se gradualmente mais feroz. Gotas de chuva começaram a cair, pequenas e esporádicas a princípio, depois maiores e mais intensas. No auge da tempestade, houve relâmpagos, seguidos por trovões. Por fim, a tempestade amainou, a chuva cessou, o vento parou e apareceram passarinhos, cantando suas canções agudas e inescrutáveis. Foi na verdade um concerto de "surpreendente magnitude e beleza".

Quando lhes pedi que escrevessem a peça, a princípio hesitaram, mas por fim o fizeram, e resultou algo assim:

Agora, o tom da experimentação havia sido fixado e os grupos que se sucederam tinham alguma coisa para imitar (ou, então, sofrer as consequências das mais severas críticas por parte dos colegas e o banimento para a floresta para aperfeiçoar suas propostas).

O grupo "tempestade de verão", contudo, ainda não estava satisfeito. A maioria dos sons os agradava, mas o trovão era particularmente difícil de ser produzido com a voz humana.

Tente fazê-lo, e verá.

Exercício

Uma paisagem sonora é um conjunto de sons ouvidos num determinado lugar. Uma crônica é um conjunto de sons ouvidos em sequência temporal. Tente contar um conto de fadas bem conhecido, uma história bíblica ou uma história dos noticiários correntes, sem palavras, apenas por meio de efeitos sonoros. As outras pessoas podem adivinhar que história você está contando?

Palavra-trovão

Como você produz trovão com a voz? James Joyce tentou. Em *Finnegans Wake* encontramos fantástica palavra-trama:

BABABADALCHARAGHTAKAMMINARRONNKONNBRONNTON-
NERRONNTUONNTHUNNTROVARRHOUNAWNSKAWNTOOHO
OHOORDENENTHURNUK![2]

Como Joyce era um poeta com talento especial para o som, vale a pena analisar sua palavra-trovão. Eu a dividi em sílabas, para ajudar a sua recitação – pois deve-se senti-la na garganta.

Comparando as palavras que significam trovão em algumas poucas línguas comuns, notamos que todas elas têm uma sonoridade de estrondo, que Joyce lhes tomou emprestado.

B A / B A / B A / D A L / C H A R A G H / T A K A M / —
M I N A R / R O N N / K O N N / B R O N N / —
T O N N E R / R O N N / T U O N N / T H U N N / —
   Francês-Alemão   Italiano   Inglês

T R O V A R R / H O U N / A W N / S K A W N / T O O / —
   Português   Sueco

H O O / H O O R / D E N E N / T H U R N U K / !

Sueco:	åska	Francês:	tonnere
Dinamarquês:	Torden	Espanhol:	trueno
Holandês:	donder	Português:	trovão
Alemão:	Donner	Italiano:	tuono

---

2 Joyce, *Finnegans Wake*, p.3.

A frequência com que certas letras ocorrem ou não na palavra-trovão de Joyce é significativa.

A. Aparece doze vezes (principalmente no início da palavra).
R. Aparece onze vezes.
N. Aparece onze vezes (contando-se os dígrafos como apenas um som).
O. Aparece oito vezes, a maioria no meio ou no fim da palavra.
O. Se for pronunciado "OO",[3] aparece oito vezes, principalmente no final da palavra.
T. Aparece cinco vezes.
K. Aparece quatro vezes.
B. Aparece quatro vezes.
Todas as outras aparecem com menos frequência que isso.

Os cinco sons principais são A, R, N, O e U. Todos são sons contínuos que podem ser prolongados pela voz. Os sons secundários, descontínuos, são abruptos: T, K e B. É interessante também que o líquido L e o sibilante S aparecem apenas uma vez cada; obviamente, não são muito adequados para expressar trovão.

A teoria onomatopaica da origem da linguagem afirma que esta surgiu em imitação aos sons da natureza. Como isso não é verdade para todas as palavras, muitos linguistas duvidam que a onomatopeia seja a real e única origem de nossos hábitos de fala; contudo, muitas de nossas palavras mais expressivas têm a qualidade onomatopaica – como os poetas sabem.

Exercícios

1. Leia a palavra-trovão de Joyce em voz alta, modulando-a amplamente para imitar o evento que celebra.

---

3 "OO" no original; pronuncia-se "U" em português. (N.T.)

2. Com várias vozes, construa uma polifonia a partir dela, utilizando algumas dessas vozes para sustentar ou repetir certos sons característicos.
3. Aperfeiçoe a palavra de Joyce.

A biografia do alfabeto

Cada som evoca um encantamento. Uma palavra é um bracelete de encantamentos vocais. Consideradas individualmente, suas letras (fonemas) contam ao ouvinte atento uma complicada história da vida. Pronuncie cada um dos seguintes sons fonemicamente, do jeito como eles apareceriam numa palavra, ouvindo, ouvindo. Conto o que posso a respeito de sua história e deixo que o narrador acrescente suas próprias descobertas. Não estamos interessados aqui em dogmas fonéticos, mas em metáforas que revelam segredos.

A. A vogal mais frequente em inglês. Elemental. Som *UR*.[4] Se a boca estiver bem aberta, não se pode produzir nenhum outro som. Juntando-se com "m" em "ma", é a primeira palavra dita por milhões de crianças.

B. Tem corte. Combustível. Agressivo. Os lábios o golpeiam.

C. (Pron. K) – Abafado, explosão subterrânea das cordas vocais.

D. Afinado, agressivo, golpe de língua.

E. ...(como em pé) – Um som estreito, constipado. Melhor deixá-lo curto. Desagradável quando sustentado (opinião de R.M.S.).

F. Fricção suave de algodão ou feltro friccionado. Compare com *th*:[5] como ambos são sons de frequência relativamente alta, algumas vezes não são transmitidos com facilidade pela limitada faixa de frequência do telefone. O telefone diz *Fank you*.[6]

---

[4] *UR SOUND* – em alemão no original. O som primal. (N.T.)
[5] *th* – som típico da língua inglesa. (N.T.)
[6] *fank you* – deformação do som th em *thank you* = obrigado. (N.T.)

G. Gutural, impetuoso, em uma espécie de caminho pléxico solar.
H. Exalação de ar. Especialmente efetivo em árabe, em que é pronunciado como uma explosão do peito. Na palavra médica referente a mau hálito, o "h" ocupa um lugar importante: halitose.[7]
I. A vogal mais aguda. Magra, brilhante, som apertado, deixando a menor abertura na boca. Muito utilizado em palavras que descrevem coisas pequenas: *piccolo, petit, tiny, wee*.[8]
J. Som de metal batendo em cimento. Som desgastado. Quando sustentado, jjjjjjjj, sugere um motor que precisa de óleo.
L. Aquoso, saboroso, lânguido. Precisa de água na boca para ser pronunciado apropriadamente. Sinta o gotejar ao redor da língua. Sinta a saliva em *lacivious lecher*.[9]
M. No alfabeto fenício, "mem", originalmente, significava mar calmo, sendo o mar, naquela época, o som fundamental em todas as paisagens sonoras marítimas. Hoje, poderia significar motor calmo, pois o motor é o som fundamental em todas as paisagens sonoras contemporâneas. Mas considere também o murmúrio das abelhas em *The Princess*, de Tennyson:

The moan of doves in immemorials elms,
And murmuring of innumerables bees.[10]

N. O feminino de M?

---

7 O autor refere-se ao som do H em inglês, que é acompanhado por exalação de ar: h aspirado. Em português, a referência se perde, pois o H não é feito com exalação de ar. (N.T.)
8 *Piccolo* – em italiano no original – pequeno
petit – em francês no original – pequeno
tiny – inglês – minúsculo
wee – inglês – pequenino. (N.T.)
9 Luxúria lasciva. (N.T.)
10 "O gemido das pombas em olmos imemoráveis e o murmurar de abelhas inumeráveis." (N.T.)

NG. Nasal. "N" com resfriado. Por outro lado, "ng" pode sugerir a ressonância prateada da corda da viola sob o arco, que Ezra Pound conhecia precisamente quando escreveu: *"And viol strings that outsing kings"*.[11]

O. A segunda vogal mais frequente em inglês sugere arredondamento e perfeição. Considere o som de vozes de crianças cantando na cúpula de uma catedral, como foi ouvido por Verlaine:

Ô ces vois d'enfants chantant dans le coupole![12]

P. *Pip, pop, pout* – Combustível, cômico. Ouça o leve *popping* do fumante de cachimbo.[13]

R. Encrespado em francês, trinado em italiano, sugere recorrência ou ritmo. O inglês constrói uma obra-prima de feiura, raspando sobre ele as cordas vocais; portanto, nos coros de meninos, ensina-se a pronunciá-lo *aw*.[14] No Centro-Oeste americano é influenciado pelo som do trator e da máquina de colheita.

S. O fonema de mais alta frequência (8 000 – 9 000 c.p.s.). Nos tempos de víboras e serpentes, fazia lembrar uma dessas coisas: por exemplo, o silvar sibilante do Inferno, em *Paradise Lost* [O paraíso perdido], de Milton:

... o denso pulular, agora com monstros complicados,
Escorpiões, e Víboras, a medonha Anphisbaena,
Cerastes com chifres, Hydrus e lúgubres Ellops, e Dipsas ...[15]

---

11 "E arcos de viola que superam os reis." Na tradução, perde-se o som "ng" destacado pelo autor. (N.T.)
12 "Ó, aquelas vozes de crianças cantando na cúpula!" (N.T.)
13 *Pip* – som curto de alta frequência, sinal de rádio pop – som seco, explosivo
pout – som explosivo produzido pelos lábios
popping – o som produzido pelo fumante ao soltar baforadas no cachimbo. (N.T.)
14 *aw* – som correspondente aproximadamente a "óu" em português. (N.T.)
15 " ...*thick – swarming now with complicated monsters..../ Scorpions, and Asp, and Amphisbaena dire,/ us Cerastes horned, Hydrus, and Ellops drear,/ and Dipsas* ..."

Sh.[16] Ruído branco. Espectro total de frequências de sons aleatórios.

T. Na máquina de escrever, todas as letras soam como 'T' – tttttttt. –

Th. (como em *that*). O som de um lápis escrevendo. Compare com *Th* (como em *thing*), que poderia ser o leve raspar do carvão no desenho.[17]

U. Vogal escura, preguiçosa, corpulenta. Note a maturação das vogais nesta frase de Swinburne: *"From leaf to flower and flower to fruit"*.[18]
Pode ter, também, uma qualidade reverberante ou subterrânea. Relembra Virgílio quando fala do arrulho dos pombos: *"tua cura, palumbes... turtur ab ulmo"*.

V. A linha plana em som. Um motor com abafador. O abafador adequado deveria fazer um motor soar "fff".

W. "*ooah*"[19] – Pronuncie vagarosamente. O longo "OO" e o enérgico corte em *sforzando* o tornam um som assustador, fantasmagórico.

Y. *eeeah*[20] – Reação ao fantasma.

Z. Som de abelhas; som de pequena aeronave. Na língua inglesa, o 'Z' aparece cerca de 0,7 vezes por 1000.
Os aviões são mais frequentes.

Então, há os muitos dígrafos. Há aqueles como TS ou TZ, que soam "estrangeiros", aqueles como SL, que soam repugnantes (*slimy, slut, slippery, slum*),[21] e assim por diante.

---

16 *Sh* – inexiste em português. Corresponde ao som de "ch". (N.T.)
17 *Th* – não existe em português. Refere-se à língua inglesa.
that = aquela; *thing* = coisa. No segundo, o *th* soa mais suave. (N.T.)
18 "Das folhas às flores, das flores aos frutos." (N.T.)
19 "*ooah*" – aproximadamente "uó" em português. (N.T.)
20 *eeeah* – aproximadamente "iááá" em português. (N.T.)
21 *slimy* – estilingue
slut – casebre

Deixo ao narrador a incumbência de embelezar ainda mais esta história.

Exercícios

1. Escreva a biografia dos sons das letras do seu próprio nome.
2. Que letras (fonemas) expressariam melhor os seguintes temas: mistério, tristeza, alegria, fogo de canhão, bomba explodindo, uma poça, o vento, um cortador de grama, uma dor de cabeça.
3. Louis Aragon escreveu um poema chamado *Suicídio*. É assim: "abcdefghijklmnopqrstuvwxyz". Discuta o que quer dizer.
4. Os antigos humanistas rabínicos costumavam chamar as consoantes, os esqueletos da palavra e as vogais, sua alma. Por quê?

Onomatopeia

Vindo da observação da letra (fonema) como um objeto sonoro isolado, vamos novamente considerar palavras inteiras. Para começar:

Descubra algumas palavras com som aquático
Descubra algumas palavras com som metálico
Descubra algumas palavras chocantes
Descubra algumas palavras ásperas
Descubra algumas palavras meladas

Algumas palavras têm sons contínuos ou repetidos para sugerir movimentos repetidos; algumas são pequenas e secas, para sugerir uma ação repentina ou interrompida. Descubra algumas de cada.

Agora pronuncie sua lista em voz alta. Deixe sua língua dançar em volta de cada palavra, imitando o evento ou a qualidade que

---

slippery – escorregadio
slum – favela (N.T.)

sugere. Repita cada uma doze vezes, exagerando e musicalizando-a cada vez mais, a fim de extrair a alma da palavra.

Splash, SSSplash, SplaSHSHSH, SplAAAsh

As palavras onomatopaicas são magnificamente sonoras porque os poetas as inventaram. Mas nem todas as palavras são assim. A palavra *gold* reluz? A palavra *war* é suficientemente feia? Quem você supõe que inventou essas palavras?[22]

Algumas palavras que não são estritamente onomatopaicas hoje em dia conservam, no entanto, vestígios de cor. *Troubleshooter*[23] tem inquietude. Suas consoantes secas lutam umas contra as outras. A palavra *bell*,[24] apesar do "e" longo e do ataque em "b", não é talvez a palavra mais imaginativa para esse objeto. Uma vez, um aluno sugeriu um substituto: *Tittletatong*. Obviamente mais colorida, tilinta no início e se propaga reverberando no final. Pode-se procurar a palavra "sino" em muitas línguas diferentes, incluindo-se algumas orientais. Após haver feito isso, chega-se à conclusão de que os criadores de tais palavras realmente ouviram com algum cuidado esse som.

Muitas palavras possuem uma sensação explosiva. A própria palavra *explosion*[25] (quando pronunciada enfaticamente) parece quebrar-se em si mesma. Você poderá pensar facilmente em outras palavras explosivas.

---

22 *gold* – ouro
 war – guerra (N.T.)
23 *Troubleshooter* – a pessoa que descobre a causa de um problema e o remove. (N.T.)
24 *bell* – sino (N.T.)
25 *explosion* – explosão (N.T.)

O oposto é *implosion*.[26] Do mesmo modo que na pintura moderna é mais difícil encontrar formas implosivas que explosivas (pois arte "ação" é a arte da exclamação!), também será mais difícil encontrar palavras implosivas que começam grandiosas e depois mergulham no final. Uma palavra claramente implosiva é *spuck*, que Joyce usa em *Retrato de um artista quando jovem* para descrever a água sendo sugada na pia do lavatório.

Vamos considerar a palavra *sunshine*.[27] Primeiro som: *s*; a mais alta frequência, deslumbrante. O *sh* seguinte tem todas as frequências, uma ampla faixa de sons e, assim, sugere um espectro total de luz. As vogais são breves e neutras. O *nn* reflete e atenua os brilhos cósmicos do *s*, de maneira bastante semelhante ao modo como um planeta ou a lua refletem a luz do sol – um brilho palpável. Desse modo, um cosmos inteiro é expresso na palavra *sunshine*.

Sempre pensei que *moonlight*[28] era também bastante sugestiva em relação a seu significado. A abertura suave do *m*, o redondo atenuado *oo*,[29] o líquido *l* (luar na água) – todas essas coisas se encaminham para a leve descontinuidade de humor, no final da palavra. Certa vez, estava explicando essas coisas a alunos de uma classe de grau 7[30] quando, para minha surpresa, eles discordaram de mim. Dei-lhes, então, uma tarefa: num idioma particular criar uma palavra mais sugestiva para substituir *moonlight*.

---

26 *implosion* – implosão (N.T.)
27 *sunshine* – pôr do sol (N.T.)
28 *moonlight* – luar (N.T.)
29 *oo* – corresponde ao som de "u", em português. (N.T.)
30 grau 7 – corresponde aproximadamente ao oitavo ano do Ensino Fundamental no sistema educacional brasileiro. Crianças de aproximadamente treze (13) anos de idade. (N.T)

Aqui estão algumas dessas palavras:

LUNIOUS
SLOOFULP
NESHMOOR
SHALOWA
NU-U-YUL
NOORWAHM
MAUNKLINDE
SHIVERGLOWA
SLEELESK
MALOOMA
SHIMONOELL

Dois anos depois, musiquei essas palavras, mas tratarei disso mais tarde.

Exercícios

1. "Eis aqui uma palavra que soa como flocos", disse um aluno do grau 7,[31] e pronunciou a palavra *"Theekfa"*. Você pode inventar mais alguma?
2. Na sua língua particular, invente palavras para: gotas de chuva, insetos, guerra, sino.
3. Ordene as palavras para "gota de chuva" numa série descendente da mais aguda (a menor) à mais grave (a maior) de acordo com seu som. Um regente aponta o dedo em torno da sala, de modo que todos enunciem sua palavra ao ser indicado. Ouça o tamborilar de chuva caindo nos telhados, caindo na água, caindo nas ruas, caindo nos tonéis de chuva. (Acrescente uma voz solo, improvisando o *blue* pelo tempo úmido.)
4. Existem também sinos de todos os tamanhos. Pronuncie as palavras que você inventou para ressaltar suas qualidades sonoras

---

[31] No sistema educacional brasileiro corresponde, aproximadamente, ao sétimo/oitavo ano do nível fundamental (crianças de 12 e 13 anos de idade).

específicas. Seu sino é pequeno, grande, simples, complexo? Faça um desenho de seu sino... Agora entoe quase falando, ou cante, o som de seu sino. Todos devem saber que seu canto se refere ao sino que você desenhou, e a nenhum outro. Faça um coro polifônico de sinos.
5. Invente uma língua particular, totalmente onomatopaica.
6. As línguas estrangeiras também são pura música. Ouça línguas estrangeiras: alemão, francês, chinês, árabe etc. Discuta quais são alegres, quais são tristes, melodiosas, quais são estridentes. Por quê?
7. Depois de ouvir as línguas estrangeiras, tente imitá-las com sua própria voz, observando o máximo possível suas características mais evidentes,
8. Mais difícil. Tente falar uma língua sem sentido, inventada espontaneamente por você à medida que vai falando. Gradativamente, module para sons predominantemente leves, depois para sons pesados, então para vogais puras, então para ditongos, então exclusivamente para consoantes etc. Grave sua voz. Confira seu sucesso.

Vogais

As vogais, como diziam os antigos humanistas rabínicos, são a alma das palavras, e as consoantes, seu esqueleto. Em música, são as vogais que dão oportunidade ao compositor para a invenção melódica, enquanto as consoantes articulam o ritmo. Um foneticista define a vogal como o pico sonoro de cada sílaba. É a vogal que fornece asas para o voo da palavra. Considere o papel das vogais nesta peça de música vocal, ou em qualquer outra.

Já falamos das vogais em termos de agudos e graves, tendo em vista as diferenças de altura ou frequência. O quadro a seguir demonstra isso com mais exatidão. As faixas de frequência que dão a cada vogal seu timbre particular são chamadas "formantes". Os dois importantes formantes mostrados no quadro (agudo e grave para cada vogal) resultam das aberturas da boca (formantes agudos) e da faringe (formantes graves).

Diferentes sons de vogal são obtidos pela colocação da língua em posições diferentes. Você poderá determinar como a abertura da boca se altera em tamanho pela posição da língua quando experimentar produzir os sons acima.

Este não pretende ser um livro técnico, e o quadro seguinte está incluído apenas por uma razão importante: esclarecer um mal-entendido referente aos cantores. Alguma vezes, os cantores são acusados de pronúncia não articulada nos registros agudos da voz.

Som de vogal[32]	Baixa frequência	Alta frequência
e (*eat*)	375	2 400
a (*tape*)	550	2 100
i (*tip*)	450	2 200
e (*ten*)	550	1 900
a (*father*)	825	1 200
o (*tone*)	500	850
u (*pool*)	400	800

Embora os formantes das vogais sejam, até certo ponto, ajustáveis, há limitações definidas, além das quais determinada vogal desejada já não pode mais ser produzida. A 1 000 ciclos notamos

---

32 Alguns dos sons de vogais são típicos da língua inglesa, e a relação com o português é apenas aproximada: *eat*-i (longo); *tape*-ei; *tip*-i (curto); *ten*-é (mais fechado); *father*-a; *tone*-ô; *pool*-u. (N.T.)

que as vogais puras são mais pronunciáveis porque seu formante grave está abaixo dessa frequência. Você pode comprovar esse fato tentando pronunciar todas as vogais enquanto canta o som mais agudo que for capaz de emitir. Isso significa que, quando um soprano se aproxima do "DÓ" agudo, já não se distingue mais os sons das vogais, e, assim, as palavras não podem ser pronunciadas. Nesse caso, o compositor é culpado; o cantor, inocente.

Mas desejamos pensar a respeito das vogais de modo mais poético. O poeta Arthur Rimbaud via as vogais como cores diferentes:

A – preto
E – branco
I – vermelho
O – azul
U – verde

De um modo igualmente subjetivo, poderíamos *Ouvir* as vogais como sons diferentes numa escala:[33]

Um exercício consistiria, então, em cantar diferentes textos para a escala de vogais. Aqui está um breve exemplo, que utiliza a frase de Swinburne apresentada anteriormente.

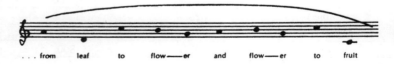

Canções inteiras poderiam ser compostas com a escala de vogais. Esse exercício poderia também revelar claramente as sutilezas

---

[33] Em português, aproximadamente u, ô, a, i (curto), ei, i (longo).
u – (pulo)   e – dedo   ei – feijão
o – boa   i – (curto)   i – (longo) (N.T.)
a – pai

auditivas da grande poesia, embora mais notas fossem necessárias na escala para fazer justiça a todas as graduações de ditongos etc...

Em alguns idiomas, chamados *línguas tonais*, a posição e a inflexão das vogais são muito importantes. O chinês é uma língua tonal. Como é, na maioria das vezes, monossilábica, possui poucos sons de palavras, com os quais representa em vasto número de coisas e ideias. Desse modo são utilizadas diferentes alturas e inflexões para fazer a distinção entre as homófonas. No chinês de Pequim, usam-se quatro diferenças de som.

1 – agudo
2 – agudo e ascendente
3 – grave e ascendente
4 – agudo e descendente

Do mesmo modo, poderiam ser acrescentadas variações à escala de vogais, deixando certas vogais oscilarem para cima e para baixo. Assim:

ou

É possível um número infinito de variações (glissandos, ornamentos, melismas), de modo que o compositor ou cantor teria que escolher entre muitas possibilidades cada vez que uma vogal fosse encontrada num texto. Dessa maneira, a curva psicográfica da alma de cada palavra seria revelada.

Alguns idiomas possuem um grande número de vogais, enquanto outros têm poucas (apenas duas ou três). Presume-se que numa língua com poucos sons de vogais pouco canto seja possível. Uma língua sem vogais seria um cemitério.

... M... L... NG... S... M... V... G... S... S... R... M... C... M... T... R...

Exercícios

1. Cante suas canções preferidas prestando atenção ao papel das vogais, mas tente cantá-las eliminando totalmente as consoantes e veja o que acontece. Discuta.
2. Construa uma linguagem sem consoantes, apenas com vogais.
3. Utilizando-se da escala de vogais, ponha música em seu idioma.
4. Invente diferentes escalas de vogais, algumas delas empregando glissandos ou intervalos, ou ornamentos, ou melismas, e crie canções com elas.
5. Esqueça a escala de vogais. Usando livremente a imaginação, tente musicar um texto de tal modo que a alma de cada palavra ganhe vida, pela curva psicográfica da melodia.

A curva psicográfica da alma da palavra

> Onde a palavra cessa, começa a canção,
> exultação da mente explodindo adiante, na voz.[34][35]

Para pôr música numa palavra, apenas uma coisa é necessária: partir de seu som e significados naturais. Uma palavra deve encher-se de orgulho sensual na canção. Ela nunca deve ser arrastada desajeitadamente.

Pronuncie.

Ouça.

Componha.

O dramaturgo Stanislavsky tinha o hábito de fazer seus atores repetirem quarenta vezes uma mesma palavra, com quarenta inflexões diferentes, e justificar cada interpretação antes de permitir que

---

[34] *"Where the word stops, there starts the song, exultation of mind, bursting forth into the voice"*.
[35] Aquino, Prólogo, *Comment in Psalm*.

a dissessem no palco. Seria conveniente que todos os que se utilizam do idioma cultivassem esse hábito.

"Eis aqui um texto", eu disse à minha classe. "Quero que vocês desenhem a curva psicográfica de sua alma em canção. É um texto expressivo, dramático, visual".

DEPOSUIT		POTENTES
(Ele arrojou		os poderosos
DE SEDE	ET	EXALTAVIT
de seus tronos	e	exaltou.
HUMILES.		
os humildes).		

Alguns alunos escreveram melodias, outros usaram inspiração da caneta num ato de escrever que forneceu um mero contorno. Isso não importava, desde que pudessem executá-los diante da classe.

Comparando as diferentes versões, pudemos observar como todos havíamos conseguido libertar as palavras de seus ataúdes impressos. *Deposuit, potentes*: essas palavras deveriam ser vociferadas. *Exaltavit* precisa desafiar as leis da gravidade. *Humiles*: uma expressão humilde, mas não covarde.

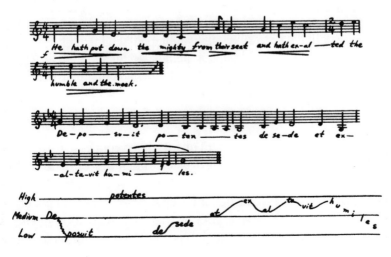

Depois de discutir durante algum tempo os acertos e falhas de nossas versões, toquei para a classe a versão do *Magnificat*, de Bach, para o mesmo texto.

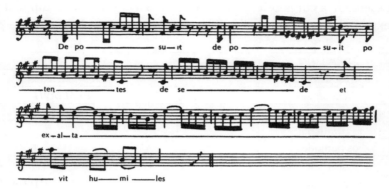

Para os que não liam música, coloquei a melodia em papel quadriculado:

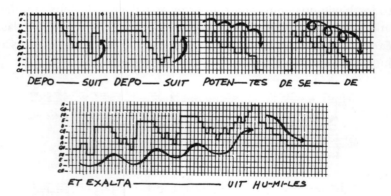

A questão, agora, é: o que foi que Bach fez com esse texto e que nenhum de nós pensou em fazer? Não é difícil descobrir os toques geniais; por exemplo, a chicotada ao final da cascata de *deposuit*. Ou a poderosa, embora descendente, linha de *potentes*, como um poderoso soberano rolando as escadas com os traseiros. As palavras neutras *de sede* são colocadas dentro de um ecoante redemoinho da queda.

Com a palavra *exaltavit*, começamos a ir para cima, não porém num único impulso, como um foguete, mas quase que como um pássaro, arqueando a trajetória do voo cada vez mais alto, até alcançar o ponto culminante da melodia, para, em seguida, cair e enlaçar-se suavemente na relativa maior de *humiles*.

Toquei para a classe uma gravação dessa ária, e todos compararam sua própria versão com a de Bach. Nenhum outro comentário foi necessário. Nenhum amontoado de palavras por parte do professor de música poderia ter estabelecido para a classe o gênio de Bach de modo tão enfático.

Exercícios

1. A palavra *"Credo"* significa "eu creio". Com esta palavra, você resume todas as suas crenças e convicções religiosas, sociais e morais. É realmente você, toda sua *raison d'être*.[36] Transponha a palavra *"Credo"* para música. Mais tarde, você pode querer comparar com a partitura da *Missa em si menor*, de Bach, ou com outras partituras de outros compositores.
2. Um poema de Giuseppe Ungaretti, chamado *Morning*,[37] consiste em um verso cósmico: *"M'illumino D'immenso"*, sugerindo uma imensa iluminação do espírito, à luz da manhã. Qualquer tradução para o inglês falha, não fazendo justiça à curva psicográfica sugerida pelas palavras do original italiano. Transporte-a para música, em italiano.
3. Estude *Mentre Vaga Angioletta*, de Claudio Monteverdi, uma virtuosística exibição de escrita vocal pictórica, de seu *Oitavo livro de madrigais* (há uma ótima gravação em Vanguard BC579). O texto traduzido deste madrigal miraculoso encontra-se em "Textos sem comentários", no final desta parte do livro.

---

36 Razão de ser. Em francês no original. (N.T.)
37 "Manhã". (N.T.)

Segredos em pianíssimo

"Qual é o som mais suave que vocês, podem produzir com a voz?". Sempre faço essa pergunta à classe e, frequentemente, eles sussurram. "Mais suave", digo, "ainda estou ouvindo vocês". E os sons de seus sussurros diminuem até chegar a um quase inaudível movimento dos lábios. "Muito bem, se este é o som mais suave que somos capazes de fazer, vou dizer algo a respeito dele".

A psicologia do sussurro

O sussurro é secreto. É informação privilegiada. É um código não dirigido a todos. O sussurro é aristocrático e antissocial. É ominoso. Deve ser temido. Aqueles para quem ele não é dirigido instintivamente querem entendê-lo; desse modo, ouvem com maior atenção. Uma obra que começasse com um sussurro imediatamente possuiria todo o público. Seriam os ouvintes secretos de uma cerimônia privada. Uma sensação de privilégio prevaleceria.

Ninguém sussurra no centro da cidade.

A fisiologia do sussurro

O sussurro é o resultado de uma corrente turbulenta de ar passando pelas cavidades vocais, mas ao qual falta a ressonância produzida pela vibração das cordas vocais. Percebe-se que uma palavra sussurrada não vibra, tendo-se o dedo na garganta. Quando as cordas vocais não são empregadas, os efeitos acústicos são constantes e quase invariáveis; isso quer dizer que a fala sussurrada não tem inflexão, não pode ser cantada. Qualquer desvio, ainda que de poucos semitons, é quase impossível; como será descoberto caso se sussurre o texto de uma canção. Pretendendo-se preservar a linha melódica, a pronúncia terá que ser distorcida.

Algumas consoantes, como h, f, s e sh, nunca têm voz. Esses sons possuem a intimidade natural do sussurro, mas são maus cantores. Trata-se de sons escorregadios, o "Serviço Secreto" do alfabeto. Notem a frequência desses sons em algumas palavras estrangeiras para sussurro: *hviske* (dinamarquês), *kvisa* (antigo nórdico), *hwisprian* (anglo-saxão), *flüstern* (alemão), *chuchoter* (francês), *susurran* (espanhol).

Exercícios

1. Invente mais algumas palavras para sussurro.
2. Planeje uma aula na qual somente seja permitido sussurrar e avalie o resultado.
3. Considere o oposto do sussurro. O oposto do sussurro é o grito. Faça experimentos com a poderosa emoção de gritar. Discuta seu caráter psicológico e fisiológico.

Poema sonoro

Sussurros e gritos. Quantas expressões vocais não articuladas existem? Quantas interjeições e exclamações; sopros, gemidos, sussurros, gritos, rugidos?

Algumas vezes, cubro o quadro-negro de expressões, como as que aparecem na ilustração a seguir, e peço à classe que as execute à medida que são apontadas. Com dois ou três regentes apontando para as várias expressões, e dividindo-se a classe em grupos, as complexidades de som vocal que podem resultar são inesgotáveis.

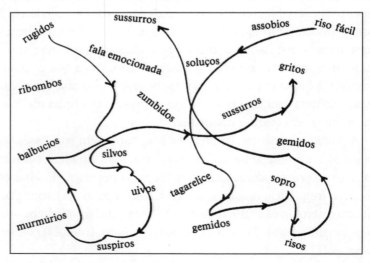

Quanto mais a língua se torna civilizada, tanto menor a quantidade de exclamações e interjeições, menos os risos e inflexões que a voz adota. O linguista Otto Jespensen conjeturou sobre as razões para isso:

> Agora, é uma consequência do avanço da civilização que a paixão, ou, ao menos a expressão da paixão, seja moderada, e, desse modo, podemos concluir que a fala dos homens não civilizados e primitivos era mais apaixonadamente agitada que a nossa, mais parecida com o canto.[38]

Acabei de ouvir duas gravações que fiz de Miranda, que tem sete anos. Na primeira, ela lê uma história de seu livro de leitura; na segunda, conta uma história de suspense que inventou. A primeira soa chata e sem graça. Gostaria que vocês ouvissem a segunda.

> Era uma vez um velhinho. Ele queria conseguir um pedaço de rocha de vulcão. Então preparou todo seu equipamento de alpinismo. Em seguida, escalou a montanha. Isso demorou vinte anos. Quando chegou ao topo, levantou a tampa. Oooooahooooo! Dentro havia um fantasma, e ele gemia e uivava. O homem correu para longe tão rápido quanto podia e disse: "nunca mais vou subir em vulcões!"

Miranda narra sua curiosa história com intensa emoção. Palavras como *moaned* e *groaned*[39] são tão amplamente flexionadas e suavizadas que parecem quase cantadas. O "Oooooahooooo!" é uma melodia em puro glissando. Miranda sabe que as palavras são invocações mágicas e podem refletir encantamentos. Assim, as exorciza com música. Naturalmente, seus professores corrigirão tudo isso em um ano ou dois, amordaçando-a com a palavra impressa.

Em geral, os povos primitivos também possuem invocalizações mágicas, cujo sentido é desconhecido, ou não importa, mas que têm o

---

38 Jespensen, *Language*: Its Nature, Development and Origin, 1959, p.419.
39 *Moaned and groaned* = uivava e gemia. (N.T.)

poder-encantamento em seus sons, quando cantadas. Eis, por exemplo, uma canção mágica da tribo Yamana, da Terra do Fogo. Ninguém conhece seu significado, embora seja cantada com grande paixão:

> Ma-las-ta xai-na-sa
> hau-a-la-mas ke-te-as.[40]

Outro exemplo de invocação de encantamento sem significado, dos Vedas da Índia:

> tanan tandina, tandinane
> tanan tandina, tandinane[41]

Na Abissínia cristã, o padre entoa a plena voz, na língua morta Géez, embora não a compreenda. Na China, os sacerdotes budistas também não entendem o Páli, do cânone budista. Nesses casos, o significado da palavra é sacrificado pela sonoridade; as palavras conservam a beleza da emoção não articulada. No Ocidente, o linotipo achatou o estilo vocal humano.

Como podemos liberar a linguagem de seu sarcófago impresso? Como podemos quebrar os ataúdes cinzentos de murmúrios e permitir que as palavras uivem da página, como que possuídas por espíritos? Os poetas tentaram. Primeiro, os dadaístas e futuristas, e agora os poetas concretistas de nosso tempo. Poema dadaísta de Hugo Ball (ca. 1916):

> Gadji beri bimba
> glandridi lauli lonni cadori
> gadjama bim beri glassala
> glandridi glassala tuffm i zimbrabim
> blassa glassa guffm i zimbrabim...

---

40 Bowra, *Primitive Song*, 1962, p.58.
41 Op. cit., p.59.

Alguns dadaístas e futuristas fizeram experimentações com efeitos originais, tentando arrancar suas palavras-mensagem para fora do invólucro silencioso da linha impressa, como mostra o seguinte trecho de um poema de E. T. Marinetti:

Os poemas de Marinetti, particularmente os do livro *Mots en Liberté*,[42] de onde deriva o poema acima, poderiam facilmente ser executados como composições solo ou corais. Mas vamos construir nós mesmos um poema sonoro e executá-lo como um coro.

Para o que se segue, estamos utilizando algumas convenções muito simples:

1. Deixe o tamanho da letra ou palavra ditar sua dinâmica.
2. Deixe a posição da letra ou palavra (ao alto ou abaixo na página) ditar sua altura geral.

---

42 *Mots en Liberté* – "Palavras em liberdade". Em francês no original. (N.T.)

3. Se uma palavra for quebrada ou seguida por uma linha ondulante, deverá ser cantada.
4. Se uma palavra ou letra estiver escrita à mão, deverá ser entoada.
5. Se estiver interrompida na página, deverá ser quebrada.
6. Se explodir, a voz explodirá com ela.
7. Se estiver escrita em linha pontilhada, deverá ser sussurrada.
8. Acompanhe o gráfico a seguir no que se refere à duração relativa dos efeitos.
9. Deixe sua imaginação decidir a respeito de quaisquer outros efeitos visuais empregados.

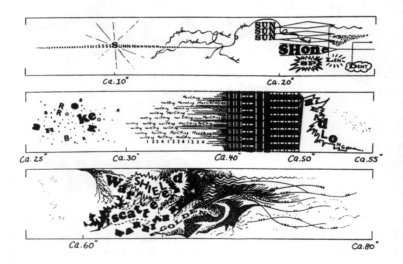

Exercícios

1. Construa alguns outros poemas sonoros e os execute (como as cores poderiam ser utilizadas para torná-los mais dramáticos e expressivos?).
2. No *Fausto*, de Berlioz, o coro dos demônios canta o seguinte texto sem sentido:

Has! lrimiru Karabra
Tradi oun marexil firtu dinxé burrudixé
Fory my dinkorlitz
O mérikariu! O mévixé!

Represente-o graficamente e execute-o como um poema sonoro diabólico.

Palavras e música

Vamos parar um momento para refletir. Até este ponto, temos apontado as semelhanças entre palavras e música, sua unidade primal e melogênica. Mas são elas idênticas? Não há diferenças?

Há, e não podem ser ignoradas. A maior parte da prosa, por exemplo, não canta. Não estou surpreso com a musicalidade dos cavalheiros que compuseram o jornal desta tarde. Noto poucas pirotecnias vocais na coluna editorial. É claro que aqui existem coisas mais importantes. Como poderemos descrever melhor as diferenças entre a música e essas outras coisas?

Linguagem é comunicação através de organizações simbólicas de fonemas chamadas palavras.

Música é comunicação através de organizações de sons e objetos sonoros.

Ergo: Linguagem é som como sentido. Música é som como som.

Na linguagem, as palavras são símbolos que representam metonimicamente alguma outra coisa. O som de uma palavra é um meio para outro fim, um acidente acústico que pode ser completamente dispensado se a palavra for escrita, pois, nesse caso, a escrita contém a essência da palavra e seu som ou está totalmente ausente ou não é importante. A linguagem impressa é informação silenciosa.

Para que a língua funcione como música, é necessário, primeiramente, fazê-la soar e, então, fazer desses sons algo festivo e importante. À medida que o som ganha vida, o sentido definha e morre;

é o eterno princípio Yin e Yang. Se você anestesiar uma palavra, por exemplo, o som de seu próprio nome, repetindo-o muitas e muitas vezes até que seu sentido adormeça, chegará ao objeto sonoro, um pingente musical que vive em si e por si mesmo, completamente independente da personalidade que ele uma vez designou. As línguas estrangeiras também são música, quando o ouvinte não compreende nada de seu significado. Do mesmo modo, um poema Merz,[43] pelo dadaísta Kurt Schwltters, é musica:

BöwörötääzääUu pögöböwörötääzääUu pögiff

Ao velho argumento sobre a importância de se entender as palavras do cantor, podemos agora afirmar que, quando a fala se torna canção, o significado verbal deve morrer. No quadro seguinte, delineei os estágios que, ao que parece, ocorrem.[44]

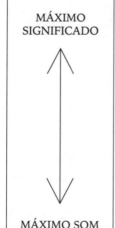

MÁXIMO SIGNIFICADO ↑ ↓ MÁXIMO SOM	1. Estágio-fala (deliberada, articulada, projetada).
	2. Fala familiar (não projetada, em forma de gíria, descuidada).
	3. Parlando (fala levemente entoada, algumas vezes utilizada pelos clérigos).
	4. *Sprechgesang* – fala cantada (a curva de altura, duração e intensidade assume posições relativamente fixas). Schoenberg utilizava-se de pentagramas e trigramas para indicar *Sprechgesang*.
	5. Canção silábica (uma nota para cada sílaba).
	6. Canção melismática (mais que uma nota para cada sílaba). Na música do século XIV, sílabas únicas são frequentemente abrandadas através de toda a composição.
	7. Vocábulos (sons puros: vogais, consoantes, agregados ruidosos, canto com a boca fechada, grito, riso, sussurro, gemido, assobio etc.)
	8. Sons vocais manipulados eletronicamente (pode-se alterá-los ou transformá-los completamente).

---

43 Poema Merz – invenção poética de Kurt Schwitters. (N.T.)
44 *Sprechgesang* – canto falado – em alemão no original (N.T.)

O item 8, para ser mais preciso, deveria cobrir um amplo espectro de distorções, algumas mínimas, outras totais. Em geral, nossa tolerância para as distorções da fala tem saltado dramaticamente desde a invenção de métodos eletroacústicos de transmissão sonora. A relação entre um sinal (voz) e o ruído de um rádio de táxi ou de um *walkie-talkie*[45] pode ser muito pobre, mas aqueles que são treinados para ouvir seus instrumentos não têm dificuldade em compreender o sentido deles. Num tempo futuro, tal linguagem pode ser considerada mais natural que a fala humana ao vivo, do mesmo modo que hoje a música gravada já é mais natural que a música ao vivo.

A língua e a música precisam ser mutuamente excludentes? Ou podem integrar-se num equilíbrio que satisfaça todas as necessidades de cada uma delas?

Essa foi a arte de *motz el son*,[46] a arte trovadoresca. Foi também a arte do cantochão, o canto da prosa litúrgica. Mas será que esse delicado equilíbrio entre as palavras e a música perdeu-se desde a Idade Média? Poderá ser redescoberto?

A Esfinge sacode a cabeça.

Exercícios

1. Estude as palavras e melodias do cantochão.
2. Estude as palavras e melodias de canções provençais e leia alguns dos muitos artigos que Ezra Pound dedicou a esse tema.

---

45 Radiotransmissor. (N.T.)
46 *Motz el son* – palavra-som; em francês no original. (N.T.)

Choros

Nunca saberemos se os antigos dramas gregos eram cantados em sua totalidade ou se eram cantados em parte. Mas sabemos que eram cantados ou falados por um grupo; o real significado da palavra *choros* é cantar em círculo.

O *choros* grego desempenhava duas importantes funções: narrava as partes do drama que se passavam em outro lugar ou em outros tempos (a técnica do *flashback* no cinema pode ser comparada a ele) e atuava como espectador articulado, motivado pelo *phatos* da ação, proferia exclamações de alegria, desprezo ou simpatia. Esta expressão apaixonada era obtida pela música coral – pena que não saibamos hoje precisamente como. Por esse motivo, temos que recriá-la por nossa conta.

Um grupo de estudantes universitários estava preparando a apresentação de *Antígona*, de Sófocles.

ALUNOS: – Como podemos realizar os coros?
SCHAFER: – Algum de vocês canta?
ALUNOS: – Não.
SCHAFER: – Não?
ALUNOS: – Não.
SCHAFER: – Bem, vamos ver o primeiro coro.

> Raio de sol
> o mais resplandecente sol
> que jamais brilhou sobre Tebas,
> a Tebas das Sete Portas:
> Revelação divina, quebraste
> Olho do dia dourado,
> Marchando sobre as corredeiras do Dirce
> Ao amanhecer, para, em precipitado voo,
> Investir sobre os guerreiros que chegaram com escudos
> Fulgurantes como a neve
> Em Argos, levantados em armas,
> Dispersas agora ante o sol lancinante[47]

---

47 "*Sunshaft of the Sun*
  Most resplendent sun
  That ever shone on Thebes

SCHAFER: – Qual o tema aqui?
ALUNOS: – Uma batalha à luz do sol.
SCHAFER: – E quais são as palavras-chave?
ALUNOS: – Raio, sol, brilhou, portas, Tebas, dia dourado, marchando, investir, precipitado, voo, guerreiro, escudos, Argos, armas, dispersos, lancinante, sol.[48]
SCHAFER: – Então, nós vamos querer criar o tumulto desta batalha apenas com nossas vozes. Como? Em primeiro lugar, vamos fixar o cenário cósmico da batalha. Tomemos *sun*. Notem como a palavra *sun* e seus adjetivos são frequentemente repetidos. O poeta, obviamente, queria que a batalha cintilasse sob esse sol flamejante. A criação dessa paisagem solar deverá ser resgatada com muito cuidado.

Assim, começamos a elaborar os sons do sol. A sibilância da palavra pode ser explorada de forma a sugerir a impiedosa penetração das lanças do sol nas armas dos guerreiros. "Sssssssssun." A primeira palavra do texto, *sunshaft*, revela o segredo. É noite, subitamente o primeiro raio do sol da aurora desponta no horizonte e fere os exércitos que se defrontam, prontos para o combate. Como criar essa imagem impressionante com a voz?

Silêncio. Escuridão no palco. Quando as luzes, muito lentamente, vão se acendendo, inicia-se um imperceptível sibilar que cresce mais

---

The seven Gates-of-Thebes:
Epiphany you broke
Eye of the golden day:
Marching over Dirce's streams
At dawn to drive in headlong flight
The warrior who came with shields
All fulminant as snow
In Argive stand at arms
Scattered now before the lancing sun"

48 O leitor pode observar que já utilizamos algumas dessas palavras com texto para nosso Poema Sonoro. (N.A.)
Sunshaft, sun, shone, Gates, Thebes,
golden day, marching, drive, headlong,
flight, warrior, shields, Argive,
arms, scattered, lancing, sun

e mais, alcançando uma feroz intensidade, quando a luz atinge seu maior brilho.

Então, os raios de sol se quebraram em muitos raios da brilhante luz do dia. Para obter esse efeito, todas as garotas sustentavam um *cluster*[49] agudo, a plena voz, sobre as sílabas "un" e "aft" enquanto os rapazes faziam soar o espectro de todas as frequências de "sh", em ondas crescentes e decrescentes. Alguma coisa assim:

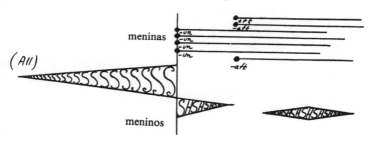

Mais tarde, dramatizamos essa cena fazendo o coro ficar deitado no palco, de costas, movendo vagarosamente braços e pernas estendidos, como águias.

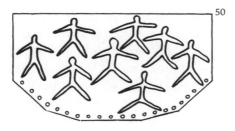

[50]

Sobre essa textura coral, solistas levantavam-se do chão e entoavam as poucas linhas seguintes em uma espécie de *Sprechgesang*, ou canto falado, sobrepondo e sustentando as vogais e consoantes mais significativas, que iriam enfatizar a espinhosa e chocante situação de alerta.

---

49 *cluster* – cacho. Em música, significa um aglomerado de notas (cacho); nesse sentido, não se costuma traduzir. (N.T.)
50 Ver poema à pag. 231. (N.T.)

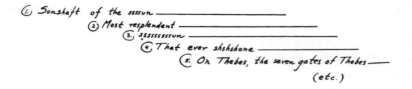

Na palavra *marching*, os exércitos começavam a se aproximar um do outro, a princípio cautelosamente, depois com velocidade crescente, em "precipitado voo", até que se podia distinguir individualmente os guerreiros lançando-se à luta, num entrechocar de escudos e armas. O contraponto tornava-se frenético e pugilístico. Mas em nenhum momento tornou-se descuidado ou desordenado. Pois a estratégia do ataque é planejada, e os guerreiros, altamente competentes em seu ofício.

Remeti, então, a classe para outra cena de arte sobre batalha, a batalha no gelo do filme *Alexander Nevsky*, de Sergei Eisenstein, pois Eisenstein escreveu muito (em *The Film Sense* e outros) sobre a maneira cuidadosa com que planejou a filmagem dessas cenas. Cada quadro de cada tomada foi premeditado e controlado pela proposta artística. Nada do evento escapou da cuidadosa imaginação do diretor.

Não é necessário descrever aqui exatamente o que fizemos com nosso coro de batalha, pois seria melhor que cada grupo resolvesse seus problemas a seu próprio modo. Vamos simplesmente concluir que, com oito vozes não treinadas, criamos uma cena de batalha de singular entusiasmo da qual nossa plateia não haveria de se esquecer facilmente, pois *Antígona* teve que ser repetida, a pedido do público.

Exercícios

1. Qualquer drama grego fornecerá ótimos textos de climas os mais variados, próprios para o trabalho coral. Tente alguns.
2. Shakespeare também. Análise de *O rei Lear* de Shakespeare (3.2. 1-7). Há quatro frases, cada uma tem um tempo diferente e diversos tipos de som. A primeira sugere breves e violentas rajadas de vento. A segunda é construída com "r" e "s" e evoca

o som de uma chuva selvagem. A terceira, cheia de vogais as mais variadas e de consoantes que se entrechocam, fulmina com o luzir dos relâmpagos, enquanto a quarta ressoa como trovão. Utilizando-se dos fonemas apropriados, aliados a sons puros sugestivos de uma tempestade, uma classe poderia construir facilmente um acompanhamento polifônico para este texto:

> Soprem ventos, e estalem suas faces! Rujam! Soprem!
> E vós cataratas e furacões, jorrai
> até que tenhais encharcado nossas torres,
> afogado os galos!
> Vós, raios sulfurosos e realizadores de pensamento,
> Presságios de raios que fulminam as sebes,
> Queimai minha cabeça branca! E vós, trovão, que tudo estremeceis,
> Aplainai totalmente a espessa rotundidade do mundo![51]

Texturas corais

Há tempos em que apenas uma coisa é cantada ou dita; e há tempos em que muitas coisas são cantadas ou ditas. Desse modo, temos de um lado o *gesto*, o único evento, o solo, o específico, o perceptível, e de outro, a *textura*, o agregado generalizado, o efeito salpicado, a imprecisa democracia das ações conflitantes.

Uma textura pode-se dizer que consiste em inúmeros gestos inescrutáveis. São como bactérias unicelulares, somente perceptíveis em massa, ou em formações de cachos. Assim, tratamos os eventos sonoros numa textura, estatisticamente.

---

51 *"Blow, winds, and crack your cheeks! rage! blow!*
You cataracts and hurricanoes, spout
Till you have drenched our steeples, drowned the cocks!
You sulphurous and thought-executing fires,
Vaunt-couriers to oak – cleaving thunderbolts,
Singe my white head! And thou, all-shaking thunder,
Strike flat the thick rotundity of the world!"

Um dos paradoxos de Zeno pode ser aplicado aqui: se um *bushel*[52] de milho derramado no chão fizer um ruído, cada grão e cada parte de grão também deverão, do mesmo modo, produzir um ruído, mas, de fato, isso não acontece.

O som agregado de uma textura não é simplesmente a soma de uma série de sons individuais – é algo diferente. Entender por que combinações elaboradas de eventos sonoros não se tornam "soma", mas sim "diferenças", nos levaria para o campo da fonologia e da psicologia da percepção de estrutura – mas não podemos embarcar nesse tema aqui.

Pelo fato de serem tratadas estatisticamente, a notação precisa de detalhes de uma textura é menos importante que questões gerais de densidade e coloração. Os pintores impressionistas sabiam que uma sugestão de pinceladas verdes seria suficiente para produzir folhas. Assim, na música, muitos compositores têm, do mesmo modo, se utilizado somente de notações aproximadas ou de recursos gráficos para indicar texturas de som, deixando o regente fixar o peso, a densidade, a dinâmica, a coloração e outras qualidades de efeito específico.

De acordo com isso, vou indicar as categorias de textura abaixo, através de efeitos visuais aproximados, deixando a classe elaborar os detalhes, do modo como fizemos em nossa discussão sobre a textura do sino de bambu, analisada na segunda parte, "Limpeza de ouvidos".

Caos

A primeira textura a ser considerada é o *caos*. O caos e o *Urgeräusch*, o som do universo antes da criação, e, se a Segunda Lei da Termodinâmica está correta, podemos supor que é o som para o qual, gradualmente, todas as coisas estão retomando. Pois essa lei diz que num sistema fechado (o Universo), a entropia (o elemento aleatório) tende a aumentar, de modo que toda energia, gradual-

---

52 *Bushel* – medida específica para cereais, equivalendo a 35,238 l. (EUA) e a 36,3678 l. (Inglaterra). No Brasil pode ser comparado a um jacá. (N.T.)

mente, torna-se mais difusa e indeterminada. Tal desenvolvimento é um longo caminho em direção ao futuro.

Hoje, uma grande quantidade de caos pode, contudo, ser ouvida em música indeterminada. Poderia presumir-se que o caos é fácil de ser obtido. Isso não é verdade, pois manter o caos é extremamente difícil. Tal paisagem sonora teria que ser aleatória em todos os sentidos – nem dois gestos poderiam ser idênticos. Para o homem que é fundamentalmente atientrópico, isto é, uma criatura do acaso à ordem, isto é um conceito alienígena. O oposto de caos seria um só som em uníssono, homogêneo, controlado. O uníssono e o caos têm uma mesma característica importante: ambos são cansativos e não vão a lugar algum. Uma textura caótica constituída por gestos ilimitados e autocontraditórios poderia ser plena de animação, mas se autoanula de modo que o efeito último é de frenética neutralidade, animação estática total.

Combustão

O que é *combustão*?
Uma súbita explosão de caos. Exemplo de combustão: um espirro! A principal característica de qualquer combustão é seu início repentino. Este logo é seguido por uma atividade caótica mais ou

menos violenta, que gradualmente se desvanece. Quanto mais repentino for o ataque da combustão, mais surpreendente será seu poder. Uma combustão poderia ser formada por apenas um tipo de som, ou por muitos tipos de som.

Como você produziria uma explosão de pólvora empregando vozes? De vidro estilhaçado? De uma multidão furiosa? De uma multidão alegre? Os tipos possíveis de combustão vocal são ilimitados.

Confusões

A diferença entre uma confusão e um caos é que a *confusão* é intencional e controlada (por isso, desenhamos uma linha delimitadora à sua volta). Uma confusão é uma desordem intencional para colocar a lógica em relevo. Paixão *versus* intelecto. A composição bem-sucedida é uma combinação de ambos. Texto para uma confusão vocal experimental:

TUMULTUOSÍSSIMAMENTE

Fragmentos de palavra e vocábulos em estado cru, combinados numa textura selvagem.

TUMULTUOSÍSSIMAMENTE

Constelações

Uma *constelação* sugere estrelas, partículas de atividade rodeadas por espaços. Aqui, a textura se torna rarefeita. Os sons de uma constelação, desse modo, são curtos, pontilhados e expostos. Deveriam fulminar. Deveriam cintilar. A própria palavra *glitter*,[53] "G", "L", "I", "T", "T", "E", "R" poderia ser o texto de uma constelação vocal.

---

53 *"glitter"* – brilho. (N.T.)

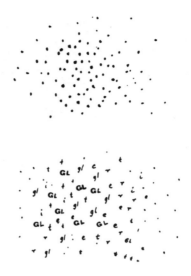

Nuvens

A *nuvem*, pelo contrário, é mais difusa e fofa. Seus sons se sobrepõem, penduram-se na memória do público, com reverberação real ou imaginada. Mesmo os ataques do som podem ser suavizados pelo alongamento. O objetivo seria dar uma qualidade embaçada a todos os sons. Tente elaborar tal efeito para estas palavras: "... *dimples the water*"[54] (aqui se deverá tomar cuidado para abrandar os próprios sons das palavras, que sejam mais ásperos).

---

54 "... *dimples the water*" – faz ondas na água. (N.T.)

Blocos: placas

Blocos ou placas de som são acordes ou *clusters* sustentados. As sonoridades podem ser construídas desse modo, tanto acrescentando ou eliminando diferentes grupos de vozes em diferentes acordes como acrescentando ou eliminando vozes individuais em sons individuais. Pode-se obter uma plasticidade extra do som mais apagado dos acordes ou *clusters* através do uso cuidadoso de matizes dinâmicos.

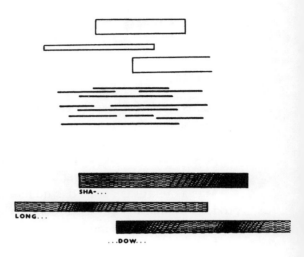

Cunhas

Um acorde ou textura pode parecer "crescer" em tamanho, como resultado de sua dinâmica.

Pode também crescer pela adição gradual de mais sons. As texturas corais desse tipo poderiam ser chamadas *cunhas*, como a escrita cuneiforme, que é angular e moldada desse modo. Um texto para experimentação vocal poderia, portanto, vir da escrita cuneiforme babilônica.[55]

---

[55] Ver "Apêndice: textos sem comentários", no final desta parte, para palavras babilônicas. (N.A.)

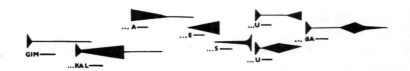

Contornos

Todos esses efeitos texturais estão em contraste com o que poderíamos chamar *contorno*, o principal traçado melódico da composição. Os contornos de uma composição, sejam melodias ou contrapontos simples, ou efeitos solo de qualquer espécie, sempre predominarão para dar a cada peça seu desenho peculiar.

Mas as texturas corais das quais estamos falando ajudarão a produzir o clima sonoro básico, contra o qual poderão se desenvolver os contornos e gestos individuais.

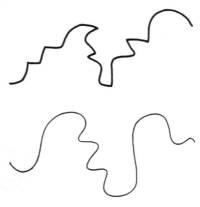

Exercícios

1. Usando vozes, criar uma textura coral que sugira névoa; que sugira chuva; que sugira um riacho; uma cachoeira; um rio; um oceano. Componha uma peça de "Música Aquática", entrelaçando todo esse itinerário de sons aquáticos.
2. As seguintes observações de Leonardo da Vinci poderiam ser vitais no estudo das diferentes texturas da água corrente:

Das diferentes categorias de velocidade das correntes, da superfície da água ao fundo. Onde a água é rápida embaixo e não em cima. Onde a água é lenta embaixo e rápida em cima. Onde a água é lenta embaixo e em cima e rápida no meio. Onde é lenta no meio e rápida embaixo e em cima. Onde a água, nos rios, se estende e onde se contrai. Onde se contorce e onde se endireita. Onde penetra suavemente na extensão dos rios e onde penetra não serenamente. Onde é baixa no meio e alta dos lados. Onde é alta no meio e baixa nos lados. Dos diferentes declives nas descidas da água.

O que estamos considerando aqui é contraponto em espécies, a combinação de linhas melódicas que se movem em diferentes direções e em tempos diferentes. Apesar de frequentemente mal compreendido, o contraponto é o estudo do ritmo. Traduzindo a análise do fluir da água para exercícios sonoros, enfatizamos a relação etimológica original entre "ritmo" e "rio". Tente construir composições a vozes para cada um dos dez diferentes tipos de fluxo d'água de da Vinci.

Haiku

Os poemas Haiku japoneses poderiam ser fontes ideais para pequenas improvisações corais que utilizam elementos de textura e contorno. Estabeleci um deles como exemplo.

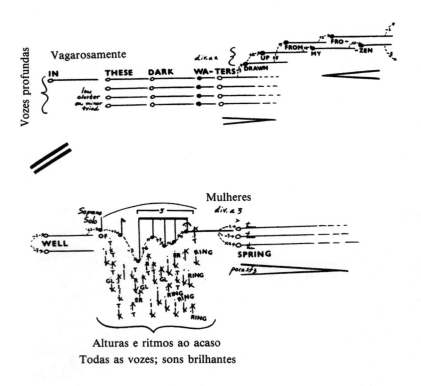

Alturas e ritmos ao acaso
Todas as vozes; sons brilhantes

Deixe os grupos de alunos elaborarem propostas para alguns outros.

> MONTANHA-PÉTALA DE ROSA
> CAINDO, CAINDO,
> CAINDO AGORA...
> MÚSICA DE QUEDA D'ÁGUA
>   BASHÔ

OS MARES, ESTA NOITE, ESTÃO
SELVAGENS...
EXPANDINDO-SE SOBRE
A ILHA SADO
NUVENS SILENTES DE ESTRELAS
                    BASHÔ

ESPELHO-LAGO DE ESTRELAS ...
DE REPENTE, UMA CHUVA
DE VERÃO
ONDULA A ÁGUA
                    SORA

SILENTE A VELHA CIDADE ...
O AROMA DAS FLORES FLUTUANDO ...
E O SINO DA TARDE[56]
                    BASHÔ

Canto à vista[57]

Frequentemente, dou à classe este problema. Você tem um som. Faça uma composição com ele. Tudo o que peço é que vocês não me aborreçam.

Na busca de caminhos para tornar suas composições de uma nota só interessantes, eles descobrem a articulação rítmica, as mudanças de timbre e de dinâmica do som, as funções das pausas, os efeitos de eco – qualquer número de princípios musicais básicos.

---

[56] *Mountain – Rose Petals / Falling, falling / Falling now.. / Waterfall Music* (Basho)
Mirror – Pond of stars... / Suddenly a Summer / Shower / Dimples the water (Sora)
Seas are wild tonight / Stretching over / Sado Island / Silent clouds of stars (Basho)
Silent the Old Town... / The scent of flowers / Floating... / And evening bell (Basho)

[57] O original, *Sight-singing*, é um trocadilho bem-humorado da expressão *sight-seeing*, que significa visitar sítios famosos ou interessantes. Nesse caso, seria visitar (ou descobrir) expressões cantadas consideradas interessantes.

Um dia, uma classe de nono ano e eu estivemos trabalhando numa nota em uníssono por cerca de meia hora. Mas as coisas não andavam.

ALUNO: – Esta, com certeza, é uma peça plana.
SCHAFER: – Qual é a parte do mundo mais plana que você conhece?
ALUNO: – Manitoba
SCHAFER: – Muito bem, vamos chamar a peça de Manitoba
OUTRO ALUNO: – Mas Manitoba não é tão plana. Eu estive lá.
SCHAFER: – O que quebra a planura?
ALUNO: – Os elevadores de grão.
SCHAFER: – Certo, e as árvores, os celeiros, e os rios e assim por diante.

De repente, tive a ideia de construir um pequeno exercício, no qual os vários acidentes visuais vistos acima do horizonte em Manitoba poderiam tornar-se diferentes intervalos acima de um som sustentado. Como cada objeto era mais alto ou mais baixo no horizonte, cada um teria que ser um intervalo diferente.

1. Cerca	– 2ª m ascendente
2. Casa da fazenda	– 2ª M ascendente
3. Árvore	– 3ª m ascendente
4. Celeiro	– 3ª M ascendente
5. Silo	– 4ª J ascendente
6. Elevador	– 4ª A ascendente
7. Pássaro	– 5ª J ascendente (movendo-se num melisma sobre várias notas)
8. Rio	– 2ª m e 2ª M descendentes (ondulando)

O quadro abaixo foi desenhado na lousa e, enquanto a classe sustentava a nota do horizonte, vozes solistas tinham que cantar a palavra de qualquer dos efeitos visuais apontados, com intervalo adequado. Mais tarde esta pequena peça bizarra foi realmente executada, num concerto, pela classe, com humor irônico.

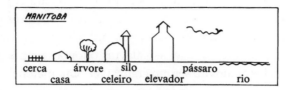

Algum tempo depois, contei o que havíamos feito a meus alunos universitários. Meses depois, recebi a seguinte carta de um deles:

Caro Murray

Penso que estamos fazendo algumas coisas interessantes em música. Alguns alunos pensam que eu sou louco, mas eles estão gostando de música. Adaptei sua ideia sobre Manitoba numa sala de aula, para acomodá-la ao curso de Estudos Sociais – neste momento, passando os olhos nas civilizações do Egito e da Mesopotâmia. O resultado:

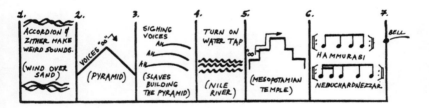

Exercício

Elabore outros exercícios de canto à vista nas linhas de horizonte do mundo.

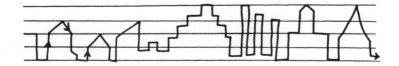

Luar

E, finalmente, eis aqui uma peça de estudo para coro juvenil. É um exercício de treinamento auditivo, pois os cantores precisam aprender a entoar todas as notas pelo intervalo a partir da nota precedente. Como texto, usei as palavras onomatopaicas para luar, inventadas pelos alunos do sétimo grau[58] (ver "Onomatopeia", p.208). Sugeri que alguns sinos poderiam acrescentar salpicos de cor de *dulcimer*[59] (luar na água?) ao som coral. Obviamente, o luar requer uma interpretação muito leve. Mas, nos lugares onde as linhas são mais fortes, pode-se aumentar um pouco o volume.

Por que eu a chamo "Epitáfio para o luar"? Porque duvido que um grupo de jovens, hoje em dia, levado a criar sinônimos para luar, pudesse encontrar inspiração tão facilmente quanto meus jovens poetas em 1966. A lua, como um símbolo numinoso e mitogênico, morreu em 1969. Agora, é apenas uma propriedade – e, logo, luar rimará com néon.

A lua está morta; eu a vi morrer.

---

[58] Pelo sistema educacional brasileiro corresponde aproximadamente ao 8º ano do nível fundamental. (N.T.)

[59] "*dulcimer splashes of colour*" – *Dulcimer*: na verdade deveria ter dito *dulcet*, no sentido de som agradável ou doce. Realmente, não quis me referir ao instrumento, embora o *dulcimer* também produza sons doces. Os sinos em *Epitaph PF Moonlight* devem ser empregados levemente, impressionisticamente. (N.T.)

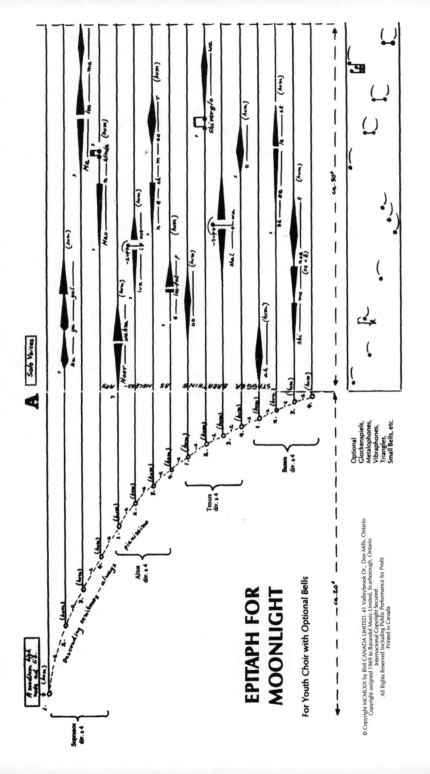

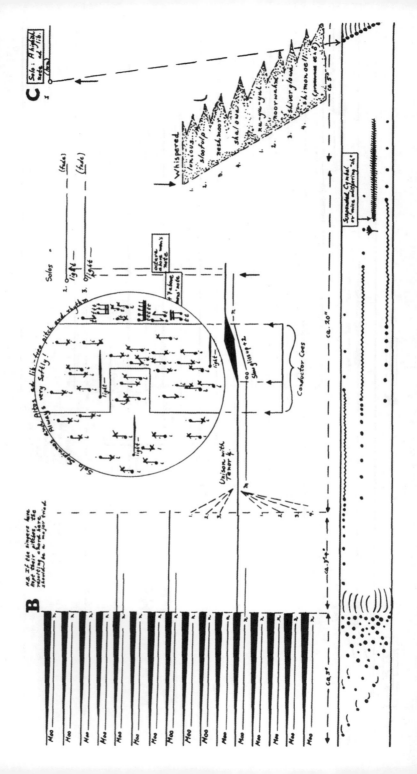

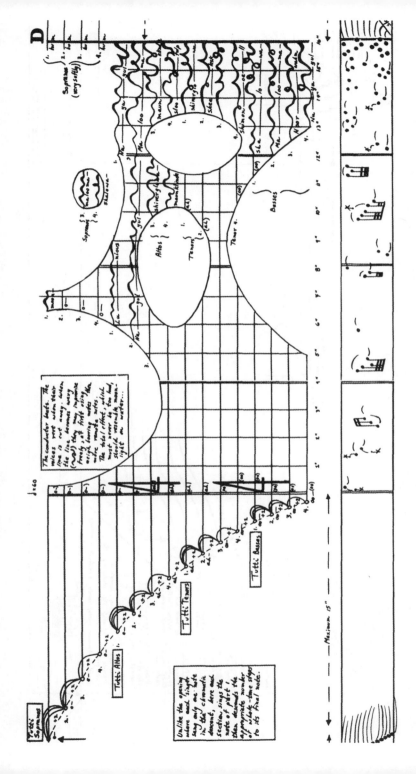

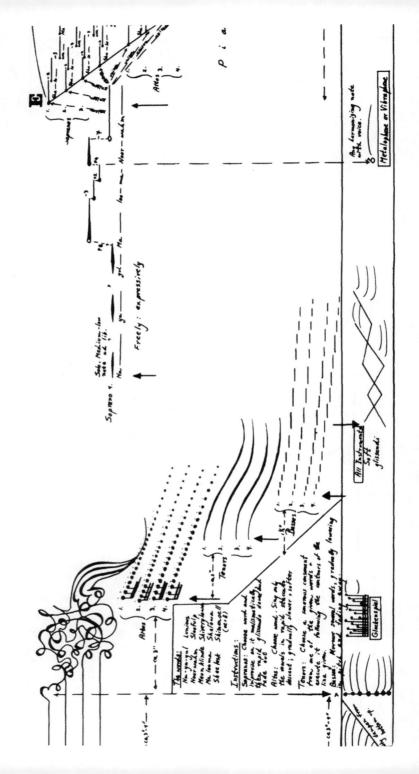

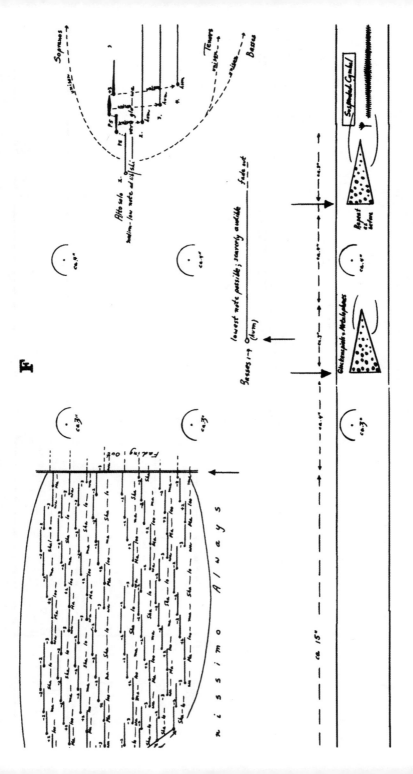

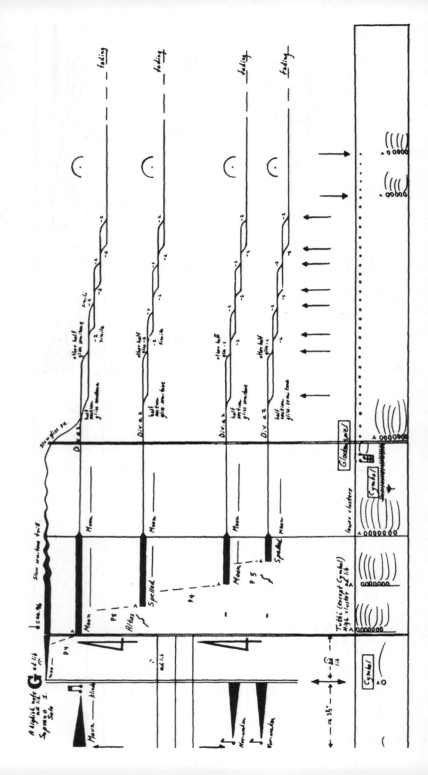

Apêndice: textos sem comentários

Palavras – guerra (sétimo grau[60])

Pugnicunarious
chinib
zeklakoom
glutz
pletride

§

Zunido de insetos (sétimo grau)

Zwat
schkeemow
trrsk
whist
chirrup
zilt
sipsip
shelpleck (sons semelhantes aos dos insetos se arrastando).

§

Embora hoje vejamos a comunicação do pensamento como o principal objetivo da fala... é perfeitamente possível que a fala tenha se desenvolvido de alguma coisa que não tivesse outra intenção senão a de exercitar os músculos da boca e da garganta e de divertir a si e aos outros com a produção de sons agradáveis, ou, talvez, apenas estranhos.
(Jespensen, op. cit., p.437.)

---

[60] Corresponde aproximadamente ao sétimo ano do nível fundamental.

Poema *Merz*, de Kurt Schwitters

Priimiitittiii	tisch
tesch	
priimiitittiii	tesch
tusch	
priimiitittiii	tischa
tescho	
priimiitittiii	tescho
tuschi	
priimiitittiii	
priimiitittiii	
priimiitittiii	too
priimiitittiii	taa
priimiitittiii	too
priimiitittiii	taa
priimiitittiii	tootaa
priimiitittiii	tuutaa
priimiitittiii	tuutaa
priimiitittiii	tuutaatoo
priimiitittiii	tuutaatoo
priimiitittiii	tuutaatoo
priimiitittiii	tuutaatoo

§

Poesia é a arte da dança pantomímica da língua (Page, *Human Speech*, p.202).

§

Gotas de chuva (estudantes universitários)

P
pta
petetata
tliptliptlip

bleepblop
pittapitt
betebetebetebete
drimpollillins
plimniblemay
lapluttop

dook
pairleedroms
tilapitatu
cudabulut
ipdes
pelak
schplort
thipthipwoosh

§

Do mesmo modo que na literatura a nós transmitida a poesia é encontrada, em todos os países, precedendo a prosa, assim também a linguagem poética é, em geral, mais antiga que a linguagem prosaica; os textos de canções e os cânticos de culto vêm antes da ciência ...
(Jespensen, op. cit., p.432)

§

Pequena canção peyote dos índios Arapaho[61]

ye no wi ci hay
yo wi hay
wi ci hay
yo wi ci no
wi ci ni
(repetir do início)

---
61 Nettl, *Music in Primitive Culture*, p.23.

wi ni wi ci hay
yo wi hay
wi ci hay
yo wi ci ni hay
yo wi ci ni hay
yo wi how
wi ci hay
yo wi ci no
wi ni no wa

§

Nomes próprios babilônicos: de tábuas cuneiformes em telloh

AABBA AADDA AAZZI AAHAMATA AAKALLA AAMÊ AARHAAŠ AELA AEIGIDÚ AURUGIŠTA ABAÀGANNA ABAALLA ABA ENKI ABABBA ABBAABBA ABBAURU ABBAGI ABBAGINA ABBADUGGA ABBAKALLA GIMKAKUDDA GIMKAZIDDA GIMKALAEŠUBA GIMKARAGGAN GIMKAREGAL GIMKI GIMKIA GIMKIDABAR GIMKIDARKAGIMKIQUALO GIMKIRAM GIMKURDAM GIMMUGUB GIMNE GIMNIGINNIGGIMNIGSALMAL GIMNILATTA GIMNINAKI GIMNINI GIMŠAG GIMSADAP GIMSALNAGUNI GIMSAG GIMŠKHJARBINI UDURNA ÚDURRUGAR UDUKUMMA UDULU UDGUBARKU UDDURBA UDZABARUBURI UDNEGARŠAGGA UZZAAN UZZAKI URABBA UREANNA.

§

Poderíamos, talvez, chegar à conclusão de que as linguagens primitivas, em geral, eram ricas em todos os tipos de sons difíceis... É um fato bem conhecido que a inflexão das frases é fortemente influenciada pelo efeito das emoções intensas, que causam variações de intensidade, andamento, e subidas e descidas do som. Agora, é consequência do avanço da civilização que a paixão, ou ao menos sua expressão, seja moderada, e por isso, devemos concluir que a fala do homem não civilizado e primitivo era mais apaixonada e agitada que a nossa, mais próxima da música ou da canção. Todos esses fatos e considerações apontam para a conclusão de que houve uma época em que toda fala era canto... (Jespensen, op. cit., p.419).

§

Canto da Cólera de Aquiles...
Abertura da *Ilíada*, Homero

§

Eu canto os homens e as armas ...
Abertura da *Eneida*, Virgílio

§

Peço-lhe que use de exuberância de dicção ao narrar estes cantos agradáveis.
Harun Er-Rashid à contadora de histórias; *As mil e uma noites*.

§

Canto de pássaros[62] [63]

1. Pica-pau-malhado – tchac
2. Toutinegra – uic-uic-uic-uic
3. Trepa-árvore – si-si-si-sissipi
4. Pardal-do-bico-grosso – ua-ri-ri-Tchi-tchi-tur-vi-vi
5. Tentilhão-verde – uá-uá-uá-uá-chou-chou-chou-chou-tu-vi-vi

---

[62] Nicholson; Koch, *Songs of Wild Birds*.
[63] Esses pássaros são do hemisfério Norte, alguns dos nomes são aproximativos, por exemplo: espécie de pardal do bico grosso. O som desses pássaros também foi grafado aproximativamente a partir de fonemas utilizados pelo autor para a língua inglesa, pois não é possível, no Brasil, a vivência sonora real do canto desses pássaros. (N.T.)

6. Cruza-bico – chip-chip-chip-chip-gi-gi-gi-gi
7. Emberisa-dos-juncos – Zi-zi-zi-zur
8. Lavandisca-cinza – Gi-gi-gi-gi-gi-zi-zi-zi-zi
9. Pica-pau-cinzento – pi-pi-pi-pi-pi-pi-pi
10. Mejengra – zi-tu, psi-i, tsu-i, tsu-i, ching-si, ching-si, dida, dida, dididida, fipo-bi-uit-si-dida
11. Chapim-azul – di-di-di-dideidiri; pui-pui, ti, ti, ti, ti: si-si-si-di-de-di-de-di-de, dit, tsi tsi-ti-ti-ti-ti
12. Chapim-preto – chi-di, chi-di, chi-di, di, di, di, di, terrugui, terrugui, ui-co
13. Chapim-de-penacho – chi-quilarri-ti-ur-ur-ur
14. Chapim-salgueiro – tchai-tchai-tchai-tis-ai, ai, ai, ai
15. Chapim-do-brejo – ching-ching-ching-ching-ching, tou-ou-ou-ou
16. Regrulus-regres – I-ridi-idiridi-i-zi-zi
17. Papa-moscas – tchi-tchi-tu, didu, diduzi, zit-zit-zit, trui-trui-trui
18. Canário – za-vi
19. Canário-vermelho – tuc-tuc, tuir-tuir-tuir
20. Canário-dos-juncos – tchissic
21. Canário-do-pau – dii-dii-dii, dei, it-ti-it-it-it
22. Fêlpisa – zip-zap, zip-zap, trirrr-trirrr
23. Tordo europeu – tri-ui-ri-o-ri; tri-ui-ri-o-ri-o
24. Cuco – cu-cu-co, cu-cu-cu-cu, cu-cu-coo, uuff-uuff-uuff, grrorr-grorr-grorr
25. Água-mãe – bup
26. Codornizão – crecs-crecs, crec-crec, rep-rep
27. Narceja – tic-tic-tic-tuc-ti-tuc-tic-tuc, chip-it, chic-chuc, yuc-yuc

§

Nossos gritos de dor, luta, surpresa, associados às ações que lhes são próprias, são mais expressivos que qualquer palavra.
Darwin, *Descent of Man*, cap.3.

§

Onde a palavra cessa, começa a canção, exultação da mente, explodindo adiante na voz.
Aquino, op. cit., Prólogo.

§

Um verso sem música é um moinho sem água.
Folquet de Marseille (1231)

§

... nunca recuperaremos a arte da escrita para ser cantada até que comecemos a prestar alguma atenção à sequência ou escala de vogais no verso e das vogais que terminam o grupo de versos numa estrofe.
Pound, *ABC of* Reading, p.206.

§

Então resultou... que eu nunca havia feito maior justiça ao poeta do que quando, guiado por meu primeiro contato direto com o som do início, adivinhei todas as coisas que, obviamente, deviam seguir esse primeiro som, inevitavelmente.
Schoenberg, *The Relationship to the text*.

§

É natural, numa forma de arte, referente à voz humana, que nenhuma de suas muitas possibilidades seja ignorada, de modo que, na ópera, a palavra falada, seja desacompanhada ou melodramática, também possa ocupar a mesma posição da palavra cantada: do recitativo ao parlando, da cantilena à coloratura.

Berg, *Die Stimme in der Oper*, Musikblätter des Anbruch, nov./dez. 1928.

§

Angioletta deleita a todos
os espíritos sensíveis, com
seu canto.
O espírito da música se apossa das
vozes sonoras, e as modela dentro da
vida volúvel, em harmonia magistral,
girando à distância, então incitando,
com interrupções, e então um repouso,
lentamente, rapidamente,
algumas vezes murmurando
em som profundo, alternando voos
com repouso e pacíficos suspiros.
Ora suspenso em verso livre,
ora pressionando para baixo,
ora quebrando
ora reinando,
ora como seta vibrante,
ora movendo-se em círculos,
trêmulo e variável,
firme e pleno.
Ó milagre de amor, o
coração responde.[64]

---

[64] No original inglês: "*Angialetta delights all / sensitive spirits with / her singing. / The spirit of music takes hold of / sonorous voices and shapes them into / voluble life in masterful harmony / turning aside, then urging on with / interruptions then a repose, / slowly, quickly, / sometimes murmuring / in deep sound alternating flights / with repose and peaceful sighs. / Now suspended in a free line, / now pressing down, / now breaking, / now reining in / now as a vibrant arrow, / now moving in circles, / quivering and variable, /firm and full. / O miracle of love, the / heart responds*".

Texto de *Mentre vaga Angioletta* de Claudio Monteverdi, 8º Livro de Madrigais.

§

Debussy discutindo o coro para sua projetada ópera *Le Diable dans le Beffroi*:

"O que eu gostaria de obter é alguma coisa mais espalhada e desagregada, algo ao mesmo tempo vago e intangível, algo aparentemente inorgânico e, apesar de tudo, com um controle subjacente – um tal agrupamento humano, no qual cada voz seja livre e, todavia todas as vozes combinadas produzam a impressão de um conjunto."
Lockspeiser, Debussy, v.2, p.146.

§

Um aluno escreveu na lousa:

"PREVINA-SE CONTRA O TRISMO / ABRA A BOCA."

§

"Poesia é quando as palavras cantam"
Menino de seis anos.

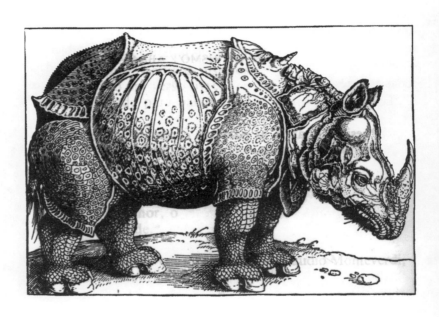

5
O rinoceronte na sala de aula

Para estar sempre em forma, escrevi e mantenho na minha mesa de trabalho, bem ao alcance, as seguintes máximas aos educadores:

1. O primeiro passo prático, em qualquer reforma educacional, é dar o primeiro passo prático.
2. Na educação, fracassos são mais importantes que sucessos. Nada é mais triste que uma história de sucessos.
3. Ensinar no limite do risco.
4. Não há mais professores. Apenas uma comunidade de aprendizes.
5. Não planeje uma filosofia de educação para os outros. Planeje uma para você mesmo. Alguns outros podem desejar compartilhá-la com você.
6. Para uma criança de cinco anos, arte é vida e vida é arte. Para uma de seis, vida é vida e arte é arte. O primeiro ano escolar é um divisor de águas na história da criança: um trauma.
7. A proposta antiga: o professor tem a informação; o aluno tem a cabeça vazia. Objetivo do professor: empurrar a informação para dentro da cabeça vazia do aluno. Observações: no início, o professor é um bobo; no final, o aluno também.

8. Ao contrário, uma aula deve ser uma hora de mil descobertas. Para que isso aconteça, professor e aluno devem em primeiro lugar descobrir-se um ao outro.
9. Por que são os professores os únicos que não se matriculam nos seus próprios cursos?
10. Ensinar sempre provisoriamente: Deus sabe com certeza.

Os capítulos seguintes são extensões desses temas.

Introdução

Durante a última década, tive a oportunidade de encontrar grande número de educadores musicais e professores de arte, tanto do meu próprio país, o Canadá, como dos Estados Unidos, da Inglaterra, Austrália, Nova Zelândia. Alemanha e Áustria. Em encontros e palestras, foi-me possível encontrar pessoas simpatizantes, oponentes e céticas, professores radiantes e cheios de energia, ao lado de tímidos e apáticos, maus e excelentes. Nessas conferências e viagens encontrei alguns cujos trabalhos os levaram a caminhos novos e aprendi com eles.

Durante esta década, a profissão de educador tem me revelado maior sintonia para mudanças. No início, havia apenas pequenas centelhas de energia: os primeiros trabalhos de Peter Maxwell Davies, John Paynter e George Self na Inglaterra, os do Projeto Manhattanville nos Estados Unidos, sem nos esquecermos de todos os trabalhos anônimos originais, produzidos em toda parte. Hoje temos uma considerável iluminação, de modo que algumas cintilações transpuseram mesmo as instituições educacionais, e há agora algumas escolas de treinamento, onde estão sendo usados métodos mais novos. Todas as pessoas mencionadas possuem algo em comum: experimentaram colocar o fazer musical criativo no centro dos currículos.

Nossos críticos estão menos obstinadamente barulhentos em suas denúncias. O que antes era rejeitado como aberração de alguns jovens violentos tem persistido em atrair a imaginação de maior número de pessoas e não é mais descartado. É um tempo mais ameno, deve ser usado com vantagem para assegurar o valor dos métodos mais novos. Esbocei estes ensaios em música e outras artes – ou, mais precisamente, em música que se amplia para encontrar as outras artes – com a esperança de tornar meus próprios caminhos mais conhecidos dos educadores interessados numa discussão séria de ideias. Foi com a intenção de definir uma fundamentação para minhas ações que fui para casa, apos várias experiências com alunos, e elaborei estes ensaios.

Uma questão é frequentemente levantada há anos nas conferências e cursos intensivos: "para onde tudo isso leva?", e suponho, depois de dez anos, que alguém deva ter uma resposta. Mas a resposta mais fácil a dar seria a mais difícil de adotar, e não se conseguiriam muitas transformações novas para a criatividade.

"Para onde isso tudo leva?", perguntou-me o diretor depois de uma de nossas mais ousadas sessões, e, olhando desesperadamente em volta, a classe em ruínas, nele fixei meus olhos firmemente e disse: "Anarquia, anarquia".

Uma sociedade totalmente criativa seria uma sociedade anárquica. A possibilidade de todas as sociedades se tornarem autorrealizadas permanece, entretanto, pequena, devido ao temor persistente a ações originais de qualquer espécie. É mais fácil permanecer Mr. Smith do que se tornar Beethoven.

São dignas de nota outras abordagens relativas ao assunto, relacionando-se com modelos sociais igualmente provocativos. Por exemplo, a orquestra ou banda, em que um homem atormenta sessenta ou cem outros, é, na melhor das hipóteses, aristocrática e, na maior parte das vezes, ditatorial. Ou, o que dizer do coro no qual uma coleção heterogênea de vozes é mantida junta, de tal modo que a nenhuma voz é permitido que se coloque acima da mistura homogênea do grupo? O canto coral é o mais perfeito exemplo de comunismo, jamais conquistado pelo homem.

A aula de música é sempre uma sociedade em microcosmo, e cada tipo de organização social deve equilibrar as outras. Nela deve haver um lugar, no currículo, para a expressão individual; porém, currículos organizados previamente não concedem oportunidade para isso, pelo fato de seu objetivo ser o treinamento de virtuoses, e, nesse caso, geralmente falha.

O principal objetivo de meu trabalho tem sido o fazer musical criativo, e embora seja distinto das principais vertentes da educação, concentradas sobretudo no aperfeiçoamento das habilidades de execução de jovens músicos, nenhuma dessas atividades pode ser considerada substituta da outra. O problema com a especialização da velocidade digital em um instrumento é que a mente tende a ficar fora do processo. Tem sido desapontador observar grande número de jovens empenhados em fazer impossíveis tentativas de movimentar suas mãos mais rapidamente que Horowitz. (Houve mesmo um tempo na história recente em que o paradigma da virtuosidade afetou a apreciação da música, e supunha-se que era preciso um doutorado até para aprender a ouvir!) Felizmente, as limitações da capacidade humana estão colocando um fim nessas ambições. Por outro lado, tem surgido uma tendência na América igualmente desanimadora pela impossibilidade de substituir os padrões cada vez mais altos. A introdução da música *pop* nas aulas é um exemplo desse relaxamento; não porque a música *pop* seja necessariamente ruim, mas porque é um fenômeno social em vez de musical e, desse modo, impróprio como o estudo abstrato que a música deve ser, caso se pretenda que seja considerada arte e ciência, por seus próprios méritos.[1]

Graus diferentes de inteligência requerem metas diferentes. A maior parte de meu trabalho tem sido feita com jovens comuns, e não com os excepcionalmente dotados, apesar de ainda não haver encontrado uma criança que fosse incapaz de fazer uma peça de música original. A média da humanidade pode não ser capaz de apreciar o melhor de Bach ou Beethoven, e a maioria das pessoas poderia passar sua vida procurando executá-los eloquentemente. A síndrome do gênio na educação musical leva frequentemente a um

---

[1] Este é um assunto controverso. Mas meu argumento é de que qualidade musical, sociologia e negócios de dinheiro não se beneficiam quando se misturam – o que vale dizer que é impossível analisar uma canção *pop* antes de ela completar dez anos de idade. (N.A.)

enfraquecimento da confiança para as mais modestas aquisições. Talvez alguns dos mais excelentes recursos musicais possam ser resultado da limitação da inteligência humana, e não da inspiração. Por exemplo, aceita-se geralmente que o *organum* medieval (cantado em quartas e quintas paralelas) tenha surgido quando alguns membros do grupo de cantores enganaram-se quanto à altura das notas do cantochão. Da mesma forma, é senso comum que o *cânone* nasceu quando algumas vozes se atrasaram, ficando atrás das vozes principais. Se isso for verdade, poderíamos concluir que o *organum* foi a invenção dos desafinados, enquanto o *cânone* foi a dos lerdos.

Estou simplesmente tentando enfatizar que a educação musical, quando se ajustou pela média da inteligência humana, pode ter tido suas próprias recompensas; e com certeza estaria melhor em lugares como escolas, onde se congregam seres humanos médios.

Precisamos voltar ao começo. Quais são os ingredientes básicos da música? Quais são os elementos primitivos a partir dos quais ela pode ser estruturada, e quais os potenciais expressivos que o ser humano, individualmente ou em grupo, possui para alcançar seus objetivos? Voltei-me a essas questões elementares. Talvez nunca tenha ido além delas. A maioria dos assuntos discutidos neste livro não precisa de recursos elaborados – apenas poucos sons, poucas vozes. Recursos audiovisuais sofisticados foram evitados, talvez não de modo consciente, mas porque de algum modo não me pareceram necessários.

Diversas vezes, críticas têm apontado que, como apenas ocasionalmente sou professor, nunca na verdade trabalhei com um grupo de crianças por tempo suficiente para determinar o quanto uma abordagem como a minha dá maiores possibilidades de aumentar a competência na profissão, ou mesmo de produzir um número maior de diletantes musicais, do que outros métodos.[2]

---

2 Uma série de oito sessões com alunos na faixa de 12 anos foi registrada no filme "BING BANG BOOM" do National Film Board, Canadá, e isso ao menos levou-nos a um ponto em que a turma compôs e interpretou sua primeira peça de música. Igualmente importante, como demonstração de minha aceitação da crença de que a principal tarefa do professor é trabalhar para sua própria extinção, foi o fato de que, na abertura desse filme, eu sou a figura central, fazendo perguntas

É uma crítica justificada. Não tenho objeções a fazer. Entrei em salas de aula e trabalhei com jovens porque gosto de fazer isso sempre que o tempo me permite. À medida que avanço, minha filosofia de educação musical muda. Tentei evitar que se tornasse um método alternativo capaz de me aborrecer. O que é ensinado provavelmente importa menos que o espírito com que é comunicado e recebido. Observei grupos que executavam, até bem, horrendas peças de música, testemunhei o entusiasmo que lá havia, deixei-os sem pensamentos doentios, apenas preferindo essas experiências às do outro tipo, em que uma música bonita é destruída, retalhada, por um professor de faces contraídas, acompanhadas de mau humor.

Não há mais professores; apenas uma comunidade de aprendizes. Isso é um exagero a fim de induzir à noção de que o professor precisa continuar a aprender e crescer com os alunos. Naturalmente o professor é diferente, mais velho, mais experiente, mais calcificado. É o rinoceronte na sala de aula, mas isso não significa que ele deva ser coberto com couraça blindada. O professor precisa permanecer uma criança (grande), sensível, vulnerável e aberto a mudanças.

A melhor coisa que qualquer professor pode fazer é colocar na cabeça dos alunos a centelha de um tema que faça crescer, mesmo que esse crescimento tome formas imprevisíveis. Tenho tentado fazer com que a descoberta entusiástica da música preceda a habilidade de tocar um instrumento ou de ler notas, sabendo que o tempo adequado para introduzir essas habilidades é aquele em que as crianças pedem por elas. Muito frequentemente, ensinar é responder a questões que ninguém faz.

Erros foram cometidos. Com frequência errei e admiti ser observado errando em público. É claro que não procurei por isso, mas é da natureza do trabalho experimental haver erros algumas vezes, pois, quando uma experiência é bem-sucedida, ela deixa de ser experiência. Se o objetivo da arte é crescer, precisamos viver peri-

---

e determinando esquemas; no final, fiquei praticamente invisível, enquanto o grupo seguiu seu próprio destino, criticando a composição e planejando novos trabalhos. (N.A.)

gosamente; essa é a razão por que digo a meus alunos que os seus erros são mais úteis que os seus sucessos, pois um erro provoca mais pensamentos e autocrítica. Uma pessoa bem-sucedida, em qualquer campo, é muitas vezes alguém que parou de crescer.

Às vezes não sabemos o que é sucesso. O que um professor acha que foi um fracasso pode ser considerado um sucesso por um aluno, embora o professor possa não saber disso até meses ou anos mais tarde.

Algumas aulas são verdadeiros quebra-cabeças. Lembro-me de uma ocasião em que, numa aula para adolescentes de doze anos, propus a tarefa: "A música existe no tempo. Não sei o que significa tempo. Falem a respeito da experiência de tempo". Esse é um tipo de trabalho que frequentemente dou a estudantes universitários, e os resultados sempre têm sido interessantes. Até então eu não havia estudado o trabalho de Piaget a respeito da formação do conceito de tempo nas crianças, e ficou claro quando eles voltaram, no dia seguinte, que a tarefa ia além das suas possibilidades. Além disso, eu queria descobrir até onde a sensação do tempo poderia se estender e, então, perguntei-lhes quanto deveria durar a mais longa peça musical imaginada. "Duas horas", disse um menino. "Você acha que pode tocar uma música de duas horas de duração?". Como disse que sim, pedi-lhe para escolher um instrumento. Escolheu o bombo e começou a tocar. Foi só o que aconteceu até o final da aula. Todos nós ouvimos durante quinze minutos, então o sinal tocou e a turma foi para casa almoçar. "Quanto já passou?", ele perguntou, já um pouco fraco, às 12h30. "Perto de uma hora", eu disse; e ele continuou a tocar. Quase às 13h, dois colegas chegaram mais cedo, trazendo-lhe um copo de leite com chocolate. Para encorajá-lo, começaram também a tocar com ele. A maioria da turma chegou cedo para ver o que estava acontecendo. Quando se passaram as duas horas, o tocador de bombo estatelou-se no chão. O diretor ouviu falar acerca da experiência e, mais tarde, me perguntou: "Para que você fez isso?". Ele costumava fazer perguntas abruptas para pôr as pessoas na defensiva. "Bem", respondi, tentando transmitir confiança, "pode ser que a educação seja simplesmente a história de todos os acontecimentos mais marcantes de nossas vidas. E, se for assim, tudo o que posso dizer é que essa foi uma lição da qual Marty jamais se esquecerá".

Educação musical: considerações

Um dos dias mais memoráveis de minha vida ocorreu em Moscou, em outubro de 1971, quando subi para fazer a palestra inaugural na seção Treinamento de Jovens Músicos, no VII Congresso Internacional de Música do Conselho Internacional de Música da Unesco.[3]

O ar sonolento que predomina em todas as conferências era intensificado pelo sol do meio da tarde e pela decoração, cor de sangue coagulado. Como se poderá ler mais adiante, quando bati palmas, para ilustrar um ponto, vários delegados caíram das cadeiras. Outro efeito mostrou-se incomum. Para demonstrar o quanto Beethoven era muito mais dependente dos ouvidos do que dos olhos, afirmei que "Beethoven não perdeu a audição, como frequentemente se supõe – perdeu a *visão*". Não sei o que os tradutores fizeram com essa observação elíptica e ao mesmo tempo inocente, mas eles devem tê-la feito soar muito poderosa, pois mais tarde vários delegados, mesmo alguns que tinham perdido a palestra original, vieram me perguntar acerca da fonte dessa nova evidência médica a respeito da vista de Beethoven.

Todo professor deve se permitir ensinar diferentemente ou ao menos imprimir, no que ensina, sua personalidade. Hoje vou lhes falar a respeito de algumas ideias pessoais. Vocês devem ser capazes de ampliá-las, corrigi-las ou de opor-se a elas, a partir de suas próprias experiências.

Meu trabalho em educação musical tem se concentrado principalmente em três campos:

1. Procurar descobrir todo o potencial criativo das crianças, para que possam fazer música por si mesmas.

---

[3] Publicado pela primeira vez no *Australian Journal of Music Education*, nº 10, abril de 1972.

2. Apresentar aos alunos de todas as idades os sons do ambiente; tratar a paisagem sonora do mundo como uma composição musical, da qual o homem é o principal compositor; e fazer julgamentos críticos que levem à melhoria de sua qualidade.
3. Descobrir um nexo ou ponto de união onde todas as artes possam encontrar-se e desenvolver-se harmoniosamente.

A isso acrescentaria um quarto campo, que estou apenas começando a explorar: a contribuição que as filosofias orientais podem dar à formação de artistas e músicos do ocidente. Vou falar a respeito disso, nessa ordem.

O fazer criativo na música

Gostaria de considerar que toda matéria possível de ser ensinada pode ser dividida, *grosso modo*, em duas classes: a que satisfaz o instinto de busca de conhecimento e a que desenvolve a autoexpressão.

A História é assunto do tipo acumulação de conhecimento e consiste (talvez erradamente) na transmissão de um corpo de fatos que vai da mente do professor à dos alunos. Vejo a música como assunto fundamentalmente expressivo, como as demais artes, a escrita criativa, ou como os vários tipos de fazer. Ela é isso, deveria ser assim, porém, com a ênfase dada à teoria, à técnica e ao trabalho da memória, a música torna-se predominantemente uma ciência do tipo acumulação de conhecimento. Enquanto encorajamos a autoexpressão nas artes visuais (e penduramos os produtos nas galerias de arte, como testemunho da percepção dos nossos jovens), o paralelo em música é em geral pouco mais que memorizar *Monkey in the Tree* para alguma apresentação social de fim de ano. Pode-se ainda aprender uma porção de mentiras a respeito da vida dos grandes, e invariavelmente mortos, compositores e desenhar-se meio milhão de claves de sol.

O ensino das artes visuais está bem à frente do ensino de música. Na música, por exemplo, não há equivalente ao curso básico desenvolvido por Johannes Itten para os primeiranistas da Bauhaus, um curso que foi amplamente reproduzido por todo o mundo. Era um curso de livre expressão, mas criativamente regulado pela progressiva limitação da escolha; esses alunos eram levados a entrar quase imperceptivelmente em contato com os maiores e elementares assuntos da expressão visual. Podemos beneficiar-nos com a experiência do ensino da arte.

Não poderia a música ser pensada como um objeto que simultaneamente libertasse a energia criativa e exercitasse a mente na percepção e análise de suas próprias criações?

O grande problema da educação é o tempo verbal. Tradicionalmente, ela trabalha com o tempo passado. Você pode ensinar apenas coisas que já aconteceram (em muitos casos há muito tempo). É essa questão de tempo que mantém artistas e instituições separados, pois os primeiros, através de atos de criação, estão ligados ao presente e ao futuro, e não ao passado. A educação não é novidade ou profecia, presente ou futuro. Executar, interpretar música e engajar-se numa reconstrução do passado, que pode, certamente, ser uma experiência útil e desejável.

Mas não poderíamos gastar parte de nossas energias ensinando a fazer as coisas acontecerem? Não será esta uma questão que mereça ser considerada? A única maneira pela qual podemos colocar a música do passado dentro de uma atividade do presente é atraves da criação. Marshall McLuhan escreveu: "Estamos entrando em uma nova era da educação, que é programada para a descoberta, e não para a instrução".

Na educação, e considerando o aspecto da transmissão de conhecimentos, o professor tem todas as respostas, e os alunos a cabeça vazia – pronta para assimilar informações. Numa classe programada para a criação não há professores: há somente uma comunidade de aprendizes. O professor pode criar uma situação com uma pergunta ou colocar um problema; depois disso, seu papel de professor termina. Poderá continuar a participar do ato de descobertas, porém não mais como professor, não mais como a pessoa que sempre *sabe* a resposta.

Enfatizo novamente: numa classe programada para a criação o professor precisa trabalhar para a própria extinção. E acrescento,

de passagem, que levei alguns anos para me sentir confortável ao fazê-lo. Começo uma aula com uma pergunta ou colocando um problema. Esses são de um tipo especial: devem permitir tantas soluções quanto o número de alunos na classe. A aula passa a ser uma hora de mil descobertas, e o segredo está no que é perguntado. Alguns tipos de questões:
1. O silêncio é ilusório: procure encontrá-lo.
2. Escreva todos os sons que você ouvir.
3. Encontre um som interessante.
4. Encontre um som interessante que consista de um som pesado, grave, formado por um baque surdo, seguido por um trinado agudo.
5. Procure um som que passe por você, de sudoeste para nordeste.
6. Deixe cinco sons permanecerem por dois minutos.
7. Coloque um som em um profundo ambiente de silêncio.

Você pode notar que esses problemas são progressivamente limitadores. Forçam o aluno a se concentrar profundamente, mas também permitem soluções ilimitadas.

Às vezes começo um curso levando os alunos a uma sala cheia de instrumentos de percussão. A primeira lição é curta: "Conheçam esses instrumentos. Volto amanhã para ver o que vocês descobriram. No dia seguinte volto e faço algumas perguntas. "Descobriram o tempo de reverberação do vibrafone? Quantos matizes de som podem ser produzidos pelo tam-tam, usando baquetas e vassourinhas diferentes? Descobriram a função do pedal nas campanas tubulares? Se não, ainda não fizeram a tarefa". E deixo-os outra vez.

Quando estão relativamente familiarizados com os tipos de sons possíveis dos instrumentos à disposição, começamos com sessões de improvisação e composição. Divido-os em pequenos grupos. Cada um deve compor na sala ao menos uma peça e dirigi-la. Às vezes, os alunos preferem escrever sua peça em notação gráfica ou pictográfica. Cores são também muito usadas. Tudo é permitido, desde que a intenção possa ser comunicada aos outros membros do grupo executante. Mas, pouco a pouco, durante o curso, vou impondo algumas regras para forçar os alunos a se concentrarem mais e mais. Todo o curso é conduzido gradativamente à tarefa final, que consiste em: "Vocês têm um som. Componham com ele. Tudo o que peço é que vocês não me deixem enfastiado".

Como vocês podem constatar, essa é uma tarefa extremamente difícil.

Ambiente sonoro

Uma segunda fase do meu trabalho como educador musical está relacionada ao ambiente sonoro em que vivemos. Não é minha vontade confinar o hábito de ouvir música aos estúdios e salas de concerto. Os ouvidos de uma pessoa verdadeiramente sensível estão sempre abertos. Não existem pálpebras nos ouvidos.

Descobri que é possível executar valiosos exercícios de treinamento auditivo com os sons do ambiente. Como, precisamente, vocês estão ouvindo neste momento? *Schafer bate palmas*.

Qual foi o último som que vocês ouviram antes que eu batesse palmas? Qual foi o primeiro, depois das palmas?

Como está a memória auditiva? Qual foi o som mais agudo que vocês ouviram nos últimos dez minutos? Qual o mais forte? E assim por diante.

Muitas vezes faço a meus alunos perguntas como:
a. Quantos aviões você ouviu hoje?
b. Qual foi o som mais interessante que você ouviu hoje de manhã?
c. Quem tem a voz falada mais bonita na sua família? E aqui na classe? etc...

Já tive alunos que fizeram uma coleção dos sons interessantes que ouviram por todos os lugares de um edifício e os anotaram num mapa, de modo que outros também pudessem encontrá-los e ouvi-los. Uma de minhas alunas descobriu os sons exclusivos da paisagem sonora da cidade de Vancouver, aqueles que não podem ser ouvidos em nenhuma outra cidade do mundo. Planejou apresentar essa coleção a uma agência de turismo, para que os visitantes interessados em algo mais que um rápido *tour* pela cidade pudessem também descobrir a rica experiência acústica que Vancouver apresenta aos ouvidos curiosos. Outra aluna está colecionando sons perdidos e desaparecidos: todos os sons que já fizeram parte do ambiente sonoro mas que hoje não podem mais ser ouvidos. Ela está gravando cuidadosamente esses sons, catalogando-os com elaboradas notas. Talvez sejam de interesse a algum museu do futuro.

O ambiente sonoro de uma sociedade é uma fonte importante de informação. Não é preciso dizer a vocês o quanto o ambiente sonoro do mundo moderno tem se tornado mais barulhento e mais ameaçador. A multiplicação irrestrita de máquinas e a tecnologia em geral resultaram numa paisagem sonora mundial, cuja intensidade cresce continuamente. Evidências recentes demonstram que o homem moderno está ficando gradualmente surdo. Ele está se matando com som. A poluição sonora é um dos grandes problemas da vida contemporânea.

Qualquer pessoa interessada em música deve ter consciência disso. Se ficarmos todos surdos, simplesmente não haverá mais música. Uma das definições de ruído é que ele é o som que aprendemos a ignorar. E, como nós o temos ignorado por tanto tempo, ele agora foge completamente ao nosso controle.

Minha abordagem acerca desse problema trata a paisagem sonora do mundo como uma enorme composição macrocósmica. O homem é seu principal criador. Ele tem o poder de fazê-la mais ou menos bela. O primeiro passo é aprender a ouvir essa paisagem sonora como uma peça de música – ouvi-la tão intensamente como se ouviria uma sinfonia de Mozart. Somente quando tivermos verdadeiramente aprendido a ouvi-la é que poderemos começar a fazer julgamentos de valor. Quais os sons de que gostamos? Quais gostaríamos de guardar? Quais não são necessários? Os sons mais delicados estão sendo tragados pelos volumosos ou mais brutais? Por exemplo, meus alunos descobriram que não podiam ouvir o som dos passarinhos quando passava um helicóptero ou uma motocicleta. A solução está implícita. Se quisermos continuar a ouvir pássaros, teremos que fazer alguma coisa com os sons de helicópteros e motocicletas.

Esta é uma atitude positiva quanto ao problema da poluição sonora, e eu a considero a única que tem chances de sucesso. Precisa ser iniciada pelos músicos, pois somos os arquitetos dos sons e estamos interessados em organizar e equilibrar sons interessantes, para produzir os efeitos estéticos desejados.

Um ponto de encontro para todas as artes

Quero sugerir agora uma ideia ainda mais radical. Quanto mais me envolvo com a educação musical, mais percebo a "inaturalidade" básica das formas de arte existentes, cada uma utilizando um conjunto de receptores sensitivos, com a exclusão de todos os outros. As fantásticas exigências feitas para se alcançar a virtuosidade, em qualquer forma de arte, têm resultado em realizações abstratas, às quais podemos aplicar o termo "inatural", uma vez que não correspondem à vida, tal como a experimentamos nesta Terra. Beethoven não perdeu a *audição*, como comumente se supõe – perdeu a *visão*. São os pintores, cujos trabalhos povoam os espaços silenciosos dos museus, que perderam a *audição*.

Para a criança de cinco anos, arte é vida e vida é arte. A experiência, para ela, é um fluído caleidoscópico e sinestésico. Observem crianças brincando e tentem delimitar suas atividades pelas categorias das formas de arte conhecidas. Impossível. Porém, assim que essas crianças entram na escola, arte torna-se arte e vida torna-se vida. Aí elas vão descobrir que "música" é algo que acontece durante uma pequena porção de tempo às quintas-feiras pela manhã, enquanto às sextas-feiras à tarde há outra pequena porção chamada "pintura".

Considero que essa fragmentação do *sensorium* total seja a mais traumática experiência na vida da criança pequena.

Foi pedido a uma classe de crianças de seis anos que imitassem passarinhos e "voassem" pelo pátio. *"Tuit-tuit-tuit"*, dizem alguns enquanto "abrem" as asas. "Quietas, crianças!", diz o professor. Como voam tristes as aves amordaçadas! É trazido então um piano e o professor toca a *Canção da andorinha*. A seguir começa o balé dos restos mortais dos gorgeios na aula de dança. Os pais vêm admirar nossos feitos pedagógicos. As crianças estão ficando tão "artísticas"!

Por que foi fragmentado o *sensorium*? Simplesmente por que não temos uma forma de arte múltipla, na qual os detalhes de percepção corroborem e se contraponham um ao outro, como na própria vida? Talvez vocês estejam pensando que vou dizer que o desenvolvimento das formas de arte, em separado, foi um erro desde o princípio. Não vou dizer isso: não exatamente.

Separamos os sentidos para desenvolver acuidades específicas e uma apreciação disciplinada. A música é uma coleção de elegantes eventos acústicos, e seu estudo é útil e desejável, como um meio de cultivar a capacidade auditiva.

Mas uma total e prolongada separação dos sentidos resulta em fragmentação da experiência. Perpetuar esse estado de coisas pela vida afora pode não ser saudável. Gostaria que considerássemos mais uma vez a possibilidade de síntese das artes.

Não tenho uma filosofia da educação em particular, porém a cada dia me convenço mais firmemente de uma coisa: deveríamos abolir o estudo de todas as artes nos primeiros anos da escola. Em seu lugar teríamos uma disciplina abrangente, que poderia ser chamada "estudo dos meios", ou melhor, "estudo de sensibilidade e expressão", a qual poderia incluir todas e, por sua vez, nenhuma das artes tradicionais.

Em um determinado momento, poderíamos ainda isolar as artes individuais como estudos separados, mas tendo sempre em mente que fazemos isso com o propósito de desenvolver acuidades sensoriais específicas. Este seria o período central de estudos. Finalmente, havendo já limpado cada uma das lentes da percepção, voltaríamos a uma reconfiguração de todas as formas de arte, dentro da obra de arte total, uma situação na qual "arte" e "vida" seriam sinônimos.

A ideia de *Gesamtkunstwerk*[4] de Wagner foi nobre, porém prematura. Esse conceito não pode ser entendido pelos graduados de conservatórios e escolas de balé. Mas hoje há entre os jovens um renovado interesse em multimeios. Creio que está se aproximando o tempo em que seremos forçados a desenvolver programas de estudos para conseguirmos uma nova integração na arte – e na vida.

Prometi falar, ao final dessas reflexões, a respeito de como meu pensamento começa a ser influenciado pela filosofia oriental. Isso não é fácil, uma vez que nossas experiências nesse campo ainda não são conclusivas. Mas, se há uma coisa que a filosofia oriental pode nos ensinar, é a reverência pelo silêncio, pela paisagem sonora calma, na qual um pequeno gesto pode se tornar grande, porque não está atormentado pela competição.

É paradoxal que, no Ocidente, ao mesmo tempo que produzimos sistemas de alta-fidelidade para a reprodução do som, a paisagem sonora geral tenha descido a um estado de baixa fidelidade, isto é, a uma situação em que a razão sinal-ruído é de cerca de um para um. Tornou-se, então, impossível distinguir os sons desejados dos meramente acidentais e das tagarelices sonoras. Num conto do escritor argentino Borges, o personagem principal não gosta dos espelhos porque multiplicam as pessoas. Estou começando a desconfiar dos rádios, pelo mesmo motivo.

No Ocidente, o silêncio é um conceito negativo, um obstáculo a ser evitado. Em algumas filosofias orientais, do mesmo modo que para o misticismo cristão, o silêncio é um estado positivo e feliz em si mesmo. Gostaria de recuperar esse estado, para que alguns poucos sons pudessem introduzir-se nele e serem ouvidos com brilho puro, não maculado.

Em nossas aulas temos procurado empregar alguns exercícios de relaxamento *yoga* como uma preparação para experiências de audição e criatividade. Aos poucos, músculos e mente ficam relaxados, até atingir o ponto em que todo o corpo se torna um ouvido. Isso às

---

4 Obra de arte total. (N.T.)

vezes pode levar horas, mas, no final, os alunos me têm dito que estão ouvindo música como nunca o haviam feito antes.

Quando um calígrafo japonês traça símbolos, senta-se sem se mover por um tempo que parece uma eternidade; só então toma do pincel e, com um movimento preciso do punho, desenha um símbolo perfeito no papel. Ele dominou mentalmente, esse movimento, durante toda a vida. Não titubeia.

Gostaria que pudéssemos parar de tatear com o sons e que começássemos a tratá-los como objetos preciosos. Afinal, não existem dois sons iguais e, uma vez emitido, o som estará perdido para sempre – a não ser que o recordemos. Ultimamente, música para mim não é mais do que uma coleção dos sons mais fascinantes e belos, produzidos por pessoas com bons ouvidos e lembrados afetuosamente pela humanidade.

Educação musical: mais considerações

Qualquer discussão a respeito de música e educação será uma tentativa de responder a quatro perguntas básicas: por que ensinar música? O que deve ser ensinado? Como deve ser ensinado? Quem deve ensinar? Aqui está o que sinto quanto a essas questões.

Por que ensinar música?

Atualmente não tem sido fácil assegurar um lugar para a música no contexto de sistemas públicos de educação em muitos países; mesmo onde esse lugar existe, é geralmente mais forte no Ensino Fundamental 1, perdendo força, progressivamente, à medida que a criança cresce

Muitos administradores escolares passam ao largo da música. Não é fácil demonstrar a essas pessoas que grandes mentes do passado asseguraram à música um papel educacional da mais alta significação, a menos que tenham lido Platão, Aristóteles, Montaigne,

Locke, Leibnitz, Rousseau, Goethe, Shaw e outros, o que não é muito provável. Mas o "complexo de culpa" cultural, que impede pessoas não musicais de expulsar inteiramente a música dos currículos, também as força a justificar sua presença, sem compreenderem verdadeiramente por que ela deveria estar lá. São inventadas muitas desculpas, a mais comum é a de que a música promove o bem-estar social: "Cantar e tocar em conjunto pode resultar em compreensão e amizade". O que está sendo afirmado realmente é que fazer música é próprio de bons cidadãos. As bandas e os festivais de música de caráter competitivo são os meios tradicionais de produzir essa felicidade de rebanho, sem que os peculiares modelos sociais nos quais estão baseados sejam reconhecidos como tal.

Frequentemente, surgem argumentos justificando a música em termos morais. Lutero, Milton e Burton defenderam com veemência que ela torna os homens bons e gentis. Mas, certamente, também podemos afirmar que esse argumento caiu quando Beethoven foi adotado pelos nazistas – nada gentis nem cavalheiros. A música pode ajudar a promover, por exemplo, a sociabilidade, a graça, o êxtase, o fervor político ou religioso, ou ainda a sexualidade. Porém, em si mesma, a música é fundamentalmente amoral. Não é boa nem ruim e também não existem evidências conclusivas relacionando o caráter humano a preferências estéticas.

Talvez tudo isso represente um declínio na eficiência da música. Platão atribuía poderes morais tão fortes à música que se viu obrigado a banir boa parte dela na sua *República*. Da mesma forma,

> recordamos que, na lendária China dos Velhos Reis, a música ocupava lugar preponderante no Estado e na corte. Acreditava-se que onde a música florescia tudo ia bem, com a cultura, a moralidade e o próprio reino. Era exigido aos mestres de música que fossem guardiões estritos da pureza original das "claves veneráveis". Se a música entrasse em decadência, isso era considerado uma indicação segura da derrocada do Estado... Não muito tempo após aquelas notas perversas ressoarem no Palácio Real, o céu escureceu, as

paredes tremeram e desmoronaram e o reino e seu soberano foram condenados.[5]

Gostaríamos de ver a música recobrar esse poder. Ainda existe um eco tênue desse poder nos países totalitários, onde as manifestações de artistas são temidas pelos políticos. No Ocidente, não há riscos associados à arte, por isso devemos nos perguntar novamente: por que temos música nas escolas?

A resposta é simples. A música existe porque nos eleva, transportando-nos de um estado vegetativo para uma vida vibrante. Algumas pessoas (seguindo filósofos como Schopenhauer e Langer) acreditam que música é uma expressão idealizada das energias vitais e do próprio Universo; não há dúvida de que essa noção possa concretizar-se de maneira atrativa e convincente, como já o fizeram Dalcroze e alguns poucos outros.

Assim, podemos demonstrar que a prática de música pode ajudar a criança na coordenação motora dos ritmos do corpo. O *andante* caminha (do italiano *andare* = caminhar). A música pode também correr, saltar, claudicar, balançar. Pode ser sincronizada com bolas que pulam, com ondas do mar, com galopes de cavalos e com centenas de outros ritmos cíclicos ou regenerativos, tanto da natureza quanto do corpo. Cantar é respirar. O Universo vibra com milhões de ritmos, e o homem pode treinar-se para sentir as pulsações. O vínculo fisiológico entre essas impressões e sua expressão pelo homem foi muito bem captada na frase de Pierre Schaffer: "Ouvimos com as mãos" (*On écoute avec les mains*). Os sons que ouvimos nos levam a responder imediatamente, a reproduzi-los nos instrumentos que inventamos.

A música existe para que possamos sentir o eco do Universo, vibrando através de nós. Para captar essas vibrações, precisamos de uma música arrojada – estimuladora da mente, heurística, imaginativa –, uma música na qual mente e corpo se unam em ações de autodisciplina e descoberta. Justificar a música fundamentalmente

---

[5] Hesse, *The Glass Bead Game*, p.28-9.

em bases que não selam de sua importância para a estimulação e coordenação intelectual, muscular e nervosa leva a problemas que só podem ser resolvidos no longo prazo, por meios não musicais.

O que deve ser ensinado?

Aqui temos duas obrigações. Certamente, toda sociedade possui um repertório de experiências musicais passadas que gosta de manter vivo. No Ocidente, temos realizado esse objetivo com muita frequência, mesmo que o repertório que conservamos não seja historicamente tão amplo quanto poderia. A música de outras culturas também deveria ser estudada, para colocar a nossa em uma perspectiva adequada. Esse é um ponto que só agora começa a ser tratado com atenção.

Temos, porém, outra obrigação, que é continuar a ampliar o repertório, que é onde falhamos miseravelmente. É uma questão de tempo verbal. Se as realizações de uma sociedade estão todas no passado, o problema é sério. Por isso torna-se necessário manter sempre vivo o instinto exploratório para fazer música criativa.

A educação pode vir a ser novidade e profecia; não precisa se limitar a esclarecer a história tribal. Não quero dizer com isso que deveríamos tratar apenas da música de mestres contemporâneos nas aulas. O que me interessa realmente é que os jovens façam a sua própria música, seguindo suas inclinações, conforme acharem melhor. Para que isso aconteça, os professores precisam ser muito cuidadosos, sabendo quando e como interferir. Assim, o mais difícil para um professor aprender será ficar em silêncio e deixar a classe se esforçar – principalmente quando acharem que sabem a resposta.

Uma vez perguntaram ao pintor americano Willem de Kooning como as tradições influenciaram seu trabalho. Ele respondeu: "O passado não me influenciou. Eu é que o influencio. (*The past doesn't influence me. I influence it*). Absolutamente correto, pois o passado só é iluminado pela luz da atividade presente. A ninguém é permitida uma visão total do passado. À medida que nossa atividade presente se modifica, muda também nossa perspectiva do passado, o mesmo acontecendo com nossas percepções e habilidades. Como exemplo, vamos considerar dois modelos da história da música ocidental, ambos muito diferentes do modelo tradicional, no qual fundamenta-se nosso atual sistema de educação musical.

Modelo A

Uma das ilustrações da *Ultriusque Cosmi Historia*, de Robert Fludd, escrita em 1617, é um diagrama intitulado "O templo da música especulativa", que mostra como o estudo da música estava dividido naquele tempo. Ali encontramos a divisão do monocórdio, os modos eclesiásticos, as proporções, o estudo do contraponto e assim por diante, tudo claramente esquematizado, de maneira que a música litúrgica do século XVII pudesse ser executada de modo adequado (ver modelo A, p.285).

Esse modelo se justapõe de modo absolutamente violento a um outro, preparado por um estudante universitário do primeiro ano, com o título de *História da música na cultura ocidental*. Ele o fez como uma espécie de guia para orientar as aulas que dava em escolas de música. O tempo dado no currículo foi igual para cada um dos blocos. A ênfase nas áreas que o estudante mais gostava e conhecia é realmente muito sutil. O resto fica obscuro (ver modelo B).

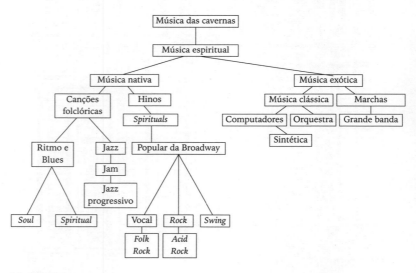

Modelo B

Os elementos da história que conduzem ao presente são úteis. O resto é paleografia e vai exigir a atenção dos musicólogos. Seu trabalho é recuperar tradições esquecidas – para que a "retaguarda" também possa ser um fator de crescimento da arte. Mas o verdadeiro ponto nevrálgico da música deve permanecer na criação do tempo presente, e é a esse objetivo que dedico a maior parte de minha atenção. Os exercícios que emprego estão naturalmente colocados em três grupos:

1. Ouvir
2. Analisar
3. Fazer

Descobri que não é necessário que os exercícios de audição se limitem a fazer juízos distintos a respeito dos sons que encontramos contidos no espaço e tempo de composições e salas de concerto. Um solfejo pode ser trabalhado a partir de quaisquer sons disponíveis no meio ambiente. O principal é que esses sons não devem ser apenas ouvidos, mas também analisados e julgados. Se, por exemplo, estivermos ouvindo o murmurar de folhas ao vento e passar uma escavadeira, o professor não deve perder a oportunidade de apontá-la como um exemplo de má orquestração; do mesmo modo que, na música clássica, se faz uma viola lutar contra os tímpanos. No capítulo 3, intitulado "A nova paisagem sonora", chamei atenção para o fato de que entramos agora numa época da história da música na qual devemos estar tão preocupados com a prevenção do som quanto com a sua produção. Em 1969, o Conselho Internacional de Música da Unesco aprovou moção que indicava igual reconhecimento dessa mudança. Considero-a uma resolução que marca época, uma vez que, pela primeira vez na história, um conjunto de músicos proeminentes, vindos do mundo todo, se viu obrigado a colocar o silêncio à frente da música.

Unanimemente denunciamos a intolerável violação da liberdade individual e do direito de cada um ao silêncio, devido ao uso abusivo de música gravada ou difundida pelo rádio em lugares públicos e/ou privados. Solicitamos à Comissão Executiva do Conselho Internacional de Música iniciar um estudo sob todos os ângulos – médico, científico e jurídico – sem abandonar os aspectos artísticos e educacionais, visando propor à Unesco e demais autoridades mundiais que sejam tomadas medidas no sentido de colocar um fim nesse abuso.

Devemos proceder por etapas: da glória do som à maravilha do silêncio. Em geral, minha própria abordagem é iniciar um curso dando à classe total liberdade para fazer o que desejar. Porém, em arte, só nos é permitido um gesto livre; tudo o mais é disciplina. Assim, pouco a pouco, tento avaliar a imaginação, através da introdução de qualquer regra que pareça estar implícita nesse primeiro ato livre, do mesmo modo que Johannes Itten fez no seu extraordinário "Curso básico", na Bauhaus. Começamos com liberdade, e então, pouco a pouco, nos concentramos no artesanato e na economia. Podemos chamar a isso de contração para dentro da plenitude. A última tarefa poderia ser um simples gesto em um recipiente do silêncio, que é preparado durante semanas ou meses de concentração e treinamento.

Certa vez, quando fui professor visitante, ocorreu uma situação incomum, que nos obrigou a grande concentração, empregando meios limitados. Encontrava-me em uma dessas escolas de estilo aberto, na qual o único lugar à prova de sons é o banheiro. Quando entrei na sala de aula, a professora disse: "Espero que vocês não façam muito ruído". Ela já havia recebido queixas das salas vizinhas. As paredes tinham cerca de dois metros e meio de altura, e pela fenda entre a parede e o forro podia-se ouvir a voz de outro professor dizendo: "... agora, se o raio do círculo foi multiplicado por... etc.".

A situação pedia desempenho não usual, e então falei à classe que gostaria que trabalhássemos juntos para criar um som tão estarrecedor que o professor de matemática fosse obrigado a parar para nos ouvir. "Ele não para nunca", lamentou espontaneamente um aluno. "Tanto mais difícil para nós", respondi, e pusemos mãos à obra. Imaginamos muitos sons e quando chegamos finalmente a um acordo de qual seria o melhor som, nós o experimentamos. E então o interrompemos, prendendo a respiração, para ver o que iria acontecer. Por sobre as paredes, ouvimos: "... então, a solução para o problema do raio será...". "Falhamos", admiti com certa relutância. "Amanhã tentaremos novamente".

Como a música deveria ser ensinada?

Venho discutindo a educação dirigida à experiência e à descoberta. Nessa situação, o professor precisa se acostumar a ser mais um catalisador do que acontece na aula que um condutor do que deve acontecer.

Estou firmemente convencido de que, no futuro, podemos esperar pelo enfraquecimento do papel do professor como figura autoritária e ponto de convergência da aula. Em um trabalho verdadeiramente criativo, de qualquer espécie, não há respostas conhecidas nem informação que possa ser examinada como tal. Depois de colocar algumas questões iniciais (não respostas), o professor se coloca nas mãos da classe, e juntos trabalham inteiramente os problemas. Tenho feito relatos detalhados a respeito de minha própria experiência, em vários lugares, nesses escritos. É suficiente mencionar aqui que, ao fazer "música" com folhas de papel, inventar nossa própria linguagem onomatopaica, colecionar sons em casa e nas ruas, improvisar em grupos pequenos e ao elaborar todas as outras atividades, não fizemos nada que qualquer outra pessoa não possa também fazer, desde que tenha os ouvidos abertos. Essa foi a única habilidade exigida.

Às vezes, pode-se empregar com sucesso técnicas emprestadas de outras disciplinas na educação musical. Da psicologia social, podemos aprender muito a respeito de dinâmica de grupo. O problema aqui é adequar a tarefa proposta com o número ideal de pessoas aptas a realizá-la a contento. Descobri que, para os tipos de problemas heurísticos que gosto de colocar, grupos de sete a nove pessoas são ótimos. Possibilitam a livre discussão e ainda permitem que um líder ou regente conduza e coordene o grupo todo em exercícios ou improvisações. Eu jamais indico esses líderes, mas deixo que surjam naturalmente das classes. O segredo está em distribuir tarefas variadas aos grupos de tal forma que, em um ou outro momento, cada membro descubra naturalmente que possui os requisitos necessários para liderar.

Vivemos numa época interdisciplinar e frequentemente ocorre que uma aula de música recaia em outro assunto. Nunca resisto quando isso acontece. Por exemplo, quando formo os grupos, em geral solicito à classe que se divida em, digamos, quatro grupos do mesmo tamanho. Geralmente isso leva algum tempo. Coloco então um relógio à frente deles e peço para se apressarem. Em certa ocasião, essa atividade levou vinte minutos, com meninos de doze anos. Perguntei então a eles quanto tempo achavam que levariam se eu mesmo os tivesse dividido em grupos. "Talvez vinte segundos". "Isso lhes sugere alguma diferença entre democracia e ditadura?". "Ditadura é mais rápido!". "E por isso melhor". "Não!". E começamos uma discussão do porquê não.

Às vezes, pode-se adaptar com sucesso um modelo de uma outra área. Já usei modelos de teatro, dança, artes visuais, teoria das comunicações, eletrônica – até de beisebol.

Durante um verão, Bill Allgood e eu demos aulas de musicalização num acampamento em Maryland. Sentíamos dificuldades: nada do que propúnhamos despertava realmente o interesse dos alunos. Então, tivemos uma ideia: beisebol musical. Dividimos a turma em duas equipes. A equipe lançadora deveria colocar seus "jogadores" nas bases e no campo adversário. Cada aluno tomou seu instrumento. O lançador tocou um motivo ao acaso, que podia consistir de uma até tantas notas quantos fossem os jogadores da equipe. O batedor tinha que imitar exatamente esse som no seu instrumento. Cada erro era contado como ponto do adversário. Os acertos equivaliam à defesa de bola. Uma vez defendida, a bola era lançada para o jogador correspondente (por exemplo, o segundo jogador, se o motivo fosse de duas notas), que deveria defendê-la pela repetição do mesmo motivo. Se conseguisse, o batedor era eliminado. Se falhasse, o batedor do outro campo fazia um ponto para sua equipe. Trabalhamos com vários tipos de pequenas sutilezas, mas basicamente o jogo foi assim. Jogamos durante vários dias – e certamente nesse processo nossos ouvidos melhoraram consideravelmente.

Quem deveria ensinar música?

Música tradicional: os profissionais. Sem concessões. Somente profissionais. Sendo a música uma disciplina complexa, que abrange teoria e prática de execução, deve ser ensinada unicamente por pessoas qualificadas para isso. Sem concessões. Não permitiríamos que alguém que tivesse frequentado um curso de verão em Física ensinasse a matéria em nossas escolas. Por que haveríamos de tolerar essa situação com respeito à música? Por acaso ela está menos vinculada a atos complexos de discernimento? Não. Será que é possível adquirir-se o controle sismográfico sobre músculos e sobre a energia nervosa, necessários à execução musical, apenas em poucas semanas? Não, não é possível. E não basta dizer que as autoridades em educação estão satisfeitas com o ensino de música desse modo. Nós não estamos! E se não estamos satisfeitos, nós é que precisamos mudar o sistema, até atingir a situação desejada.[6]

Somente o aluno altamente qualificado e com aptidões musicais deveria ser encorajado a empreender o extensivo programa de

---

[6] No sistema escolar norte-americano, os professores de Ensino Fundamental geralmente são solicitados a atuar em todas as disciplinas. Os cursos de Magistério também lhes oferecem treinamento mínimo em educação musical. Quando trabalhei com professores do Ensino Fundamental 1, na Faculdade de Educação da Universidade Simon Fraser, o tempo previsto para o programa de música era de três horas semanais, durante quatro meses. Isso é típico na maioria dos cursos. Esse fato precisa ser entendido para uma melhor compreensão dos parágrafos que se seguem. Sabendo que com tais limitações não se poderia efetivamente ensinar "música", desenvolvi então o curso "Limpeza de ouvidos" como substituto. (N.A.)

treinamento necessário ao ensino de música, no sentido tradicional. Sem concessões. Rejeitamos a ideia corrente de que o professor deva ser uma espécie de herói renascentista, igualmente eficiente em quinze disciplinas. Pode ser que fiquemos sempre com falta de professores de música qualificados, porém é preferível poucas coisas boas a muitas de má qualidade. Talvez, o professor itinerante seja a única solução para as regiões menos populosas do país, que não têm condições de manter professores qualificados em base permanente.

Por professor de música qualificado quero dizer não apenas alguém que tenha cursado uma universidade ou escola de música, com especialização nessa área, mas também o músico, profissional de música que, por sua capacidade, conquistou lugar e reputação numa atividade tão competitiva. No momento, um dos pontos obscuros na política educacional (ao menos na América do Norte) é a sistemática exclusão dessas pessoas do ensino. Os músicos profissionais poderiam trazer como subsídio à educação musical uma devoção e uma competência que nem mesmo a educação universitária dá garantia de produzir. A educação musical é assunto da competência de músicos os melhores que possamos conseguir, de onde quer que possam vir.

Dalcroze, o grande educador musical suíço, escreveu:

> Num sistema social ideal, todos têm a obrigação de partilhar a sua arte e aprendê-la livremente; todo músico verdadeiro, artista e compositor, dedicará uma hora diária ao ensino da música, em benefício da comunidade – só então o problema estará solucionado.

Queremos conservar as coisas boas do passado e desenvolver outras tantas coisas boas de nosso próprio tempo. Na descoberta de novos caminhos, a virgindade intelectual tem suas vantagens. Por conseguinte, pareceria possível e até desejável que, ao procurar recrutas para o ensino da música no "tempo presente", aceitássemos justamente aquelas pessoas que, apesar do amor pela matéria, não possuíssem as qualificações necessárias ao professor tradicional. Sua "inocência" descompromissada poderá ser útil na descoberta de novas técnicas e abordagens. As Faculdades de Educação ou cursos de Magistério com um programa completo de educação musical não terão oportunidade de passar aos alunos-professores técnicas e informação suficientes para fazer deles professores de música confiáveis e inspirados, no sentido tradicional. É necessária, então, uma alternativa especial, e creio que algumas ideias que tenho defendido possam ser de grande valor. Sem saber nada, poderíamos tentar, no pouco tempo disponível, descobrir tudo o que pudermos a respeito do som – sua condição física, sua psicologia, a emoção de produzi--lo na garganta, ou de encontrá-lo no ar, fora de nós mesmos. Será colocado que esses professores não estarão ensinando música. Talvez não. Mas seus simples exercícios de sensibilidade sonora poderão ser mais valiosos do que todos os disparates que, de outro modo, poderiam comunicar em nome de uma arte que eles não têm o direito de ensinar. Suponhamos que esses professores tenham dedicado suas aulas a limpar uma tal quantidade de ouvidos, que por todo o país cresça um protesto militante que sirva para combater os detritos de sons acumulados em nosso meio ambiente. Isso não seria ótimo? Não seria talvez mais positivo do que uma insípida interpretação *noch einmal*,[7] de Mozart?

    Quero acrescentar, também, minha firme convicção de que o colapso das especializações e o crescimento do interesse nos empreendimentos interdisciplinares não devem passar despercebidos a quem esteja engajado em qualquer tipo de educação musical. Durante o século XX, as artes têm-se mostrado suscetíveis à fusão e à interação. Considero que é somente questão de tempo até que os estudos de mídia sejam adotados em aula, quando as diversas artes individuais poderão emergir dos compartimentos em que foram colocadas há tanto tempo e propiciar uma interação ao mesmo tempo estimulante e poderosa. Dalcroze estava certamente muito à frente de seu tempo quando, por volta de 1900, desenvolveu sua eurritmia, pela qual o treinamento na arte temporal da música foi

---

7 Mais uma vez – em alemão no original. (N.T.)

atraído para dentro da sinergia, com a atividade do movimento do corpo no espaço.

O perigo desses exercícios sinestésicos é que o excesso de indulgência possa levar à confusão dos sentidos e à acumulação inútil de recursos em detrimento da acuidade da experiência sensorial. Esse é o problema com a maior parte das formas de arte em multimídia hoje. O extenso estudo sobre um ponto, feito por Kandinsky em seu livro *Do ponto e linha ao plano*, precisa ser estendido às outras artes (na música, por exemplo, com um único som) antes de ousarmos embarcar em complexos empreendimentos combinatórios. Devemos voltar às mais elementares formas de qualquer arte – as formas matrizes – cada vez que quisermos avançar em uma nova direção. Somente quando estiverem purificadas e apreendidas claramente será possível lançar-se em um novo programa de estudos integrados.

Como já coloquei aqui, é estranho que os tradicionais departamentos de música sejam os lugares mais indicados para se lidar com educação musical no "tempo presente", pois seu estudo requer talentos para os quais esses estabelecimentos passaram ao largo. Será preciso, então, procurar outros lugares mais apropriados para que efetivamente se avance nessa área. Dentro de pouco tempo, pode ocorrer até para as universidades que esses avanços também sejam desejáveis, necessários, inevitáveis.

Notas sobre notação

Em 1966, numa tarde ensolarada na cidade de Toronto, me vi diante de uns duzentos estudantes de Ensino Médio e propus a eles fazer um teste de associação de palavras. Assim que soubessem a palavra-chave, deveriam escrever a primeira coisa que se lhes passasse pela cabeça. A palavra era "música".

45 estudantes escreveram "notas".
25 escreveram "som(ns)".

23 o nome de um instrumento que não o piano.
16 estudantes escreveram "piano".
12 escreveram "compositor", ou o nome de um compositor.
11 escreveram "professor" ou "professora Fulana".
9 estudantes escreveram "melodia" ou "cantiga".
8 estudantes escreveram "pauta".
7 estudantes mencionaram discos ou astros do disco.
6 estudantes escreveram "papel pautado".
6 estudantes escreveram "escola".

Os restantes fizeram uma combinação de associações que ia de "amor" e "paz" até "aborrecimento".

Esses resultados me desnortearam. Já suspeitava, naturalmente, que o material da música competia de modo incômodo com o espírito da arte; porém, quando quase um terço dos alunos reage ao tema escrevendo "notas", "pentagrama" ou "papel pautado", é urgente uma reavaliação das técnicas de ensino vigentes.

Música é algo que soa. Se não há som, não é música.

Sempre resisti à leitura musical, nos primeiros estágios de educação, porque ela incita muito facilmente um desvio da atenção para o papel e para a lousa, que *não são os sons*.

Quanto tempo é gasto na educação musical em exercícios silenciosos – caligrafia do desenho de claves – ou de qualquer outra maneira, adquirindo conhecimento silencioso sobre coisas que não são úteis nem desejáveis?

A notação musical convencional é um código extremamente complicado, e para dominá-lo são necessários anos de treinamento. E enquanto não se consegue dominá-la é impossível sentir segurança. É discutível se teremos ou não todos esses anos para esbanjar num sistema público de educação. O ideal, o que precisamos, é de uma notação que pudesse ser aprendida em dez minutos, após os quais a música voltasse a seu estado original – como *som*.

No Irã, um mestre cego ensina um grupo de seis alunos a tocar o *santour*. Ele executa uma frase muito ornamentada e acena para um dos alunos, que a repete. Se o fizer corretamente, o mestre toca nova frase e chama outro aluno. Se este cometer um erro, o professor repete a frase e o chama outra vez. Às vezes, o aluno antecipa a frase que está sendo ditada pelo mestre, o que resulta numa complexa heterofonia. A aula dura duas horas. Não se pronuncia uma palavra. Nenhuma nota é escrita.

Vivemos num entreato de épocas. Enquanto países como o Irã estão entrando na era da alfabetização, o Ocidente está mergulhando na fase do segundo analfabetismo.

A televisão substitui o livro didático, e o gravador, a partitura. Ainda não sabemos se a notação convencional vai sobreviver a esse golpe, porém a rápida ruptura que está passando nas mãos dos atuais compositores de vanguarda nos sugere que é preciso uma revisão total. No momento, entretanto, devemos lidar com uma multiplicidade de sistemas, e todo esse assunto deve dar muito o que pensar ao educador.

A notação musical consiste de dois elementos: o gráfico e o simbólico. A história da música ocidental mostra que, no princípio, o gráfico tendia a predominar. As dimensões de tempo e altura eram colocadas nos eixos vertical e horizontal da página e os sinais diacríticos gregos ´, `e ^ foram empregados para indicar movimento: para cima, para baixo e acima e abaixo, respectivamente. Depois, as convenções simbólicas se tornaram mais pronunciadas: o uso de claves, notas brancas e pretas, acidentes, armaduras de claves e sinais como *p*, *f*, *ritardando* etc. Não existe analogia entre esses sinais e o que eles indicam; são, apenas, símbolos convencionalmente aceitos como apropriados para sugerir certas estratégias musicais. Muitas vezes os aspectos gráficos e simbólicos estão em relação estreita, mesmo que possam ser separados. Por exemplo, tomem-se essas duas figuras: °• A primeira precede a segunda em tempo, porque também a precede no espaço da página (gráfico). Mas não são o tamanho, a forma ou a extensão das duas figuras que vão determinar sua duração; é a convenção de que as figuras pretas são mais curtas que as brancas (simbólico).

O rinoceronte na sala de aula

No nosso sistema de notação, às vezes, há dois sinais para indicar a mesma coisa, um gráfico e outro simbólico. Por exemplo, a palavra *crescendo* e o sinal <. Em geral, podemos dizer que, na notação convencional, os elementos simbólicos são mais organizados e, por conseguinte, tendem a predominar. A diferença entre as notações simbólica e gráfica é que a primeira nos dá uma informação mais precisa, enquanto a segunda indica a forma geral da peça. Sem conhecer nada a respeito de notação, o músico inexperiente tende a achar que o sinal é mais gráfico que simbólico. Ele quer indicar a forma geral da sua composição; ainda não aprendeu a tratar os detalhes.

Jamais falo de notação no início. Quando eventualmente surge o tema, deixo que a classe lute um pouco com ele. A essa altura já estão compondo peças, que podem ser vocais ou concebidas para instrumentos simples de percussão. Como em geral os alunos trabalham em grupos menores, podem conduzir esses pequenos exercícios discutindo antes o que pretendem fazer.

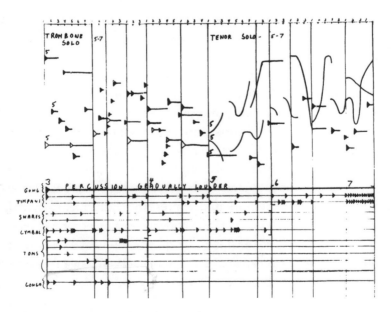

Um exemplo de notação feito por um aluno.

À medida que as tarefas se tornam mais elaboradas, chega o momento em que a escrita se torna inevitável, e então deixo que desenvolvam a sua própria, utilizando os meios que quiserem. Essas primeiras partituras são sempre muito coloridas, mas, em geral, não dão muito certo. De qualquer forma, é interessante observar que tipo de informação contêm: o que mais os preocupa é a altura, o ritmo, ou o timbre? Alunos diferentes reagem de maneiras diferentes, mas são poucos os que em suas primeiras tentativas procuram levar em conta todos os parâmetros da expressão musical. Mostrando a eles o que foi pouco cuidado, pode-se levá-los a uma consideração mais profunda da experiência total de fazer música. Isso se consegue tomando uma partitura e dando-a a um grupo estranho para executar; então, pode-se perguntar ao autor se a interpretação o satisfez. Tenta-se determinar quais aspectos da música foram omitidos, e nova tentativa é então feita, para que a notação resulte mais precisa.

Dessa maneira, começa a se desenvolver um interesse por teoria musical. Esse é o momento de se introduzir a notação convencional, que, provavelmente, ainda é o sistema mais adequado à comunicação da maior parte das ideias musicais. Quando isso é descoberto pelos alunos, o desejo de dominar a técnica cresce rapidamente.

Com frequência me pergunto se não seria possível desenvolver uma transição mais satisfatória entre as primeiras notações exóticas que meus alunos produzem e o sistema convencional. A grande beleza dos primeiros trabalhos de George Self[8] está em que, através do uso de alguns poucos sinais básicos da teoria tradicional, elaborou um sistema que permite uma expressão relativamente livre de ideias musicais, sem violar a teoria convencional. Comprovei que o método de Self pode ser ensinado em quinze minutos a crianças de 6 anos, de maneira que, ao final desse tempo, elas consigam escrever e executar pequenas peças inventadas por elas.

---

8 Self, *New Sounds in Class*.

Os pontos básicos são estes: uma linha permite três tipos de altura – aguda, média e grave –, segundo se indique acima, na linha ou abaixo; há dois tipos de figuras – pretas para os sons curtos e brancas para os longos –; duas diferenciações dinâmicas – forte e piano. Barras são empregadas para assinalar as indicações do regente. Todos os potenciais para qualquer tipo de expressão musical foram introduzidos em embrião.

Deve ser possível um desenvolvimento posterior, a partir desse ponto. Por exemplo, pelo acréscimo de mais uma linha será possível obter cinco regiões de altura, o que resulta num sistema pentatônico, ou, com duas linhas a mais, podemos ter um sistema modal de sete notas. Juntando mais duas linhas e duas claves em várias posições, podemos ter os modos, começando em Fá, Ré e Lá na clave de Sol, e em Lá, Fá e Dó na clave de Fá. Raramente poderiam ser feitas transposições com maior facilidade do que com esse sistema.

Para ser útil, a notação precisa ser objetiva. Notações subjetivas podem ser atraentes, porém, a menos que possam ser comunicadas a outras pessoas, o compositor poderá ter surpresas desagradáveis. Uma tarefa especial dos educadores musicais deveria ser a de inventar uma ou mais novas notações que, sem se afastar tão radicalmente do sistema convencional, possam ser dominadas rapidamente, para que assim a maldição dos exercícios de caligrafia nunca mais volte a tirar o prazer da criação musical viva.

Um exemplo de notação, por um aluno.

A caixa de música

Há alguns anos, *kits* educacionais tornaram-se moda na América do Norte, substituindo, junto com a televisão, filmes e gravações, o livro didático. Foi parte de uma legítima tentativa de alguns educadores no sentido de flexibilizar o currículo, para que este pudesse ser mais bem manipulado, tanto pelo professor quanto pelo aluno, de acordo com as necessidades individuais.

Ao longo de minha vida, tenho assistido a transformação nos aspectos básicos da educação e do meio ambiente. Quando éramos jovens, o que estudávamos era estritamente controlado. Memorizávamos razoável quantidade de assuntos: poesias, datas, mapas e tabuadas. Tudo era programado e previsível. Por outro lado, nosso meio ambiente fora da escola era bem livre. Tínhamos espaço para brincar em contato com a natureza, construíamos refúgios nas árvores, fazíamos cavernas, pescávamos ou brincávamos de *cowboys*, inventávamos e fazíamos descobertas, sem sermos molestados por nossos pais ou professores.

Hoje é muito diferente. A criança urbana moderna vive num ambiente no qual a imaginação se mantém prisioneira. As ruas de sua cidade são traçadas com rigor euclidiano e o pouco tempo que se tem é dividido entre jogos organizados e ciclos de entretenimento, tais como as séries de TV. Como reação à disciplina do meio exterior, a educação está agora se convertendo em um caminho para a descoberta. As paredes da sala de aula estão caindo. Agora, as crianças são estimuladas a movimentar-se com liberdade, a inventar, a encontrar um *hobby* ou a usar a imaginação de modo não ortodoxo – exatamente o que nós fazíamos nos campos em nossa juventude.

A educação hoje é ainda antiambiental, mas totalmente oposta àqueles dias em que o sino da escola, o ponteiro e a palmatória representavam quartéis militares contra os campos selvagens, de árvores e lagos, cavalgadas e tempestades de neve.

O objetivo de qualquer *kit* de multimeios é introduzir um pouco de entropia na aula. Mas, como muitas ferramentas mal utilizadas, os *kits* começaram logo a ser produzidos em massa e oferecidos em embalagens vistosas, na Avenida Madison, por ambulantes cujas mentes eram tão abertas quanto um nó apertado. Ou seja, o que conseguiram foi que os *kits* não cumprissem a função de novas possibilidades, tornando-se somente novas formas de autoridade, tão lineares quanto um livro.

Se alguém quiser inventar um *kit* para a sala de aula moderna, a primeira coisa a se pensar é numa desordem engenhosamente construída. O ser humano é fundamentalmente antientrópico, isto é, trata-se de um organizador que parte do acaso em direção à ordem. Portanto, se desejarmos que a ideia de ordem ocorra à criança, devemos começar com um pequeno caos. Foi assim que procederam nossos antepassados para produzir as catedrais góticas, as pirâmides e os jardins japoneses, partindo do ambiente aleatório em que se encontravam. Se estiver diante de uma informação já elaborada, a criança não pode inventar, só vai poder memorizar ou, em último caso, rejeitar e destruir.

Mas a impressão de desorganização do *kit* multimeios deve ser uma ilusão, pois, na realidade, por ser incompleto, ele revela sua utilidade nos incentivos que seu conteúdo sugere. Nesse sentido, podemos falar de possibilidades que estão além do próprio material, esperando para ser descobertas. A medida de um bom *kit* está na distância que separa o seu conteúdo original, que pode ser modesto, do uso imaginativo que sugere a seu usuário.

Em 1969, recebi um convite do Ontario Arts Council para participar da preparação de um *kit* multimeios para a educação musical. Trabalhei cerca de dois meses com várias pessoas (Harry Freedman, Harry Somers, Linda Zwicker e meu irmão Paul) para produzir um *kit* de desordem calculada chamado *A caixa de música*.[9]

Começamos dividindo o vasto campo da música em diversas áreas e, então, procuramos descobrir materiais e ideias para cada uma delas. Nossas categorias gerais foram:

1. Instrumentos e produtores de som
2. Fitas e discos
3. Partituras
4. Artigos, panfletos e folhetos
5. Cartões de ideias
6. Itens de motivação (sugerindo ligações com outras áreas)

A caixa completa continha perto de trezentos itens, de modo que vou mencionar aqui apenas alguns de cada categoria, para dar uma ideia do que tentamos abranger.

---

[9] Publicado depois pela University of Toronto Press.

1. Instrumentos e produtores de som

Convencionais:
- sinos
- pequenos chocalhos[10]
- pandeiros
- *erh-wa* (instrumento de cordas chinês)
- *wood-blocks* (blocos de madeira)
- flauta japonesa
- etc.

Não convencionais:

- folha de papel onde se lê: "este pedaço de papel é um instrumento musical. Quantos sons você pode produzir com ele?"
- estetoscópio, para ouvir o coração, o estômago ou ainda as paredes dos edifícios
- balões, para serem enchidos com açúcar, arroz ou bolinhas
- etc.

2. Fitas e discos[11]

- uma fita com sons eletrônicos aleatórios e equipamento de edição, para criar composições em fita
- um LP de uma ópera chinesa
- um velho 78 rpm de música popular vindo de um sebo
- etc.

---

10 *Pellet drums* no original: tipo de chocalho que tem grãos de milho ou arroz em seu interior. (N.T.)
11 No original, *Tapes and records*. À época em que foi escrito o livro, este era o recurso utilizado para ouvir gravações. Uma caixa semelhante, mas atualizada, teria outras mídias hoje disponíveis. (N.T.)

3. Partituras[12]

- inscrições cuneiformes babilônicas não decifradas, que se supõe serem notação musical (com a esperança de que algum jovem criptólogo consiga fazer o que os assiriólogos ainda não conseguiram)
- método estocástico de composição de Mozart, para escrever um número ilimitado de minuetos por meio do arremesso de dados, e seleção de frases, a partir do conjunto pré-fixado
- algumas notações orientais
- exemplo de uma página musical de 1890, intitulada *Um beijo por telefone*
- etc.

4. Artigos, panfletos e folhetos

Uma coleção de material impresso, referente à história da música, apreciação, acústica, gravadores e equipamentos eletroacústicos, poluição sonora e conservação da audição, ao lado de ilustrações de instrumentos musicais, programas e comentários de antigos concertos locais, velhos recortes de jornais locais etc.

5. Cartões de ideias

Foram desenvolvidos como desencadeadores de discussões em grupos ou para facilitar o início de projetos individuais. Grande parte do material contido nesses cartões foi extraída de minhas publicações anteriores. Aqui estão alguns exemplos, que não se encontram nelas, embora também tenham a intenção de levar o leitor a participar de suas soluções.

---

[12] Método estocástico: um método que inclui o acaso na escolha de elementos de composição. Mozart utilizou esse método, em que a escolha das frases pelo instrumentista depende do lance de dados.

O rinoceronte na sala de aula

Você tem quatro sons e um minuto.

Experimente andar em silêncio absoluto. Ouça os sons imensos que produz.

Uma vez, um compositor tomou a gravação de uma sinfonia e, regravando-a várias vezes, reduziu-a a um simples *click*.
P. Como conseguiu?

Se as salas de concerto tivessem este formato

ou este

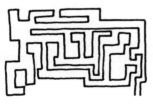

ou este

em vez deste,

que tipos de concertos poderiam resultar?

Usando somente sua voz, mas sem pronunciar palavras, conte a um colega: (1) onde você escondeu determinado objeto; (2) suas impressões acerca de um feriado; (3) suas impressões a respeito de um amigo comum; (4) como se sente fazendo este exercício.

Encontre um objeto tridimensional. "Cante-o" enquanto se movimenta em volta dele.

Com sua voz, descreva o som que uma pá faz:
(a) na argila
(b) no cascalho
(c) na areia
(d) na neve

Cante um *glissando* ascendente constante até a oitava, durante exatamente dez segundos.

Traga para a escola um som agudo, estremecedor. No dia seguinte, um escuro e lúgubre, depois um explosivo, etc.

Na sua própria linguagem, crie uma palavra para descrever o som de caminhar:
(a) na neve fresca
(b) na neve endurecida
(c) na neve que começa a derreter

Improvise um solo e grave-o. Reproduza o que gravou. Acrescente ao vivo uma improvisação em contraponto.

Você pode pensar num som que tenha sido produzido durante os últimos quinze minutos, mesmo que não o estivéssemos ouvindo?

O som de uma bandeira se agitando ao vento.

O som do edifício mais alto da cidade, caindo.

Converta esta sala em uma orquestra.

A matéria inanimada cresce quando novas partículas são acrescentadas à *parte externa* das velhas, como uma bola de neve.

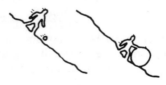

A matéria viva cresce quando as novas partículas crescem *entre* as velhas.

A música está viva ou morta?

O som de unhas no vidro.

Se Chopin é

e Bach é

como são Beethoven, Debussy e Stockhausen?

Todos os pianos dos subúrbios estão adormecidos. Vá acordá-los.

Vamos estabelecer um arquivo de sons que estão desaparecendo. Quantos deles você poderia gravar em fita?
– penas de ganso no papel
– cortadores de grama manuais
– bondes
– manteiga ao ser batida
– sino manual de escola
– máquinas de costura com pedal
– cavalos em calçamentos de pedra
– explosão surda de câmeras fotográficas antigas.
Você pode encontrar outros?

6. Itens de motivação

- concha marinha
- audiograma
- disco estroboscópico
- caleidoscópio
- par de correias de borracha com fitas (para dançar?)
- uma venda feita de papel escuro, para tapar os olhos e ouvir no escuro
- filme transparente de 16 mm e material para desenhar nele
- esquema para construir um oscilador de ondas sinoidais
- esquema para construir um rádio-receptor-transistorizado
- esquemas para construir instrumentos musicais
- um jogo de isoladores auditivos (tapa-ouvidos)
- etc.

Quando a *Caixa de música* estava quase terminada, experimentamos sua aplicação durante vários meses em quatro escolas diferentes. Os professores acharam muito cansativo trabalhar com ela, já que poderiam aparecer tantos projetos, simultaneamente, quantos alunos houvesse. Outra dificuldade foi que muitos itens da *Caixa* foram logo destruídos ou perdidos. Naturalmente, isso estava previsto e, em nossas notas preliminares, tivemos o cuidado de prevenir professores e alunos, deixando claro que a *Caixa* deveria ser considerada um processo ininterrupto, ao qual deveriam ser acrescentados continuamente ideias e materiais próprios. Sugerimos até que uma classe construísse sua caixa e a apresentasse às outras classes.

Não convém que um dos autores da *Caixa de música* fique com a última palavra, por isso vou juntar dois comentários. Um deles é uma carta de um dos primeiros professores a ter experimentado a *Caixa* dirigindo-se a um dos futuros usuários.

"Querida Valerie,
devo começar pedindo desculpas por demorar tanto a lhe escrever. Tenho andado tão ocupado que é de admirar que ainda tenha tempo

para ensinar. (Sem dúvida, você conhece bem essa sensação.) Vou tentar responder às suas perguntas e acrescentar algumas que, acho, podem ser de seu interesse também.

Primeiro a "caixa de música" de multimeios está realmente me ajudando a formular minhas ideias e propostas para a educação musical. Literalmente, há muito mais para descobrir na música do que apenas aprender a cantar ou tocar um instrumento; não quero dizer que esteja tirando o mérito dos programas vocais ou instrumentais, mas que, frequentemente, esses podem nos levar a formas estreitas de tratar a música. Espero sinceramente que um bom programa de música contenha trabalho vocal e instrumental e atividades que se desenvolveriam a partir da *Caixa de música*. Não presumo que a *Caixa* seja o único caminho para sair desse estreito procedimento, mas para mim ela está funcionando bem.

Disse muito pouco aos alunos a respeito da *Caixa*, antes de começarmos. Apenas: "Tenho uma surpresa para vocês na semana que vem". Ela foi colocada no meio da sala. Comentei rapidamente que podiam trabalhar um a um ou em grupos e que, se precisassem, havia vários gravadores, toca-discos e projetores à disposição na sala. A partir daí, simplesmente deixei que explorassem a caixa em grupos e gastassem algum tempo fazendo o que quisessem. A reação inicial foi de grande excitação. Depois de quase quarenta e cinco minutos, coloquei um ponto final na algazarra e tivemos uma boa conversa a respeito do que faríamos a partir daí. Essa discussão foi muito importante, e consegui respostas imediatas sobre o que queriam fazer e de que equipamentos adicionais iriam precisar para suas atividades particulares... Tanto os alunos quanto eu sentimos que seria preciso ao menos duas ou três sessões exploratórias – ou até mais, segundo alguns. A parte mais importante do programa é *O que vamos fazer a partir de agora?* Relaciono a seguir algumas das atividades que desenvolvemos até o momento, com três classes (de sétimo, oitavo e nono graus).[13]

---

13 No sistema educacional brasileiro correspondem, aproximadamente, ao 8º e 9º anos do Ensino Fundamental e ao 1º ano do Ensino Médio. (N.T.)

1. Desenhos em filme transparente de 16 mm, com marcadores coloridos (arte abstrata, animação, grafites de todos os tipos): grande número de descobertas sobre a quantidade de fotogramas por segundo, trilhas sonoras etc.
2. O mesmo que o anterior, porém com trilhas sonoras criadas por eles.
3. Experiências com todos os tipos de sons. Alguns alunos se mostraram até dispostos a ir em casa para procurar os sons mais interessantes e alvoroçados que pudessem descobrir e depois trazê-los para a escola.
4. Experiências com sons em gravador; retardando e acelerando a velocidade para produzir novos sons, e então organizá-los como "composições para gravador".
5. Construção e utilização de aparelhos eletrônicos simples (geradores de som).
6. Estudo básico da física do som, com a ajuda de um osciloscópio.
7. Composição para uma voz (ou várias), um ou mais instrumentos, instrumentos e/ou vozes, além de outros sons.
8. Composição, como no item acima, porém utilizando-se de notação feita com pontos, linhas finas e grossas, ascendentes e descendentes etc., em vez de notação convencional na pauta.
9. Composição escrita na maneira convencional.
10. Leitura, discussão e experiência com o material impresso da caixa de música.
11. Pesquisa sobre o funcionamento de um alto-falante.
12. Aprender a tocar novos instrumentos.
13. Um estudo da música em outras culturas e épocas.

Estas são basicamente as nossas atividades até agora. Alguns alunos começaram a trabalhar em uma delas, a abandonaram e, mais tarde, retomaram. Outros estão trabalhando todo o tempo na atividade escolhida. Um terceiro grupo de alunos mostrou-se interessado durante os dois ou três períodos iniciais; depois disso não voltaram mais. De modo geral, cerca de 50% da classe está trabalhando em atividades que surgiram de experiência com a *Caixa de música*. Os que não quiseram trabalhar com ela formam uma pequena banda ou pequeno conjunto, comigo ou com um aluno como regente. O único problema realmente tem sido este: ter que estar em muitos lugares ao mesmo tempo. Realmente, esse trabalho desenvolve a independência dos alunos, pois eu não posso ser simultaneamente motivador, consultor, fornecedor de recursos e regente em cinco ou seis lugares diferentes da escola. Não há dúvida: é mais fácil trabalhar com uma banda ou um coro, com todos os alunos à sua frente, ao mesmo tempo. Sinto que a importância do que estamos fazendo requer flexibilidade, capacidade de adaptação e uma considerável dose de energia por parte do professor.

Na minha opinião, o programa até o momento tem sido um sucesso, pois, enquanto os alunos tiverem liberdade de escolher entre várias atividades, vão sentir também uma enorme alegria em descobrir, experimentar e aprender.

Sinceras saudações.

Um professor exausto".

O segundo comentário a respeito da *Caixa* foi tirado de um artigo de um jornal de Toronto.

Dispendiosa cacofonia

Em nossos dias, já não faz sentido ser dogmático a respeito do que é a música ou o que é um instrumento musical – circunstância esta felizmente aproveitada pelo Ontario Arts Council para seu projeto da *Caixa de música*. Ela é descrita no obstinado jargão dos educadores contemporâneos como uma ferramenta não estruturada de ensino de multimeios. Preparem-se que vamos tirar a tampa: fitas, discos, partituras musicais de vanguarda, folhetos, páginas antigas de músicas do mundo todo, uma concha marinha, castanholas, sinos, *Kazoos*, um pandeiro, chocalhos, harmônica, um pedaço de corrente, um ralador de queijo e um dedal, um *erh-wa* chinês (não nos pergunte) e quase trezentos outros itens musicais exóticos.

Todo esse pacote cacofônico poderá ser seu por apenas trezentos e noventa e cinco dólares, embora suponha-se, obviamente, que a maior parte deles vá para as escolas. Talvez esses pacotes sejam dirigidos mais ao professor que pensava que já tinha tudo de música do que aos pais, que achavam que já tinham demais.

Haverá sentido em procurar segurar o teto dos gastos em educação se o Ontario Arts Council tenta levantar o telhado?" (*The Globe and Mail*, 1º de dezembro de 1971).

Trenodia

Seria um erro pensar que, pelo fato de os jovens serem menos preparados que os profissionais em suas habilidades musicais, seja mais fácil compor música para eles. Poder-se-ia dizer que a pobreza de repertórios estimulantes para o jovem contemporâneo sugere justamente o contrário. Muitos compositores parecem colocar as limitações técnicas de grupos de jovens aquém ou além de suas possibilidades.

De todas as minhas incursões nessa forma, uma das mais ambiciosas é *Threnody*,[14] escrita para a Sinfonia Jovem de Vancouver e que estreou em 1967. É difícil encontrar um tema que tenha conexão com a juventude de hoje. Queria descobrir algo que engajasse tanto suas mentes quanto seus ouvidos, como também sua consciência e musicalidade. *Threnody* foi uma tentativa de solucionar essas questões.

Há momentos em que se é levado a pensar que os grandes dias da música religiosa terminaram. A Igreja foi, em outras épocas, um dos maiores mecenas da música; poderosa, ela podia sustentar os serviços dos melhores músicos. A suntuosa música religiosa de

---
14 Ode de caráter fúnebre. (N.T.)

Guillaume de Machaut e Monteverdi, de Mozart e Schubert testemunha séculos de um excepcional patrocínio musical. A partir da época de Beethoven, porém, a música religiosa que foi produzida raramente originou-se nas igrejas, e a maior parte das peças passou a ser executada nas salas de concerto. Um compositor contemporâneo declaradamente religioso como Stravinsky tem sido privado de seu mais autêntico benfeitor; e a expressão vibrante, que ele e outros poderiam ter levado à Igreja, foi rejeitada, muitas vezes em favor de fracos substitutos. Parece que o gosto de Deus tem se deteriorado nos últimos anos.

Apesar do desinteresse da Igreja em patrocinar as mais contemporâneas ou ambiciosas formas de expressão musical, os compositores não têm mostrado desinteresse equivalente deixando de compor música religiosa.

Espero que sob a égide de música religiosa se possa entender qualquer peça que tenha forte ética cristã e implicações humanitárias. Enquanto escrevia o parágrafo anterior, pensava menos nas deliciosas obras de compositores com Benjamin Britten, com textos que glosam aspectos da Bíblia ou da Liturgia, e mais nos inúmeros trabalhos de compositores modernos (populares e clássicos), que adotam posições morais a respeito dos problemas contemporâneos, tais como guerra, discriminação racial e todo o tipo de comportamento humano indigno – pois o Cristianismo tem soluções para esses problemas. O trabalho que vou descrever é desse tipo. Existem dois propósitos principais na execução, dos quais apenas um é musical. A música é utilizada aqui como o meio mais rápido de transportar o público a um ponto emocional a partir do qual ele passa a se dar conta da estupidez da guerra, de todas as guerras, de todas as apologias das guerras.

Threnody é uma peça para a juventude, com dezoito minutos de duração. Foi escrita para orquestra e coro jovens, cinco narradores com idades entre oito e dezoito anos e sons eletrônicos. É um protesto antiguerra. Os textos lidos pelos narradores provêm de dois documentos: (1) relatos feitos por crianças e jovens, testemunhas oculares da explosão da bomba atômica em Nagasaki em 9 de agosto de 1945; (2) comentários e telegramas enviados e recebidos pela Potsdam Conference em julho de 1945, que se seguiram aos primeiros testes de explosão bem-sucedidos realizados pelos Estados Unidos. O primeiro texto é narrado por crianças; o segundo, por vozes de adultos, gravadas em fita. A oposição criada é violenta. Por exemplo:

> VOZES MASCULINAS GRAVADAS: Os testes superaram amplamente as expectativas mais otimistas... Os efeitos da detonação foram tremendos... O Presidente mostrou-me telegramas a respeito das recentes experiências. Estava bastante inclinado a usar esse teste como argumento a nosso favor, nas negociações... O Presidente estava satisfeito e disse que esses acontecimentos lhe deram a base para lançar uma advertência final.

> VOZES INFANTIS: Cinco minutos depois, veio uma menina andando com esforço pela estrada. Suas roupas estavam esfarrapadas e os cabelos desgrenhados. Quando cheguei perto de Urakami, comecei a encontrar muita gente ferida. Vinham cambaleando, chorando como loucos. Seus rostos, pescoços e mãos estavam em bolhas e em alguns pude ver pedaços de pele que se desprendiam e ficavam penduradas, balançando.

Threnody é uma peça perturbadora. O prefácio da partitura é uma citação do cientista Jacob Bronowski, extraída do seu livro *Science and Human Values*:

> Quando voltei do choque físico de Nagasaki... tentei persuadir meus companheiros nos governos e nas Nações Unidas de que Nagasaki deveria ser conservada exatamente como estava. Queria que todas as futuras conferências sobre desarmamento e outros temas que pesam no destino das nações pudessem ser controladas naquele cinzento e desolado mar de escombros. Continuo pensando como antes, que somente nesse contexto terrível os homens de estado poderiam fazer apreciações realistas a respeito dos problemas que

manipulavam em nosso nome. Infelizmente, meus colegas oficiais não pensavam como eu; pelo contrário, eles me apontaram que os delegados se sentiriam desconfortáveis em Nagasaki.

Threnody está concebida em uma linguagem contemporânea, sempre considerando, porém, a faixa etária do grupo que a executa. Dentro de uma estrutura controlada, há varias secções nas quais os jovens cantores e instrumentistas têm oportunidade de realizar improvisações planejadas. Planejadas e não espontâneas, porque as secções de improvisação estão sempre em oposição a trechos dos textos falados, aos quais devem proporcionar clima e ilustração adequados. Nos ensaios, geralmente tento fazer com que os solistas instrumentais e os narradores ensaiem juntos, dirigindo constantemente a atenção dos músicos para o sentido das palavras que estão acompanhando. Para executar *Threnody* de maneira adequada, deve-se adotar uma posição ética em relação ao tema.

Em todos os ensaios (e tenho estado presente na preparação de várias apresentações e com grupos diferentes) nota-se uma seriedade e uma intensidade crescentes à medida que se manifesta o tema da obra. No início, às vezes, prevalece um clima bastante leve, devido, em parte, à grafia peculiar da partitura, que contém algumas idiossincrasias notacionais. Aos poucos, porém, os executantes vão se ajustando à gravidade contida nos textos que estão recitando e acompanhando. À medida que o trabalho avança, fica claro que estão se questionando. Os participantes mais jovens algumas vezes não chegam a se dar conta da natureza da tragédia. Suas representações inocentes dos textos tão escuros e pesados dão ao conjunto uma tal comoção que é difícil de descrever, mas emocionante vivenciar.

Lembro vivamente a estreia em Vancouver em 1967, realizada para um público constituído em sua maioria por pais e professores, pessoas intimamente envolvidas com o destino dos intérpretes. Houve lágrimas. No final, ninguém aplaudiu, mas criou-se um silêncio tenso, até que um a um, os ouvintes se levantaram e saíram. Acho que só nesse momento os executantes perceberam o impacto da obra.

O lançamento das primeiras bombas atômicas representou um marco na história, um momento em que a humanidade sentiu, pela primeira vez, embora ainda sem muita consciência, que a partir de então possuía o poder da aniquilação total em suas próprias mãos. Quando me pediram para escrever uma peça para jovens que se dirigisse diretamente a eles, meu primeiro pensamento foi o desse legado terrível. De um modo significativo, nem o título nem a maioria dos fragmentos de textos que escolhi mencionam especificamente o acontecimento em Nagasaki, e assim a peça se aplica ao Vietnã, a Biafra ou a qualquer outra demonstração de estupidez agressiva, a qualquer holocausto.

Às vezes, os organizadores da apresentação sentem a necessidade de associar *Threnody* a algum evento especial, como o Remembrance Day,[15] ou de debates a respeito das implicações que a peça levanta. É claramente um sermão musical; não pertence à programação convencional de concertos. A apresentação realizada em Toronto em 1969 foi seguida de um debate entre os intérpretes, o público e um painel que incluía o ex-Primeiro Ministro canadense, Lester B. Pearson, o Prêmio Nobel da Paz, Robert Jay Lifton (psiquiatra de Yale e autor do livro *Death in Life*, que descreve os efeitos posteriores aos dois bombardeios atômicos no Japão), e Stanley Burke, o jornalista canadense que recentemente decidiu dedicar sua vida aos trabalhos de socorro às vítimas de Biafra. Acredito que essa manifestação proporcionou a oportunidade de liberar as emoções acumuladas durante a execução da peça, embora muitas pessoas tenham se retirado antes. Obviamente não preparadas para se entregar à casuística das palavras.

Um compositor sempre espera que sua música circule. Naturalmente tenho essa esperança; mas, de todas as minhas obras, espero que *Threnody* seja a que mais viaje e a que vá mais longe e mais fundo. Literalmente quero que seja executada até a morte. Quero que seja interpretada até não ser mais necessário. Aí, então, poderei queimar a partitura.

---

15 Comemoração do fim da Primeira Guerra Mundial. (N.T.)

PÓS-NOTA: Lembro-me de que falei algo a respeito disso durante o grupo de debates em Toronto. Lester Pearson, que, estou certo, achou minha visão da guerra um tanto simplista, disse depois que gostaria que a peça fosse executada durante uma das cerimônias da Organização das Nações Unidas e se prontificou a debater o assunto com alguns amigos de lá. O artista *engagé* sente sempre que, se seu trabalho é forte e sua mensagem suficientemente clara, ele pode persuadir homens cujas ambições parecem provocadas por outros tipos de considerações. Quase me esqueci do gesto amável de Sr. Pearson, quando, um dia, recebi uma carta de certo embaixador da ONU informando-me de que *Threnody* havia sido discutida lá por muitas pessoas e que, ao mesmo tempo que a acharam comovente, tinham receio que, se fosse executada, pudesse incomodar a alguns delegados – estranha confirmação das afirmações de Jacob Bronowski a respeito da pouca inclinação dos políticos em se deixarem levar pelas emoções da compaixão ou das lágrimas.

O autor conversando com os intérpretes, durante um ensaio de *Threnody*.

Partindo para novas direções

Poderia começar mais ou menos assim:
Pede-se a todos que escrevam o que percebem. Dez minutos depois, discutindo as listas apresentadas, notamos que, enquanto muitos viram cenas interessantes, poucos ouviram algo que tenha chamado a atenção e menos ainda foram os que tocaram, sentiram o gosto ou cheiro de algo. Dessa experiência podemos deduzir que, para a maior parte das pessoas, "percebo" é sinônimo de "vejo".

Passamos então um tempo considerável procurando desobstruir os receptores sensitivos. A classe foi bombardeada com exercícios e perguntas. Quantos sentidos há? O que podemos dizer a respeito das sensações de frio, calor, dor, prazer? Você pode descobrir no seu corpo alguma evidência de um sentido sinestésico ou muscular? Se não, estique, flexione e expanda os músculos de uma e outra lateral do abdômen. Há um sentido visceral? Sente-se, fique imóvel e sinta o seu almoço movimentando-se através dos movimentos de seu estômago; sinta o sangue correndo nas veias, os nervos nos ouvidos. Sinta a inquietação e o elã dos músculos e vísceras. Ouça o som de suas pálpebras batendo; cheire a pele de sua mão; conte os pelos de seu braço.

Sente-se em silêncio e receba as mensagens do universo.

São os sentidos que nos dão informações do mundo exterior e do bem-estar de nosso próprio corpo. O tema nos absorve numa discussão.

"E sobre a percepção extrassensorial?", pergunta um aluno. Nesse caso, a informação é detectada do mundo exterior, aparentemente sem a intervenção de nenhum receptor conhecido. Ondas cerebrais sintonizadas a uma rede eletromagnética. Discussão mais animada.

Muitas vezes descobrimos que desenvolvemos uma consciência aguda de um sentido receptor eliminando os outros. Assim, foi pedido aos participantes para vendarem os olhos e tatearem o caminho em volta da sala. Finalmente, descobrimos a textura dos assentos nos quais estivéramos sentados durante semanas com os traseiros embotados. Que largura tem esta parede? Não pode vê-la? Pois então *sinta-a* com a mão, num movimento lento, registrando cada imperfeição da pintura, com delicadeza sismográfica.

Digo à classe que coloquei alguém no centro da sala e peço que o descrevam, utilizando todos os sentidos, menos a visão. De que tamanho é seu nariz? Qual é a textura de seu cabelo? Trocou de meias há pouco tempo? Fuma? Sua pele é salgada? O que mais?

Peço à classe para voltar no dia seguinte e trazer cinco texturas interessantes. Deverão continuar com os olhos vendados até encontrarem a saída do prédio. Eles se dispersam, com cuidado.

No dia seguinte, com a classe de olhos fechados, circulam de mão em mão centenas de pequenos objetos peludos, espinhudos, escorregadios, em flocos, lisos, com cerdas, enrugados. Um aluno trouxe carne crua. Algumas garotas gritam quando a tocam e se recusam segurá-la.

Ao tornar-se desconhecido, o conhecido escapa à monotonia; assim se revitaliza o mundo.

Eu trouxe uma sacola de maçãs e dou uma a cada aluno dizendo que quero que a maçã seja apreendida como uma experiência em multimeios.

Cheiram a maçã.

Sentem seu frescor.

Inspecionam sua superfície salpicada como se fosse o mapa de um país privilegiado.

Sacodem-na e ouvem a dança das sementes soltas.

Então dão uma mordida...

Cinco sentidos. Enquanto isso, leio para eles um poema de Rilke:

> Roliças maçã, pera, banana, groselha...
> tudo isso fala
> morte e vida no interior da boca... Eu sinto...
> leio no rosto da criança

que as saboreia. Isso vem de longe. É indescritível
o que acontece lentamente em sua boca?
Onde, há pouco, eram palavras, fluem descobertas,
libertas todas, surpresas saídas da polpa da fruta.

Ousa dizer o que é maçã. Esta
doçura, de início concentrada,
que desponta, delicada, no sabor,

cresce clara, alerta, transparente, dúbia
ensolarada, terrena, de aqui e agora –
Oh! experiência, sensível alegria – imensa! (Rilke, 1942)[16] [17]

Este não é o momento adequado para teorizar, e assim continuamos pelo resto da aula ouvindo a nós mesmos comendo maçãs.

Um outro dia, meu colega Joel Smith assumiu a classe. Com seus dedos de pintor, sustentava uma pequena esfera branca e perguntou o que era.

"Um ovo", responde alguém vivamente.

"Como você sabe?", pergunta Joel. "O que você realmente vê?".

"Um disco branco", diz outro. "Uma bola de pingue-pongue".

"Não! Uma lua. Um símbolo da fecundidade".

Joel está preocupado com a relatividade e as múltiplas facetas da realidade. Sustentando o ovo quase no chão, pergunta: "E agora, o que é?".

---

[16] No original inglês: *"Full round apple, pear and banana, gooseberry... al this speaks death and life into the mouth... I sense... Read it from the face of a child / tasting them. This comes from far. Is something / indescribable slowly happening in your mouth? / Where otherwise words were, flow discoveries / freed all surprised out of the fruit's flesh, / Dare to say what you call apple. This sweetness, first concentrating, that it may in the tasting delicately raised, / grow clear, awake, transparent, double-meaning'd, sunny, earthy, of the here and now – O experience, sensing joy – immense!"*.

[17] Rilke, *Sonnets to Orpheus*, I, 13.

"Você vai deixá-lo cair".
"Peguem uma folha de papel e desenhem isto".
Deixa cair o ovo, que se espatifa no chão.
Observamos os desenhos. Alguns mostram o ovo suspenso no limite do equilíbrio nos dedos de Joel, com o assoalho flutuando por baixo e linhas radiais de gravidade atravessadas no limite do equilíbrio entre os dois. Outros mostram o ovo em movimento, arrancado dos dedos de Joel pela energia do piso. Num terceiro caso vê-se a fração de segundo congelada no desenho antes da destruição. Outros ainda mostram o ovo transformado em líquido, entre estilhaços de casca. Olhando a pequena poça mole, nos damos conta da notável metamorfose que se realizou diante de nossos olhos; porém, tão rápida que dificilmente poderia ser registrada.

Rapidamente, Joel tira outro ovo do bolso e o deixa suspenso sobre o chão, de maneira exasperante. Estamos atentos: dessa vez queremos estudar a milagrosa transformação mais profundamente.

Ele o deixa cair.

O ovo aterrissa, salta e logo roda para longe, a fina casca um pouco batida, mas, fora isso, intacta. Ovo cozido, diz Joel Smith, laconicamente: "A realidade, às vezes, é ambígua".

Joel Smith é pintor. Eu sou compositor. Estamos lecionando juntos em uma experiência pedagógica na Universidade Simon Fraser, procurando integrar artes visuais e música.[18] No primeiro ano do nosso curso de Comunicações, cada seção foi realizada por um compositor e um pintor. Peter Huse e Bob Bigelow, com invejável zelo intelectual, tentaram criar uma gramática panestética, unindo visão e audição. Suas experiências práticas os levaram a desenvolver notações pictográficas para a música nova que seus alunos compõem e executam. Doug Muir e Iain Baxter são mais moderados, quase

---

18 No período 1965-71. Joel Smith e os outros aqui mencionados desistiram quando a Faculdade de Educação impôs seus cursos tradicionais, em vez de estimular cursos criativos.

orientais com seus grupos. O ensino não verbal, porém altamente retórico de Iain, é um complemento natural aos exercícios de meditação e yoga que Doug aplica, como atividade preliminar à apreciação musical.

Um dia, entrei na sala de aula de Doug Muir. Estavam às escuras. Todos haviam tirado os sapatos e as meias. Estavam respirando profundamente e, seguindo as instruções, movimentavam-se devagar. Depois caíram no chão e ouviram a gravação de vários tipos de música. Doug lhes lembrava: "o corpo todo é um ouvido".

Às vezes, Joel Smith e eu não vamos além de exercícios elementares de sensibilização nem entramos propriamente nas artes visuais e na música. Quando o fazemos, procuramos sempre permanecer vigilantes a uma possível simbiose nascente. Só então a moldamos.

Certo dia, eu falava a respeito do cânone. O cânone é um procedimento musical no qual uma voz segue outra em estrita imitação, porém defasada no tempo. De repente, me ocorreu que poderíamos fazer um cânone multimeios. Assim, quatro alunos tomaram posição nas suas respectivas pranchas de desenho, enquanto outros quatro ficavam diante deles. Os que estavam na frente foram instruídos a produzir sons com a voz. Os que se encontravam nas pranchas deviam traduzir imediatamente em desenhos o que ouviam. Enquanto o primeiro quarteto vocalizava às vezes de maneira surpreendente ou mesmo divertida, o segundo grupo jogava as pinturas sobre os papéis. O resultado foi algo parecido com um desenho animado, com deslocamento de quadros. Acrescentamos então quatro dançarinos, aos quais foi pedido para ignorar os sons ouvidos e concentrar-se em fazer movimentos relacionados às formas que viam surgindo nos desenhos. Finalmente, outros quatro alunos receberam instrumentos de percussão, solicitando-lhes que se concentrassem em reproduzir com seus instrumentos os gestos dos dançarinos. A princípio, esse cânone quádruplo em multimeios parecia totalmente incoerente; depois de meia hora, porém, foi espantoso observar quão competentes os executantes haviam se tornado no ato de tradução instantânea e imaginativa.

Às vezes, um recurso simples pode servir como meio para a tradução de um sentido a outro: por exemplo, um espelho. Há um exercício de teatro, muito conhecido, no qual duas pessoas se colocam frente a frente, uma imitando os movimentos de mãos e corpo da outra, como se fosse um espelho. Isso pode ser utilizado como motivação para uma série de exercícios sinestésicos. Por exemplo, depois de movimentarem-se em sincronia durante algum tempo, digo à classe que o espelho que desejo que façam tem propriedades específicas: além da imagem, imita os sons produzidos à sua frente. Cada som produzido por um participante deverá ser exata e imediatamente reproduzido pela pessoa que está à sua frente. O espelho fala; o espelho canta; o espelho faz sons estranhos – sempre em uníssono com ele mesmo. Em algumas ocasiões, trabalhando com músicos, as vozes são substituídas por instrumentos, e os alunos levados a duplicar as alturas dos sons, tão rapidamente quanto possível. A pessoa que conduz cria uma determinada altura, o espelho faz a duplicata; tão logo isso acontece, soa nova altura e assim por diante. Outras vezes, terminamos no chão, um em frente ao outro, formando pares dos dois lados de uma grande folha de papel. Partindo do centro, um aluno faz devagar desenhos abstratos, enquanto outro aluno, em posição contrária, produz, simultaneamente, uma inversão do desenho em espelho.

Temos cinco sentidos para apreender o que nos rodeia. No entanto, somos tão descuidados das nossas capacidades de tato, de paladar e de olfato que nem sequer desenvolvemos formas artísticas para essas modalidades sensoriais. Algum dia quero tomar todas as formas possíveis de arte compiladas pelo matemático Joseph Schillinger e fazer com que a classe crie uma obra de arte de cada uma delas.

Temos alguns belos exemplos de arte multimeios nos rituais religiosos. Um bom exemplo é a missa católica. Para os olhos, a arte e a arquitetura da catedral; para os ouvidos, os sinos e as vozes cantadas; para o nariz, o incenso; para a boca, a transubstanciação do pão e do vinho; enquanto isso, o sentido do tato também é estimulado, de diversas maneiras. Desde as contas do rosário nas mãos até as pedras do chão contra os joelhos, ao rezar. Além disso, todas essas sensações são orquestradas de tal modo que jamais produzem sobrecarga sensorial.

Existem muitos outros exemplos de rituais multimeios. Provar vinhos é uma atividade que, se realizada corretamente, põe todos os sentidos em convergência. É por isso que os copos devem se chocar no brinde, para trazer beleza ao ouvido – o único sentido que, de outro modo, deixaria de ser solicitado nesse ritual.

Desde o início da experiência na Universidade Simon Fraser procuramos desenvolver a técnica e o conteúdo para um novo ensino que não separasse a unidade primitiva dos sentidos. Ou melhor, poderíamos dizer que esta unidade já foi rompida e precisamos reconstituí-la outra vez em campos naturais de interação.

Isso não é fácil de se conseguir, principalmente para aqueles que, como nós, foram treinados com rigor em formas artísticas isoladas, pois, na busca de nossa virtuosidade, fomos obrigados a deixar que muita da nossa percepção se atrofiasse. Essa realidade, no entanto, pode nos deixar ainda mais ansiosos por recuperar a confluência dos sentidos.

Durante o primeiro ano, o Curso de Sensibilização se desenvolvia aos sábados, e muitos professores de outras áreas eram convidados a participar. Simplesmente nos reuníamos no teatro, às dez horas da manhã, para uma série de experiências, conversas e discussões, que continuavam até estarmos cansados. Quando queríamos estudar o olho, chamávamos um fisiologista para que nos falasse a respeito da fisiologia da visão, um psicólogo para nos contar sobre a psicologia da visão, um pintor e um arquiteto para que compartilhassem conosco seus conhecimentos acerca da estética visual. Lembro-me de que terminamos aquela sessão nos perguntando se Homero descrevia o mar como "vinho tinto" por ser daltônico ou porque o Egeu possuía pigmentação diferente naquela época.

Para discutirem seus trabalhos no campo do olfato, vieram ao nosso Curso de Sensibilização uma cosmetóloga e um epidemiólogo. A primeira nos aspergiu perfumes e nos encantou com sua envolvente conversa de vendedora. Depois, o especialista em epidemias demonstrou as diferentes espécies de bombas de mau cheiro com as quais trabalhava, cujos vapores venenosos matam os insetos que os inalam. Terminamos discutindo os possíveis meios de se formular uma "escala de cheiros" para composições olfativas, de preferência segundo as linhas desenvolvidas por Des Esseints, protagonistas da novela *A rebours*, de Huysmans. Experiência posterior nos mostrou que "acordes de cheiros", formados por três ou quatro aromas diferentes, mostraram ser um tanto insípidos, enquanto as "melodias de cheiros" – nas quais foi aspergida uma progressão de vários aromas, por exemplo, num antebraço – foram inebriantemente efetivas.

Quanto tempo passará até que revivamos as delicadezas olfativas descritas nas páginas de *As mil e uma noites*? Pergunto-me sempre se será possível uma forma de arte de um tipo tal que prescinda de metalinguagem, por meio da qual possa ser definida e/ou descrita. Por exemplo, supondo que desejássemos ter uma arte do olfato, seria necessário que primeiro déssemos nomes a todos os cheiros, para organizá-los em um sistema, a partir do qual seriam feitas as composições. Com certeza, nossa capacidade para descrever fenômenos auditivos e visuais (por exemplo, colocá-los num sistema) excede amplamente a de descrever experiências táteis e olfativas. É só por isso que música e pintura são forma de arte, e as outras não. Ao menos por enquanto.

O que temos diante de nós é bem claro. Devemos revivificar os sensorreceptores que estão atrofiados, procurando descobrir novas formas de arte que os envolvam de maneiras novas e estimulantes. Precisamos achar o fator de união das formas de arte, para alcançar uma síntese mais elevada.

Que as brincadeiras das crianças sejam nosso modelo. Enquadrá-las nas formas de arte conhecidas seria um inútil exercício de taxonomia. Existe aí, entretanto, um princípio unificador, uma integridade de intenção e de ação.

O que procuramos hoje é sobretudo uma expressão natural.

A arte oficial é artificial.

É preciso inventar e chegar a novas formas de arte, na esperança de que essa integridade, jamais ausente nas brincadeiras das crianças, possa voltar a todos nós.

Curriculum vitae

É possível institucionalizar a criatividade? É o que as instituições que esperam movimentá-la precisariam se perguntar.

Mas muitas delas não querem fazer isso. Esperam viver para sempre estacionárias como se fossem monumentos. Sustentam as tradições e costumam agir como se estivessem paradas no tempo, animais empalhados. Poderíamos chamá-las de reacionárias ou confinadas à autoridade, mas elas são barreiras contra a anarquia e a obstinação. Somente em épocas de mudanças violentas ousamos questionar seu funcionamento em público.

Quando eu era jovem, fui à universidade para aprender. Não alimentava ilusões de aprender ali muitas coisas novas e, durante algum tempo, me conformei com aprender coisas antigas. Quando isso deixou de me interessar, tive problemas com alguns professores, e assim, um dia, me vi sentado diante do diretor. Ele era um alemão spengleriano sectário e estava muito irritado. Mantinha os punhos fechados para se conter. Foi me dizendo que era preciso escolher: parar de perturbar os professores ou ir embora.

Era um dia de inverno claro e brilhante. O sol resplandecia e a neve começava a derreter. Estava a ponto de responder-lhe quando notei o sol brilhando através de suas orelhas. Elas eram grandes – o que os franceses chamam *"les étoiles"*.[19] Podia ver todas as pequenas veias da orelha do diretor.

Então aconteceu algo estranho. Ri. Foi uma dessas risadas nervosas que atacam as crianças antes de serem castigadas.

– "Saia!", disse o diretor.
– "Posso ver o sol pelas suas orelhas", expliquei.
– "Fora!".

Assim foi o fim de minha educação formal, e, por muitos anos, mantive-me o mais afastado possível de toda e qualquer instituição; estava certo de que representavam conspirações contra mudanças,

---

19   Estrelas. (N.T.)

dirigidas por prussianos pusilânimes, que passavam o tempo lutando contra eles mesmos. A autoridade sempre me pareceu o oposto da invenção. Representa repulsa a aprender. E pode-se buscar aprender sem preceptores, de outras maneiras, em livros se for preciso. Meus mentores brilham transparentemente no meu trabalho: Ezra Pound, Paul Klee, Wassily Kandinsky e Sergei Eisenstein – grandes professores, porque foram grandes aprendizes.

Quando, anos mais tarde, integrei-me à minha primeira instituição acadêmica, foi pela porta dos fundos e com extremos receios. Como estivesse mais confiante, entretanto, comecei a assumir um sentido de missão: como professor, estava resolvido a não inibir ou destruir o entusiasmo juvenil de meus alunos. Não estava em condições de viver esse ideal completamente, é evidente. A experiência me ensinou a considerá-lo ingênuo. Às vezes, a função do professor também pode ser a de atuar como um abrasivo, contra impulsos criativos – resistir em determinados momentos aos alunos talentosos, numa tentativa deliberada de fazê-los investigar e defender os princípios de suas próprias intuições.

Não sei se meu trabalho é ou não levado a sério. Tenho feito séries de palestras como convidado, em universidades e escolas, e tenho consciência de que, muitas vezes, sou considerado uma espécie de distração contra o tédio da rotina. Schafer faz uma festa por uns dias, depois a classe volta à séria ocupação de soprar o clarinete.

Ainda assim, não posso resistir à tentação de projetar modelos de instituições, nas quais se gostaria de trabalhar. O que ofereço a seguir foi pensado somente como uma orientação para uma instituição que se dedique às artes integradas. Neste livro, nada é tão experimental como o meu modelo de currículo, e é por isso que ele aparece depois de tudo, *na última página*.

Esboço de um currículo de música

Exercícios diários iniciais: (1) prática de canto gregoriano; (2) contemplação; (3) euritmia.

Primeiro ano

Percepção e sensibilização (som, visão, paladar, olfato, tato, movimento, gesto, psique e soma).
Limpeza de ouvidos (aprender a ouvir).
Criatividade (exploração livre para descobrir repertórios de sons).
Acústica (acústica básica).
História e Teoria I (básica).
Cultura vocal I (experiência com a voz na poesia, canção, elocução).
Instrumento (à escolha).

Segundo ano

Treinamento auditivo I (percepção de estruturas).
Criatividade (controlada, trabalho com formas estabelecidas).
Psicoacústica.
Poluição sonora.
Estudo dos Meios I (oficinas-integração de meios, eurritmia, dança etc.).
História e Teoria II.
Cultura vocal II (canto coral).
Instrumento (à escolha).

Terceiro ano

Treinamento auditivo II (estudo da paisagem sonora do mundo).
Criatividade (livre, dentro de composição controlada).
Eletroacústica.
Música eletrônica e computadorizada.
Estudo dos Meios II (filmes e televisão).
História e Teoria III (exploração de uma cultura musical exótica).
Cultura vocal III (composição com voz, poesia, programas de rádio etc.).
Instrumento (à escolha).

Quarto ano

Dois projetos:
(1) Pessoal (criativo ou histórico-intelectual).
(2) Social (pesquisa individual ou em grupo, da situação socioacústica; por exemplo, trabalho no Projeto da Paisagem Sonora Mundial).

6
Além da sala de música

Em 1975, deixei meu emprego de professor universitário em Vancouver e fui viver numa fazenda abandonada, ao norte de Bancroft, no centro-sul de Ontário. Aí, constituí meu lar pelos dez anos seguintes. Nunca havia vivido no campo anteriormente, mas fui para lá com grandes esperanças. Precisava de mais tempo para compor e escrever do que era possível em meu emprego de tempo integral na universidade. Além disso, ensinar me aborrecia e decidi que deveria parar, ao menos temporariamente.

No campo, aprendi um ritmo de vida totalmente novo, mais ligado aos ciclos da natureza. Descobri que estava dividindo meus cem acres com inúmeros animais e pássaros. Ouvia lobos uivando e, algumas vezes, ursos e veados. As mudanças de estação eram uma fonte de fascinação constante. A paisagem sonora, raramente perturbada por ruídos humanos, era ideal. Naturalmente, continuava ainda a ter meus contatos profissionais na área de música. Frequentemente, amigos ou alunos vinham me visitar. Toronto ficava a cerca de quatro horas de distância, de carro, e eu ia para lá ao menos uma vez por mês; além disso, habitualmente viajava para os Estados Unidos ou para a Europa. Dessa maneira, não estava de modo algum recluso.

Mas o tempo que passei no campo mudou muito minhas atitudes, e essas mudanças estão refletidas na música que lá escrevi, bem como nos ensaios que se seguem.

Bricolagem

A ideia de criar uma escultura sonora nunca havia me ocorrido, até o dia em que realmente começamos a construí-la. Naturalmente, eu conhecia o trabalho de outras pessoas (I. A. Mackenzie, nos Estados Unidos, e os irmãos Bachet, na França) e havia visto e ouvido, em exposições, muitas esculturas sonoras em funcionamento, a maioria das quais, devo dizer, mais visto do que ouvido.

O fazendeiro que vivia na fazenda antes que eu me mudasse para lá tinha deixado o chão do celeiro e do abrigo de carros forrado de fragmentos de metal. Elijah MacDonald, meu vizinho, chegou um dia quando eu estava limpando o abrigo. Tomando, uma após outra, as peças de metal quebrado e retorcido, ele identificava cada uma delas para mim. "Esta é de um separador de nata... esta aqui é a corrente de uma enfeixadeira... Veja! Eis o prato de um disco". Eu tomava as peças que ele identificava e as fazia soar ao mesmo tempo de um modo abafado. Todas, com exceção de uma ocasional peça de aço ou níquel, estavam cobertas de ferrugem. Mas então, de repente, uma peça (Elijah disse-me que era um raspador de dente de cavalo) soou com um claro som de sino. Devo ter colocado minha mão exatamente num nodo. Elijah percebeu o som imediatamente. "Lad poderia construir um bom sino de jantar com isto". Então, ficou de pé – muito empertigado para um homem de setenta e oito anos – e disse-me com sua voz usualmente forte, embora, talvez, com um traço de ansiedade: "Poderia também vender tudo isso como antiguidade. Não há mais nada de útil aqui".

Naquele ano, Murray Geddes vinha de Toronto a cada duas semanas, dirigindo por cerca de trezentos quilômetros, para estudar composição comigo, um acordo pelo qual ele chegava à noite, e suas aulas assumiam a forma de conversações durante o jantar, ou um passeio na floresta. No encontro seguinte, eu lhe disse: "Vamos construir uma escultura sonora a partir destes fragmentos". Colocamos roupas velhas e começamos a trabalhar, testando a ressonância de cada peça de metal. Para fazer isso, é preciso localizar os nodos.[1] Se um objeto for preso pelo antinodo,[2] ele não ressoará, mas fará um som surdo e abafado. O maior antinodo numa barra ou tubo de metal está no centro, um lugar, portanto, que deve ser evitado. Numa peça reta, os melhores nodos estarão situados de um quinto a um quarto de suas extremidades. Para localizá-los exatamente a barra deve estar colocada em dois suportes leves (os dedos estendidos servirão, ou mesmo fios), que são movimentados para frente e para trás, enquanto a barra é percutida continuamente até que se obtenha o som mais claro. Com uma peça curta ou maciça de metal, os nodos são menos previsíveis, e é preciso muita experimentação.

Quando Geddes e eu encontrávamos uma peça interessante, nós a pendurávamos cuidadosamente em uma viga no celeiro, de modo que tocasse outras peças quando posta a rodar. Depois de algum tempo, tínhamos uma grande variedade de sons e começamos a considerar como a coisa toda deveria ser poderosa. O vento poderia ter sido utilizado, se a tivéssemos construído numa outra localização, ou, talvez, alguma coisa pudesse ter sido elaborada com a água do riacho que cortava o campo, mas, finalmente, chegamos à ideia de usar um pêndulo como gerador de força. Uma grande pedra foi presa com cordas e pendurada na viga mestra do telhado. Fios condutores corriam da corda do pêndulo para diferentes partes da escultura, e isso iniciava o movimento em algumas das peças. Ao começar a rodar, elas tocavam outras peças até que, pouco a pouco, toda a construção se punha em movimento, produzindo um caleidoscópio de efeitos, sem

---

[1] Nodo – um ponto de deslocamento zero ou mínimo numa onda estacionária (Física). (N.T.)
[2] Antinodo – um ponto de deslocamento máximo entre dois nodos adjacentes numa onda estacionária. (N.T.)

Além da sala de música

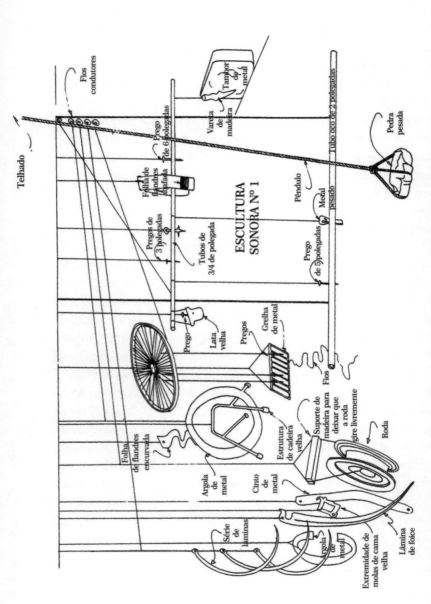

Todos os objetos encontrados no celeiro. Pêndulo ligado à viga do teto; objetos ligados à viga mais baixa. Fios condutores 1 – 5 ativam várias seções da escultura, que, por sua vez, põe todas as coisas em movimento.

Além da sala de música

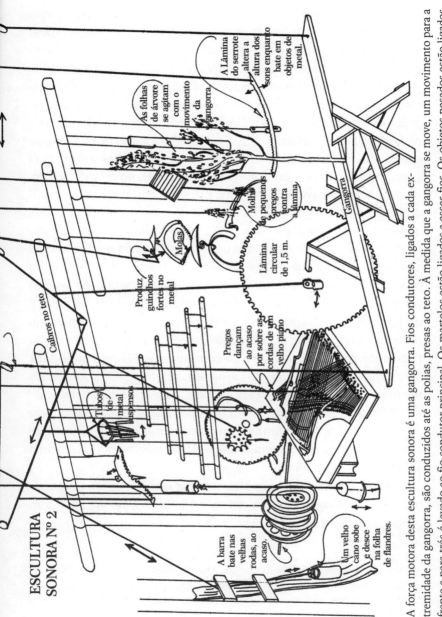

ESCULTURA SONORA Nº 2

A força motora desta escultura sonora é uma gangorra. Fios condutores, ligados a cada extremidade da gangorra, são conduzidos até as polias, presas ao teto. À medida que a gangorra se move, um movimento para a frente e para trás é levado ao fio condutor principal. Os martelos estão ligados a esses fios. Os objetos pesados estão ligados aos caibros e não se movem. Não foi possível incorporar todas as partes desta escultura no diagrama.

335

ritmo ou sequência fixos. Os fios condutores gradualmente puxavam o pêndulo para dentro de um círculo, o que quer dizer que a ordem e a dinâmica dos eventos estavam constantemente mudando. O som era maravilhosamente variado e, após alguns ajustes, bem distribuído por toda a duração do movimento pendular. A escultura continuaria a soar por cerca de dez minutos, se houvesse um bom impulso na pedra do pêndulo; e os mais delicados e bonitos efeitos estavam bem no final, quando se misturavam ao farfalhar das folhas de outono e ao grasnar dos gansos migradores. Mas o inverno foi muito violento para a escultura, e pela primavera ela estava em ruínas, no chão do celeiro.

Naquela primavera, recebi uma carta de Yehudi Menuhin explicando uma série de programas para TV, com oito horas de duração, que ele estava planejando com a CBC, sob o título *The Music of Man*.[3] Durante anos, Yehudi havia sido um suporte vital da pesquisa sobre a paisagem sonora que eu estava liderando. Ambos estávamos muito preocupados com as consequências da poluição sonora e tentávamos conscientizar o público acerca desse perigo. Yehudi pensava que o projeto sobre a paisagem sonora abordava o tema antirruído de um modo positivo, pelo encorajamento do público em participar criativamente do projeto acústico da comunidade. Ele queria discutir esse assunto comigo, num dos programas da série. O produtor, ele me informava, entraria logo em contato, para acertar os detalhes.

"Não queremos filmá-los em duas poltronas", disse o produtor John Thompson, olhando-me com o brilho fixo que os produtores desenvolvem quando esperam que alguém mais possa trazer uma solução para o problema.

"Não", repeti, "num estúdio, não. Por que não lá fora, no campo, onde a paisagem sonora em alta-fidelidade[4] vai amarrar com propriedade a discussão?".

---

3 *A música do homem*, transmitido no Brasil pela TV Manchete em 1983. (N.T.)
4 *Hi-fi* no original. O termo quer dizer alta qualidade de reprodução sonora através de equipamento eletrônico. O autor toma emprestada a expressão para designar a alta qualidade da paisagem sonora no campo. (N.T.)

"Bem", disse Thompson, agora pensativo, "e se chover?".
"No meu celeiro", eu disse.
"Ele tem animais? E se chutarem as câmeras? Não acredito que Yehudi..."
"Nada de animais, somente uma pilha de objetos de metal".
"Precisamos de um cenário adequado. Alguma coisa bonita?".
"Armarei algo", disse, e foi escolhido um dia de junho para a gravação, o que me dava cerca de três semanas.

Telefonei aos meus amigos Rosemary Smith e Harry Mountain e perguntei-lhes se gostariam de construir uma escultura sonora. Rosemary era compositora, e seu namorado, Harry, escultor. Durante o trajeto, vieram procurando por fios de alumínio não corrosivo. Dessa vez, eu não queria coisas que desmoronassem tão facilmente. Começamos do mesmo modo que antes, pendurando ao acaso peças de metal nas vigas pelos seus pontos nodais após localizá-los. Essa peça era muito mais complexa que a primeira escultura e levou três dias para ser construída, gradualmente se expandindo, até preencher todo o espaço central do celeiro. Tínhamos, além disso, um repertório de sons mais amplo, pois um fazendeiro da localidade havia trazido voluntariamente algumas grandes lâminas de serra circular.

O mecanismo ativador dessa peça veio a nós enquanto trabalhávamos. A princípio brincávamos a respeito dele – uma gangorra em que Menuhin e eu sentaríamos, com as câmeras da CBC nos seguindo para cima e para baixo enquanto conversávamos. Por brincadeira, construímos uma gangorra; mas depois, a sério, anexamos fios condutores a cada extremidade e os penduramos em polias, que iam e vinham por todo o comprimento do celeiro. Todos os martelos e recursos ativadores foram fixados nesses fios condutores (tomando-se cuidado para que não pesassem muito para evitar que interferissem na calma operação da gangorra); e, como os fios se moviam para frente e para trás, devido ao movimento da gangorra, os martelos – que eram, principalmente, pregos de vários tamanhos e outras pequenas peças de metal – batiam nos grandes objetos de metal pendentes das vigas.

O diagrama mostra uma versão simplificada da escultura; eu não poderia incorporar todos os objetos. Em contraste com a primeira, a textura de sons desta escultura sonora era muito mais densa. Havia uma tendência de todas as coisas soarem juntas quando a gangorra se movia e de silenciarem quando ela parava. O problema aqui era construir um mecanismo de atraso, para impedir que todos os objetos se amontoassem. Uma das soluções foi colocar vários fios de espessura fina em pontos estratégicos da escultura; esses eram arqueados, de maneira que apenas tocassem levemente algumas das grandes formas de metal e continuassem a escová-las, enquanto o movimento mais leve era deixado na estrutura. Esses sussurros delicados estavam entre meus sons favoritos.

Outros, de que eu gostava especialmente, provinham de duas serras. Ambas tinham de um metro e sessenta a dois metros de comprimento e eram ativadas do mesmo modo; uma extremidade estava presa a uma viga pelo fio e a outra a um cabo condutor. Uma raspadeira ficava pendurada na lâmina da serra ao centro e estava, por sua vez, ligada a uma viga. Quando a extremidade presa ao cabo condutor lançava-se para cima e para baixo, era produzido um movimento de envergar ao longo da lâmina, que a raspadeira apresentava como um som lamentoso. Como nem a raspadeira nem a outra extremidade da serra eram fixas (ambas ficavam em longos fios), elas reagiam ao movimento vigoroso, dando ao lamento em glissando impulsos rítmicos totalmente imprevisíveis.

Tubos de diversos tamanhos e espessuras, cuidadosamente suspensos pelos nodos em cada extremidade, com o martelo de cada barra preso à barra de cima, produziam uma série de frequências distintas, em diversas sequências, que soavam quase como as mudanças de toque dos sinos das igrejas inglesas.

Eu gostava da velha lata raspando, para cima e para baixo, as chapas de folha de flandres (à esquerda no diagrama), porque o ruído de atrito resultante contrastava com os sons de impacto produzidos pela maioria dos martelos. Também à esquerda, pode-se ver uma linha vertical que puxava um nó emaranhado de fios finos, para cima e para baixo, por todo o comprimento do tubo, com ótimos resultados, antes de prosseguir até o chão, onde batia, ao mesmo tempo, em dois baldes de leite invertidos, e raspava uma ponta pesada contra o lado do balde de baixo.

Devo ainda mencionar que, como o metal estava enferrujado, muitos guinchos fortes resultavam das partes que se moviam, o que tentávamos explorar, pelo seu caráter contrastante. Uma cor e uma tonalidade completamente diferentes foram obtidas pelo álamo ainda jovem que prendemos à gangorra e que batia suas folhas num arco amplo acima das cabeças dos condutores.

Alguns pregos dançando ao acaso nas cordas expostas de um velho piano foram a principal diversão de Yehudi. "Parece o jeito perfeito de se tratar um piano", observou o violinista, jocosamente. Então, após terminarmos nossa discussão a respeito de música e ambiente, ele subiu outra vez em seu assento e disse: "Vamos fazer tudo de novo".

Eu observava, também, as crianças que vinham até o celeiro, observava o modo como elas se aproximavam da escultura e de suas partes sonoras, ora de um jeito, ora de outro. Por causa disso, sei que a produção de esculturas semelhantes, fabricadas em série para *playgrounds*, adiantaria muito pouco – embora, sem dúvida, alguém já esteja trabalhando, ou começará a pensar sobre isso, após ler este artigo. Está errado, digo, porque um produto acabado aprisiona a imaginação. Para ser útil educacionalmente, as pessoas têm que construí-lo, e nem mesmo de partes modulares, nem a partir de qualquer *kit*, mas sim de materiais rústicos. É isso que estimula a imaginação. Além disso, bem pouca orientação pode ser dada. Os construtores aprenderão como encontrar os melhores sons em cada peça e a melhor maneira de combiná-los orquestralmente. Eles também aprenderão muito sobre mecânica, à medida que descobrem como equilibrar todas as coisas, a fim de que cada parte caia sobre as outras durante o movimento.

Honestamente, não sei como se poderia criar uma escultura sonora satisfatória numa escola moderna da cidade. Honestamente,

Além da sala de música

Yehudi Menuhin e o autor ouvindo uma parte da Escultura Sonora nº 2.

não sei como se pode fazer qualquer coisa numa escola moderna da cidade, exceto adaptar-se à vida moderna da cidade. Onde encontrar material usado em tal escola? E onde encontrar as vigas, ou cordas e pregos? E em que local se poderiam acioná-los?

Mas é possível fazer isso, talvez, do lado de fora, num velho celeiro ou cocheira, e, se alguém tiver sorte suficiente para encontrar algum velho (eu disse *velho*) fragmento de metal, poderá construí-la de um modo excitante. Disse velho porque as ligas e fundições mudaram, e os sons são mais puros nos metais puros, que hoje em dia não existem mais. Seria preciso alguma organização para reunir o material adequado no lugar certo, mas nada mais complexo, creio, do que afinar trinta violinos ou tirar a saliva de sessenta trombones.

Estamos entrando numa era em que a reciclagem tornar-se-á cada vez mais importante. Lévi-Strauss chama a pessoa que vive da reciclagem de velhos materiais de um *bricoleur*. "Seu universo de instrumentos é fechado, e as regras de seu jogo são sempre fazer algo 'com qualquer coisa que esteja à mão...'".[5] Esculturas sonoras de sucata são formas de bricolagem; são expressões de conservação e reciclagem de energia. Elas conferem nova vida a velhos objetos. Elas dizem que nada nesta vida está morto ou ultrapassado, se a imaginação os puser para trabalhar novamente.

Elijah MacDonald voltou muitas vezes para ver e ouvir as esculturas sonoras. Ele não brinca com elas do mesmo modo que as crianças fazem, mas sorri francamente sempre que as coisas se põem em movimento.

Jonas e o coro da comunidade de Maynooth

Por muito tempo, a educação musical tem significado principalmente treinamento de crianças. Algumas vezes se dá em aulas particulares e em outras nas aulas das escolas estaduais. Geralmente

---
5 Lévi-Strauss, *The Savage Mind*, p.17.

se inicia aos cinco ou seis anos de idade e termina na adolescência, a não ser que o aluno demonstre um talento especial, e nesse caso uma carreira profissional poderá ser considerada. Então as aulas de música são intensificadas com um especialista. Para o restante dos estudantes, a educação musical termina tão abruptamente quanto começou.

Desse modo, a formação de professores tem se referido, exclusivamente, à maneira de se ensinar música para crianças. Os métodos pedagógicos enfatizam os passos de aprendizagem e mostram aos professores como introduzir materiais, levando em conta a habilidade das crianças em manejá-los tanto física quanto conceitualmente. Assim, começamos com algumas canções simples, ou exercícios pentatônicos, acompanhados por instrumentos de sacudir ou bater, e terminamos (se tudo ocorrer conforme o previsto) com um concerto de banda ou orquestra sinfônica especializada em canções da Broadway, ou em clássicos fáceis. Essa não é meramente a progressão do simples para o complexo; é também a progressão do jeito de pensar da criança para o do jovem adulto.[6]

As instituições de ensino também preparam exclusivamente seus professores para ensinar crianças, fazendo-os acreditar que, após haverem se formado, eles encontrar-se-ão numa escola (tão diferente de qualquer outro lugar) equipada com uma sala de música, um vasto estoque de partituras, apoio audiovisual e, provavelmente, instrumentos. Como outros membros da classe média profissional, os professores tornam-se dependentes de uma grande quantidade de

---

[6] Ou melhor, o que supomos que o jovem adulto deva desenvolver em música. Este não é o lugar para se entrar numa discussão sobre a maneira como o real poder da música tem sido oculto para entrar na sala de aula: Somente música respeitável é permitida aí; nem *rock* pesado, nem dissonâncias expressionistas, nem o barulho de ossos sagrados, nem sons de magia; sabemos que tais coisas existem, mas nossos programas de música negam sua existência, em decorosos exercícios que enfatizam tópicos como boa postura, habilidades de leitura, pensamento, memória e, sobretudo, o refinamento de expressão musical. Esse é o modo como um tema dionisíaco é colocado num *curriculum* apolíneo. (N.A.)

acessórios, que sua formação universitária os ensinou a não prescindir. Sem eles, simplesmente não podem lecionar. Eu sei. Tenho visto recém-formados saírem das escolas e ficarem em filas de espera à procura de emprego, em escolas bem equipadas, perto de casa, geralmente em bonitos e limpos subúrbios de classe média.[7] Se não os encontram, ficam desencorajados, ou mesmo amargos. A ideia de que as crianças são os únicos alvos de seus talentos parece tão inculcada neles que se esquecem das novas oportunidades hoje existentes.

Grandes mudanças sociais têm trazido essas oportunidades para a vida diária. Em muitos países civilizados, a taxa de nascimento está diminuindo e, desse modo, a média de idade da população está crescendo rapidamente. As pessoas têm maior tempo de vida. Os adultos estão se aposentando mais cedo. Muitos estão voltando para a escola, para desenvolver novos ofícios ou vocações. Grandes ondas de imigrantes, tanto adultos como crianças, têm se tornado claramente evidentes em alguns países. As ruas da cidade estão cheias de pessoas que abandonam o estudo, enquanto as comunidades rurais estão se tornando calmos retiros para a velhice.

O que necessitamos é de um novo tipo de professor, que poderia ser chamado, mais precisamente, de um animador musical da comunidade. Como ensinar música para esses novos grupos de pessoas que parecem tão sem vida e tão desespiritualizados? Esse ensino demanda novas estratégias pedagógicas. Não é de se esperar que um educador de crianças vá até a casa de pessoas idosas ou a um centro comunitário e faça seu trabalho nos mesmos moldes que fazia anteriormente. Não se pode ensinar um homem sem dentes, de setenta anos, a tocar trompete, e qualquer grupo de adultos não se

---

7 Concluí que esta é a verdadeira razão pela qual a educação musical criativa não é popular em países ricos como o Canadá; ela não é suficientemente cara. Não refulge em ouro e prata. Não se utiliza de uma grande quantidade de dispositivos especiais. Em vez disso, apoia-se na imaginação para inventar tudo aquilo que for necessário. Esse é o motivo por que as crianças reagem tão facilmente a ela, mas os professores têm estado tão condicionados a apoiar-se nesses materiais didáticos que se sentem perdidos sem eles. (N.A.)

sentirá à vontade cantando *Good Morning, Mr. Sun*.[8] Por outro lado, a música poderia tornar-se um estímulo e uma fonte de vigor na vida de aparentemente incontáveis grupos de pessoas abandonadas, se apenas pudéssemos descobrir a pedagogia correta.

A parte restante deste artigo é a descrição de uma experiência pessoal, em um desses ambientes alternativos – a comunidade rural.

Coro comunitário de Maynooth

Maynooth é uma pequena vila na parte centro-sul de Ontário, não muito longe do Parque Algonquin. A paisagem rural que a rodeia é bonita, com muitas florestas e cheia de lagos. Há ainda algumas lavouras, mas a silvicultura e a mineração têm sido as principais fontes de subsistência. Ainda há muito desemprego, e a área foi considerada economicamente subdesenvolvida pelo governo da província.

Cerca de um ano após estarmos morando nessa área, minha mulher e eu começamos, ocasionalmente, a frequentar a pequena Igreja Luterana situada poucos quilômetros além da estrada da fazenda. O motivo para isso foi, provavelmente, muito mais social que religioso. Quando se vive por muito tempo no que a maioria das pessoas chama de um ambiente inabitado, há um certo perigo em se tornar solitário.[9] A necessidade de contato humano torna-se forte quando o vizinho mais próximo está a oitocentos metros de distância.

A maioria dos frequentadores da Igreja Luterana de Cristo era descendente de imigrantes do norte da Alemanha e da Escandinávia, pessoas que, como se diz, são propensas a *stur*.[10] Eu não chamaria a atmosfera daquela igreja de receptiva, mas essa experiência fez com que conhecêssemos alguns vizinhos na área. Eu gostava do velho livro

---

8 *Good Morning, Mr. Sun* – canção infantil. (N.T.)
9 *Bushed* no original. Expressão canadense que significa "mentalmente perturbado, por viver isolado". (N.T.)
10 *Stur* – em alemão no original: severidade. (N.T.)

de hinos luteranos, cheios de corais de Bach, e apreciava a cerimônia, na qual o pastor cantava com uma agradável voz de barítono. O canto congregacional era atroz. A organista, de setenta anos, tocava principalmente de ouvido. Tinha o hábito de fazer uma grande pausa depois do primeiro verso de cada hino, um efeito incomum, mas, com certeza, pertencente a certa tradição, pois eu também o havia ouvido em igrejas luteranas da Europa.

A princípio, evitei dizer a meus vizinhos que era músico, temendo ser arrastado para dentro do serviço religioso local, para o qual não tinha nem inclinação nem aptidão. Para as pessoas do meio rural, um músico é um recurso ilimitado, capaz de consertar um trombone, afinar um piano, tocar violino em casamentos, ou um órgão Hammond na igreja. A ideia de um especialista que se dedica a compor música estava completamente fora de seu campo de experiências. Em algum lugar, Margareth Mead diz que a palavra "arte" não é conhecida em Bali. Não é também conhecida em Monteagle Valley; nunca ouvi nenhum de meus vizinhos usá-la.

Mas ninguém vive anonimamente no campo, e, eventualmente, minha profissão foi descoberta. Pediram-me para ajudar na música da igreja. Eu hesitei, mas, finalmente, me decidi a ajudá-los a melhorar o canto, ao menos de vez em quando. Fui menino-cantor em um bom coro da cidade, onde ia passando para contralto, tenor e barítono à medida que minha voz mudava, e conhecia a maior parte dos hinos, pelos meus exercícios de harmonia do conservatório.

A prática coral foi anunciada. Recordo vivamente a primeira noite. Vieram seis pessoas, todas vestidas com suas melhores roupas de domingo. A mais nova era uma garota de seis ou sete anos, a mais velha, uma mulher de sessenta. Havia dois homens. Perguntei-lhes quantos sabiam ler música. Uma das mulheres ergueu a mão. Mais tarde, soube que estava mentindo. Descobri também que um dos homens mal podia ler. Sua mulher costumava inclinar-se para a frente discretamente e virar as páginas de seu livro de hinos.

Começamos com o que era conhecido. Cantávamos os hinos resolutamente, e eu me limitava a fazê-los começar juntos, e a não arrastar o andamento. A prática, com certeza, era agradável, pois, após algumas semanas, o coro havia crescido para cerca de quinze pessoas. Cada ensaio terminava com uma grande quantidade de sanduíches e bolos, que várias senhoras traziam. Essa situação continuou por vários meses, até que uma noite, quando as senhoras estavam saindo para preparar o almoço, um dos homens disse: "Nós pensávamos que vínhamos aqui para aprender música, e não para um chá festivo". Não houve mais sanduíches depois disso, o que não foi mal, pois comê-los consumia cerca de metade do tempo do ensaio.

Eu era severo no que diz respeito à frequência e tinha que sê-lo, porque, no início, esta era muito irregular. Algumas atividades temporárias, como preparar o feno, interferiam, possivelmente, mas havia também o caso de pessoas que saíam de casa para vir ao ensaio, encontravam-se com alguém na estrada e resolviam ir pescar, em vez de vir. Avisei, então, que qualquer um que faltasse a três ensaios sem uma desculpa válida seria excluído, e logo depois mandei um homem embora. Pouco a pouco, a mensagem foi captada.

Agora eu tinha um coro que cantava a várias vozes. Gravei as linhas de contralto, tenor e baixo do hino de que gostavam mais, e, a cada semana, um dos membros levava emprestado o gravador cassete, que havíamos comprado com o fundo do coro, e levava a fita para casa, para poder estudá-la. O Natal estava chegando, e foi proposto um concerto ecumênico. As moças da Igreja Católica estavam ansiosas para vir, e o ministro do Plymouth Brethren Tabernacle foi recomendado como solista das canções do Evangelho, nas quais ele se acompanhava ao violão. Havia também três irmãs que cantavam canções religiosas arranjadas ao velho estilo *country* e do oeste e que já haviam aparecido na TV, em Penbroke. Para nosso repertório, preparamos *Noite Feliz* (que cantávamos em alemão), *Quem Pastore* (que cantávamos em latim) e alguns outros números tirados do *Livro de canções de Natal*, de Oxford.

Apesar do caráter sofisticado de nosso repertório, os resultados de nosso trabalho ficaram evidentes para todos naquela noite; a jovem regente do coro católico aproximou-se e perguntou ingenuamente como poderiam unir-se a nós. Eu não sabia o que responder. Os grupos religiosos e étnicos mantêm-se fechados em si mesmos, no campo. Os católicos provinham de diferentes extratos étnicos, eram na maioria irlandeses e poloneses. Concordou-se que viessem, mas não houve muito envolvimento.

Decidi discutir o assunto com o Padre Castelli, o padre católico, um homem competente e profundo conhecedor do bem-estar da comunidade, onde estava há trinta anos. Discutimos o péssimo estado da música na Igreja Católica hoje em dia. Ele confessou-me seu amor pelas missas gregorianas em latim e cantou vários fragmentos, de que ainda se lembrava, de seu tempo no seminário. Propus que, se os coros ensaiassem juntos, poderíamos dispender metade do tempo com música luterana e metade com católica, prometendo-lhe que ensinaria a eles uma missa gregoriana em latim, uma prática para a qual eu queria um pretexto para fazer, pois o cantochão é um dos melhores modos de treinamento de coro.

Os primeiros ensaios reunindo os dois grupos foram um pouco constrangedores socialmente, mas, pela combinação de forças, o coro ganhou enormemente em musicalidade, e todos perceberam isso. Seis meses mais tarde, cantamos a *Missa de Angelis* em latim, por ocasião da visita do bispo; então, levamos a mesma missa para a Igreja Luterana e a interpolamos ao serviço religioso. Não ouvi reclamações. Dentro de um ano, estávamos também executando, nas ocasiões especiais, várias seleções das *Cantiones Sacrae*, de Schütz, de 1623, em alemão, em ambas as Igrejas.

Não quero dar a impressão de que essas coisas ocorreram miraculosamente e sem esforço. Ao contrário, prosseguíamos num passo incomumente lento. As coisas que eu esperava que acontecessem rapidamente com crianças ou adultos da cidade levavam um tempo infinitamente mais longo aqui. Se eu os empurrava muito rapidamente, havia murmúrios ou reprovações silenciosas. Comecei a visitar os membros do coro em casa, para fazê-los se sentir mais envolvidos. Tudo isso dispendia muito tempo. Também consumidoras de tempo foram as longas viagens que fiz, por muitos quilômetros de estrada poeirenta, para buscar os membros do coro que não tinham condução para vir de suas casas distantes aos ensaios. Minhas passageiras favoritas eram três garotinhas que viviam com sua mãe (o pai as havia abandonado) numa cabana de dois cômodos, sem pintura; todos os dias ficavam esperando, na estrada, segurando suas partituras, ao lado de montes de neve mais altos que elas.

O regente do coro era um trabalhador social e, algumas vezes, terapeuta. "Meu médico diz que o coro é que me mantém viva", dizia uma das pessoas mais velhas, uma mulher de setenta anos. Ainda por cima, sua voz era rachada, e eu tinha grandes problemas, não só em fazer com que sua voz se misturasse às outras, mas também para conseguir que qualquer das outras mulheres se sentasse a seu lado. Pedi a minhas melhores cantoras que fizessem isso. Elas queixavam-se que iriam se confundir e permaneciam sentadas silenciosamente em seus lugares. "Não posso cantar bem, a menos que tenha um bom cantor de cada lado", dizia a mulher. Como lidar com tais situações?

Particularmente interessante era ter uma amostra de toda a comunidade numa mesma sala, envolvida numa única ocupação: as crianças e os adultos, os ricos, os pobres, os brilhantes e os não tão brilhantes. Isso era totalmente diferente dos grupos de estudantes que eu havia conhecido anteriormente. Os estudantes universitários tinham todos a mesma idade, os mesmos interesses afetivos e os mesmos problemas; a maioria deles era proveniente da classe média, e possuía Q.I. acima da média. Mas essa consistência os fazia previsíveis, o que eventualmente mais me aborrecia do que excitava.

Apesar dos problemas do grupo misto, havia numerosas compensações. Os cantores traziam ao regente do coro leite fresco e bolos, vegetais e molhos feitos em casa. Por mais de uma vez, lembrei-me dos membros do coro em *Under the Greenwood Tree*, de Hardy, um romance que todos os músicos de igreja deveriam ler. Um dia, durante o sermão, estava sentado ao lado de um dos meus baixos, um senhor de meia-idade com o rosto queimado de sol e que usava camisa xadrez e suspensórios, quando ele voltou-se para mim e disse: "Notou alguma coisa diferente?". Eu olhei em volta. "Ali embaixo", ele disse, apontando para o assoalho (o *th* é frequentemente omitido no dialeto madawaska).[11] "Oh, você colocou uma plataforma sob o banco", disse-lhe. "Sim, John deu a madeira, Albert os pregos, e eu a construí. Agora, podemos ver o regente".

Após aproximadamente três anos, o coro tinha cerca de quarenta membros. Nós havíamos nos tornado realmente um grupo comunitário e começado a atrair algumas pessoas de fora para nosso grupo, pessoas que já haviam cantado em outros coros e liam música. Elas vinham dirigindo por trinta a cinquenta quilômetros, de Bancroft e arredores. Eu me sentia grato por seu interesse e os utilizava para ensinar as partes separadas, ou para fazer ensaios, quando meu trabalho forçava-me a me ausentar, às vezes, por semanas.

Comecei a pensar que estava na hora de tentar alguma coisa mais ambiciosa. Estava ansioso para fazer isso. Particularmente, queria tentar criar uma nova obra junto com o grupo e estava pensando que pegar um tema bíblico poderia ser mais adequado para forçar a imaginação de meus cantores luteranos e católicos, que ainda eram maioria. Uma noite, expus minha ideia de criar uma peça, um teatro musical, baseado na história de Jonas, e convidei aqueles que estivessem interessados em planejar esse trabalho a ir até minha casa no domingo seguinte à noite.

Duas pessoas foram, as duas de fora. A esperança havia sido prematura. Outro ano se passou antes que eu me aventurasse a expor minha ideia novamente. Então, retomei ao assunto, logo após havermos feito um pequeno concerto de muito sucesso para comemorar o centenário da localidade. Através da sessão de música da Biblioteca Nacional, tínhamos conseguido algumas canções e coros que haviam sido populares no Canadá há cem anos – uma espécie de *hit parade* de então. Foi executado com trajes de época, para grande prazer do público que enchia o Catholic Perish Hall. No ensaio seguinte, mencionei Jonas novamente e disse ao coro que iríamos criar e executar esse musical em nosso próximo concerto.

---

11 *Down dere*, no original. (N.T.)

Jonas

Começamos por ler a Bíblia juntos. Todos conheciam a história: de como Deus ordenara a Jonas que fosse a Nínive e informasse o Rei do seu desagrado com a iniquidade deles; de como Jonas fugira da voz de Deus, encontrara-se com alguns marinheiros que estavam indo para Tarshish[12] e os persuadira a levá-lo com eles; de como Deus enviara uma tempestade, obrigando os marinheiros a arremessarem Jonas dentro d'água; de como a baleia devorara Jonas; do lamento de Jonas no ventre da baleia; de como Deus fizera a baleia vomitar Jonas em terra seca; de como Jonas fora a Nínive e fizera o Rei se arrepender.

Essa é a parte mais conhecida da história, mas há uma segunda parte. Jonas, agora, sente que Deus o havia enganado, ao não destruir Nínive, como ele, Jonas, havia profetizado. Jonas vai e senta-se numa colina, olhando a cidade, mal-humorado e aborrecido. Deus faz uma árvore frondosa crescer para protegê-lo do calor abrasante. Então, como que arbitrariamente, a faz murchar e morrer. Deus está tentando ensinar a Jonas que seus desejos e ações podem, frequentemente, estar além da compreensão humana. Ele havia poupado Nínive da destruição. Jonas deveria alegrar-se com a compaixão de Deus, e não se sentir arrogantemente desapontado com sua mudança de planos. O livro termina abruptamente, mas fica-se com a impressão de que Jonas, finalmente, soube compreender essa lição.

Esse era o material que iríamos tentar dramatizar. Começamos com o problema de como criar a voz de Deus, um problema que tem confundido muitos compositores e dramaturgos. Não contávamos com potentes vozes solistas e, por isso, decidimos criar o efeito com todo coro cantando em uníssono. A galeria do coro, na Igreja Luterana, ficava na parte de trás. Isso significava que Jonas poderia ficar no palco em frente ao altar.

---

12 Tarshish – Velho Testamento; antigo porto, mencionado no I Livro de Jonas, 1-3, situado na Espanha ou em uma das colônias fenícias, na Sardenha. (N.T.)

Para conseguir um efeito dramático, a obra começaria em total escuridão. Repentinamente, a voz de Deus é ouvida, como num pesadelo:

> Jonas, Jonas, ouça-me.
> Eu sou a voz de Deus.
> Ouça a Deus.
> Jonas, levante-se, vá à cidade,
> à grande cidade,
> e conte-lhes que sei de sua iniquidade.[13]

Jonas levanta-se, acende uma vela, procurando na escuridão com os ouvidos. A voz havia desaparecido. Jonas acomoda-se, sopra a vela e recomeça a dormir. Grande pausa; então, a voz de Deus ressoa mais uma vez. Jonas acorda novamente, mas, antes que Deus termine de falar, foge com medo. Vai procurar um navio para levá-lo para o outro lado do mundo.

Encontrar os marinheiros e construir o navio foi uma experiência interessante. Tínhamos poucos homens no coro, e eu não queria dispensá-los (Jonas já havia sido escolhido e ele era um de meus melhores cantores). Decidi que os marinheiros poderiam ser atores em vez de cantores. Essa decisão tornou mais fácil atrair outros homens para o espetáculo. Ao final, encontramos quatro disponíveis: um jovem fazendeiro, um professor, um mecânico de automóveis e um *hippie*. Começamos a trabalhar essa cena, assim como muitas outras, improvisando e retendo os atos e linhas que pareciam adequados e construindo a cena até chegar ao próximo texto. Gostaria de poder contar a vocês o sabor das vozes de pessoas do campo dizendo estas linhas:

---

13 No original em inglês: *"Jonah, Jonah, listen to me / I am the voice of God / Listen to God / Jonah, get up, go to the city / Go to the great city/ And tell them I know of their wickedness"*.

JONAS: – Ei! Amigos! Vocês são os donos daquele barco ali?

Os marinheiros o ignoram

JONAS: Ei, rapazes, vocês são donos daquele barco?

Os marinheiros olham para cima, vagarosamente, com certa suspeita.

1º MARINHEIRO: – Disse alguma coisa, estrangeiro?
JONAS: – Sim, você é o dono daquele barco ali?
2º MARINHEIRO: – Talvez sim... talvez não...
3º MARINHEIRO: – Quem está perguntando?
JONAS: – Meu nome é Jonas.
2º MARINHEIRO: – Que tipo de nome é Jonas?
JONAS: – É um nome hebreu.
4º MARINHEIRO: – Bem, nem tudo pode ser perfeito.
JONAS: – Aquele barco está partindo? Gostaria de navegar.
3º MARINHEIRO: – Ele quer velejar?
4º MARINHEIRO: – Pra onde você vai?
JONAS: – Pra onde vocês estão indo?

O primeiro marinheiro levanta-se vagarosamente.

1º MARINHEIRO: – Direto pro inferno, rapaz, quer vir?
2º MARINHEIRO: – Você já viajou por mar, marinheiro de primeira viagem? Sabe ao menos onde fica Tarshish?
JONAS: – Não, mas isso não importa. Ajudarei no trabalho, se me levarem.
2º MARINHEIRO: – Ele está brincando?
4º MARINHEIRO: – Nosso barco é pequeno. Não temos quartos.
1º MARINHEIRO: – Sim, e viajar custa dinheiro.
2º MARINHEIRO: – Não temos comida. Quatro semanas é muito tempo.
JONAS: – Tenho prata. Pagarei a vocês dez moedas de prata.
3º MARINHEIRO: – Dez moedas! *Risos de escárnio.*
1º MARINHEIRO: – Por alguém do seu tipo?

2º MARINHEIRO: – Ele quer navegar para Tarshish por dez moedas?
4º MARINHEIRO: – Precisamos, pelo menos, de cinquenta!
3º MARINHEIRO: – Não se esqueça que temos que alimentá-lo, sabe?
JONAS: – Ok. Darei a vocês trinta moedas de prata. Talvez possamos pescar para obtermos comida, em todo caso.
3º MARINHEIRO: – Talvez a gente o use como isca.
JONAS: – Vamos, vamos agora. Jeová, meu Deus, é o Senhor da terra e do mar. Ele vai nos proteger.
2º MARINHEIRO: – Jeová?
3º MARINHEIRO: – Jeová?
4º MARINHEIRO: – Nunca ouvimos falar dele.
1º MARINHEIRO: – Ele não é meu Deus.
JONAS: – Está bem. Talvez ele não venha. Por favor! Vamos rápido. Quero ir agora!
2º MARINHEIRO: – Você está com dinheiro?
JONAS: – Sim, eis aqui!
1º MARINHEIRO: – Deixe-me ver.
4º MARINHEIRO: – Sim, queremos vê-lo.

Os marinheiros pegam a bolsa de Jonas.

2º MARINHEIRO: – Ele está cheio de dinheiro.
1º MARINHEIRO: – Vamos levá-lo conosco. Precisamos de dinheiro.
JONAS: – Olhem, darei a vocês metade da prata agora e a outra metade quando chegarmos a Tarshish.
4º MARINHEIRO: – Talvez ele nunca chegue lá.

Os marinheiros dirigem-se para o bote e preparam-se para partir.

3º MARINHEIRO: – Não estou gostando do aspecto do céu.
2º MARINHEIRO: – Ora, vamos embora!

O diagrama mostra os principais esquemas do barco. O mastro era alto, chegava próximo ao teto da igreja. Jonas foi posto no arco, e os marinheiros ficaram a seu lado. Enquanto eles o levavam para o mar, o mastro e o arco moviam-se delicadamente para frente e para trás. Durante a tempestade, o navio oscilava cada vez mais violentamente; como os corpos acompanhavam o balanço, o efeito era realmente realístico.

Quando os marinheiros saíam para o mar, o coro descia das naves da igreja, contornando o público. Trazia um pano grosso que simulava o oceano. Quando a tempestade aumentava, o pano era sacudido violentamente, formando ondas. Esses movimentos eram acompanhados por improvisações realizadas pelo coro.

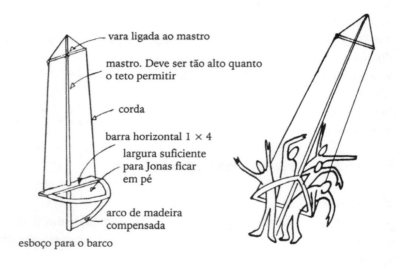

Começamos sussurrando as palavras *to Tarshish*,[14] levando o sussurro pelas naves, da frente para trás, e das crianças para os adultos, em ondas que se sobrepunham. Quando os assobios ficavam mais fortes, alguns sopranos começavam a acrescentar um efeito de gemido de vento, na palavra *flee*.[15] Quando a tempestade continuava

---

14 *to Tarshish* – para Társis.
15 *flee* – fugir

a crescer, diversos homens começavam a gritar *go-go-go to Nineveh*.[16] No ápice da tempestade, todos os cantores gritavam a palavra *Jonah*, em um grande *cluster* de vozes, que subia e depois descia sobre a palavra *down*,[17] enquanto o navio naufragava e o mastro inclinava-se para a frente, abaixo da nave central da igreja. Repentino *blackout*.

Estamos no fundo do mar. Na escuridão submarina, as crianças menores movem-se com silhuetas de peixes feitas em papel-cartão, pintadas com tinta fluorescente. Como os peixes são pintados apenas em um dos lados do papel-cartão, pode-se fazer com que eles apareçam ou desapareçam magicamente, simplesmente virando-os para o outro lado.

Quando o peixe recua, o grande som volumoso da baleia é ouvido (um *cluster*, na região grave do órgão). Repentinamente a baleia é iluminada, mostrando lonas dentro dela. Realmente a baleia é o barco naufragado virado para baixo.

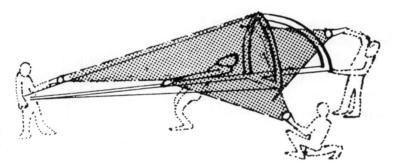

Os marinheiros iluminam o esqueleto da baleia com lanternas, enquanto Jonas canta seu lamento.

Clamo ao Senhor, por causa de minha aflição.
Escuta-me, Senhor! Fora do ventre da baleia, eu clamo. Escuta minha voz. Pois o Senhor lançou-me às profundezas, no meio

---

16 *go-go-go to Nineveh* – vá-vá-vá para Nínive
17 *down* – para baixo. (N.T.)

do mar, e o volume das águas me envolveu. Todos os Seus vagalhões e ondas passaram sobre mim. Fui arremessado para fora de Sua visão.

Quando o lamento termina, as luzes sobre Jonas e a baleia começam a piscar com excitação nervosa; então, de repente, ao chamado de Deus, o peixe joga Jonas para a praia seca e nada para fora da igreja; Jonas, lentamente, levanta-se e medita sobre o que havia acontecido. Finalmente, tomando uma decisão, precipita-se para Nínive.

Como tínhamos poucos homens, decidimos que Nínive teria um Rei-criança. O papel coube a Tony Fitzgerald, um cantor de 12 anos de idade, cuja voz estava começando a quebrar. Eu sabia que uma nova tarefa ajudaria a tirar sua mente disso.

Tony vivia a alguns quilômetros de minha casa. Era um rapaz bem-dotado, de uma família católica, na qual havia muitos talentos musicais e que vivia feliz numa casinha branca, bem abaixo do que o Departamento de Estatística do Canadá chamaria a linha da pobreza. Não havia água corrente em casa; os meninos iam buscá-la num riacho próximo. A família criava perus e vendia ovos a seus vizinhos. Muitas vezes, vi as crianças saindo descalças em direção ao celeiro quando eu passava pela estrada, e elas sempre acenavam, me cumprimentando. Lembro-me de um dia em que acompanhei Tony à prática coral. Era uma linda tarde de verão, e o sol estava se pondo atrás dos campos de cereais. Comentei a respeito de como aquele era um momento de paz. Tony respondeu: "Se há um paraíso na Terra, ele deve ser bem aqui, em Monteagle Valley". Assim era Tony.

Sabia que ele aceitaria o desafio de desempenhar o papel de Rei e decidi que deveria escrever sua própria parte. Assim, certo dia, lemos as poucas linhas da Bíblia que tratam do esforço bem-sucedido de Jonas para conseguir que o Rei e os cidadãos de Nínive se arrependessem de suas iniquidades. Pedi-lhe, então, para tentar escrever a história daquela conversão com suas próprias palavras. O trecho seguinte foi o que ele escreveu.

JONAS: – Alto! Arrependam-se! Deus dá a vocês quarenta dias antes de mandar sua ira sobre vocês, pecadores.
REI: – Vai embora, camponês. Tu és um homem do campo, e não um profeta. Retoma a tua cabana e cuida de teus animais. Lá é onde deverias estar.
JONAS: – Não! Esta cidade será destruída se sua iniquidade prevalecer.
REI: – És um tolo. Não sabes o que dizes.
JONAS: – Fui enviado por Deus para dizer isso a vocês. O Senhor ordena.
REI: – Estás blasfemando contra nossos deuses. Não há somente um Deus.
JONAS: – Há, sim. Sou o profeta Jonas. Estou incumbido de proclamar à cidade: "Arrependam-se! Deus dá a vocês quarenta dias antes de destruir Nínive!".
REI: – Como soubeste disso? Tu, um mero camponês?
JONAS: – Deus contou-me em sonhos etc.

E assim, pouco a pouco, Jonas convenceu o Rei a ouvir sua história. Tony mostrou compreensão psicológica ao lidar com as gradativas mudanças de ânimo do Rei. Sua decisão de fazer o Rei falar inglês arcaico foi também, penso eu, brilhante.

Mas a cena de abertura ainda tinha que ser criada. Como Tony era pequeno, decidimos construir uma liteira para ele, de modo que pudesse subir nos ombros dos marinheiros, agora transformados em carregadores de liteira. O coro, na galeria superior, aclamava a chegada do Rei. Foram dados às crianças guizos para sacudir. As mulheres jovens formaram um cortejo que vinha em procissão pela nave central dirigindo-se para a frente, onde Jonas deveria saltar e confrontar-se com o Rei. Precisávamos de música para esse momento festivo. Escolhi um velho hino modal dos batistas do sul, que já havíamos ensaiado. Cantado em andamento mais rápido, e acompanhado por guizos e sinos, deveria funcionar. Mas precisávamos de um texto, e assim pedi a Tony que escrevesse as palavras para o seu cortejo, sugerindo que ele poderia começar assim:

> O Rei de Nínive é grande,
> é um rei poderoso.
> Governa a terra, o mar e o céu.
> Governa todas as coisas.[18]

Tony continua:

> O rei é amado e adorado,
> chega ao som de trombetas.
> Seu reino é justo e glorioso,
> seus súditos esperam que perdure.[19]

Assim entra o Rei, encontra Jonas e, persuadido por ele, desce de sua liteira e humildemente se arrepende. Do fundo, o coro agora canta um hino bem conhecido.

> Deus age de um modo misterioso
> para operar maravilhas.
> Planta Seus pés no mar,
> e dirige a tempestade.
>
> A descrença cega, certamente, erra
> e toma Sua obra em vão.
> Deus é Seu próprio intérprete
> e Ele vai realizá-la com simplicidade.[20]

A cena desloca-se para o alto de uma colina, acima da cidade. Em fala coral, o coro explica:

---

18 No original em inglês: *"The King of Nineveh is great, / he is a mighty king. / He rules o'er land and sea and sky, / he rules o'er everything"*.
19 No original em inglês: *"The king is loved and worshipped well, / he comes with trumpet blasts. / His reign is just and glorious, / his subjects hope it lasts"*.
20 No original em inglês: *"God moves in a mysterious way / His wonders to perform. / He plants His footsteps in the sea / and rides upon the storm. / Blind unbelief is sure to err / and scan his work in vain. / God is His own interpreter / and He will make it plain"*.

Agora, Jonas estava zangado!
Ele havia dito que a grande cidade seria destruída,
mas Deus mudou de ideia e a poupou.
Jonas sentiu-se enganado e humilhado.
Chamou a Deus para que explicasse Suas ações![21]

O final desse texto era muito pesado e marcado por um tambor grave. Do topo da colina Jonas grita:

Deus! Deus! Onde estás? Tu me enganaste!
Para de te ocultar! Responde-me! Por que me enganaste?[22]

Estávamos ensaiando esse trecho na noite em que o Conselho da Igreja decidiu retribuir-nos uma visita. O pastor havia dito que eles viriam numa das noites, para ver como a produção estava indo. No campo nada é estabelecido diretamente. O que ele estava querendo dizer é que havia rumores na Igreja a respeito de quanto nosso trabalho seria apropriado para ser apresentado lá. Decidindo que era melhor enfrentá-los, escolhi essa cena para o ensaio, na noite que esperava que aparecessem. Eles ficaram lá por alguns minutos e viram Jonas sacudindo os punhos e gritando: "Deus, onde estás, Deus?", e desapareceram no subsolo da igreja. Fui chamado para encontrar-me com eles. O coro ficou esperando, com a respiração suspensa. Pediram-me que explicasse o significado do que haviam acabado de testemunhar. Eu disse que, nessa parte da história, Jonas estava "zangado até a morte" com Deus e que supunha que ele poderia elevar sua voz para dizer isso. O pastor pegou a Bíblia e leu a passagem em voz alta. Estavam chocados, mas a maioria dos conselheiros acenou concordando. Todos menos um, que ficou na

---

21 No original em inglês: *"Now Jonah was angry! / He had been told the great city would be destroyed, / but God changed his mind and spared the city. / Jonah felt cheated and humiliated. / He called on God to explain His actions!"*.
22 No original em inglês: *"God! God! Where are you? You deceived me! / Stop hiding. Answer me! Why have you cheated me?"*.

oposição; ele era o homem que eu havia dispensado do coro, nos primeiros dias do ensaio.

O Conselho disse que queria discutir o assunto em particular. Meia hora depois, o pastor voltou e deu-me permissão para apresentar *Jonas* na Igreja. O coro aclamou.

Talvez eu pudesse ter conduzido melhor esse assunto. Não sei. Se o Conselho tivesse entrado um pouco mais tarde, teria visto uma linda flautista personificando a Árvore Sombria, crescendo do púlpito, com sua flauta decorada com folhas e flores. E, então, teria visto todas as crianças de nossa vizinhança cantando para Jonas, no papel de anjos.

ANJOS: – Jonas, Jonas, ouça-nos. Somos enviados de Deus. Quem criou a árvore e a fez murchar?
JONAS: – Deus criou a árvore e a fez murchar, mas por quê?
ANJOS: – Para lhe dar um sinal.
JONAS: – Não entendo. Fiz o que Deus me mandou fazer. Por que Ele me fez sofrer? Por que não puniu o povo da cidade como havia prometido?
ANJOS: – Eles aprenderam os caminhos de Deus, e os respeitaram. Confessaram seus pecados e Deus os perdoou. Esta é a lição que você precisa aprender. Respeite a Deus, mesmo que não o entenda.

E então, eles teriam testemunhado o triunfo final de Jonas sobre seu orgulho. E teriam visto sua dança de alegria e louvor a Deus, com todo o coro, no final. Isso teria agradado ao conselheiro dissidente? Frequentemente penso nisso.

Jonas foi apresentado na Igreja Luterana de Cristo, em Maynooth, nos dias 29 e 30 de agosto de 1979. Foi um evento comunitário que envolveu cerca de quarenta pessoas. Considerando-se que a população total da área de Maynooth é de, provavelmente, cerca de duzentas pessoas, a participação *per capita* nesse evento foi, provavelmente, superior às marcas nacionais. A Igreja estava lotada em ambas as apresentações. Vieram pessoas de vários quilômetros ao redor. Pode-se imaginar que foi semelhante ao modo como as pequenas cidades executavam os autos de milagres, na Idade Média. A obra foi também executada em outros lugares, e há uma partitura impressa.[23]

Gostaria de poder dizer que Jonas foi somente a primeira de uma série de obras concebidas por e para a pequena comunidade, pois necessitamos muito desse tipo de repertório. Mas no ano seguinte fui convidado a dirigir uma produção de *Apocalypse*, na muito maior comunidade de London, Ontário, e, desde então, meu trabalho tem me mantido longe de Maynooth. O coro continuou a funcionar por um certo tempo e apresentou duas novas peças de teatro musical, uma das quais foi escrita por eles mesmos, baseada numa lenda da história local. Mas não havia realmente uma liderança, e, pouco a pouco, o grupo se desintegrou. Atuou por aproximadamente quatro anos, desde o dia em que começamos até a produção de Jonas. Não foi tempo suficiente para o grupo desabrochar, mas bastou para que produzissem algo único. Para que o grupo prosseguisse, teria sido necessária a orientação cuidadosa de uma pessoa que combinasse as habilidades de trabalhador social, planejador comunitário e professor de música.

Todas as pequenas cidades do país estão perdendo a sensibilidade porque não são grandes centros, mas estão apenas na periferia das grandes cidades, que as despojam de seus melhores recursos – sua população jovem – e lhes dão, como retorno, cheques de aposentadoria, estradas pavimentadas e aparelhos de rádio e TV. Uma das maiores vantagens da música é que ela pode estimular o bem-estar social. Este não é seu objetivo, mas pode ser um dos seus resultados. A música pode ser feita por uma, duas ou trinta pessoas. Podem ser amadores ou profissionais, jovens ou velhos, ricos ou pobres, ou uma mistura de tudo isso. Não precisa ser cara e não precisa ser reprodutiva. Pode ser original, como já foi. E, quando essa originalidade é desenvolvida, a música da pequena comunidade pode também

---

23 Disponível pela Arcana Editions, R.R. 2 Indian River, On, Canada, Ko12Bo. Também no *site*: <http://www.patria.org>.

ser tão exportável quanto qualquer coisa da cidade, combatendo o desequilíbrio cultural centro-periferia e restituindo o orgulho aos povos de todos os lugares. Tudo o que é preciso são os professores certos para fazer com que isso aconteça.

Carta aos portugueses

O contraste era inacreditável. Do calor de seu país, voltei tão rapidamente para o meu, onde a neve já estava à altura dos joelhos. Uma noite depois que voltei à fazenda, a temperatura caiu para 30 graus abaixo de zero. Mas eu estava feliz com o frio. Isso parece estranho a vocês? Não, isso apenas mostra que, apesar de nosso interesse comum por música, há também diferenças entre nós.

Essas diferenças são moldadas pelo ambiente, moldadas pelo clima e pelo meio. Vocês devem se lembrar de que durante minha palestra na Fundação Gulbenkian falei sobre a paisagem sonora de inverno, no Canadá, como o som fundamental[24] de nossa paisagem é gelo e neve; e ainda como a água – nessa forma, e em todas as outras – fala com tantas vozes insuspeitadas. Eu queria tocar para vocês a gravação de um homem andando na neve, o que, para alguns, poderia ter sido uma *première*,[25] mas não conseguimos encontrar um aparelho de som que funcionasse, e eu tive que fazer minha palestra sem exemplos. Não foi uma boa palestra. Sob minhas palavras calmas, havia irritação e desapontamento em minha voz. Vocês puderam escutá-los?

---

24 "*Key Note*: O próprio autor esclareceu o sentido da expressão em outro texto: *Key Note* é um termo musical. É a nota que identifica a escala ou a tonalidade de determinada composição. É a âncora ou o som básico e, embora o material possa modular à sua volta, obscurecendo sua importância, é em referência a esse ponto que tudo o mais assume o seu significado especial. Os sons fundamentais não precisam ser ouvidos conscientemente; eles são entreouvidos, mas não podem ser examinados, já que se tornam hábitos auditivos, a despeito deles mesmos" (Schafer, *A afinação do mundo*, p.9)

25 *Première* em francês no original – primeira vez, estreia. (N.T.)

Eu queria que vocês ouvissem aquele homem andando na neve. Nunca é igual, sabem? Pois qualquer modificação no clima, mesmo uma mudança de poucos graus, altera a composição da neve completamente. Nunca consegui andar com sapatos de neve[26] e produzir exatamente o mesmo som.

Ontem, fui andar na neve, além do riacho congelado, cruzando o campo, em direção à linha das árvores, no horizonte. A neve estava coberta por uma camada de gelo, não suficiente para sustentar o sapato de neve, mas sim para afetar o som e o toque à medida que cada pé mergulhava nela. Minúsculas bolinhas de gelo espalhavam-se sobre a superfície intocada, de cada lado dos meus sapatos, enquanto eu a quebrava com minhas passadas. Nos lugares em que o pequeno monte se inclinava, os fragmentos de gelo iam cascateando neve abaixo, como pequenas avalanches de vidro.

Parei para sacudir o galho de um arbusto. Com um estalo agudo, ele se quebrou, mandando os pequenos glóbulos de gelo de seus brotos, ricocheteando em todas as direções, como se fossem vozes de soprano em miniatura. Eu estava profundamente consciente de que os sons que estava ouvindo eram sons de impacto, repentinos, explosões difusas. Então, parando junto à linha das árvores – tendo apenas minha respiração ofegante para ouvir –, lentamente observei a cena. Nenhum outro ser humano, nem mesmo um rastro de animal. Quando minha respiração se acalmou, foi sendo substituída por outro tipo de sopro, enquanto o vento passava pelas sempre-vivas atrás de mim, com aquele estranho humor para o qual não há metáforas, e que é tão diferente dos sons do vento em árvores frondosas. Prendi minha respiração. O vento se acalmou. Então, bem longe, um cão latiu.

Voltando à trilha, o som era diferente. As explosões constantes de cristal se despedaçando foram substituídas por um som de

---

26 *Snowshoeing* no original. Andar na neve, calçando *snowshoes*, que é um tipo de calçado de neve em forma de raquete, com um sistema de tiras entrelaçadas sobre ele. (N.T.)

arrastar mais rápido, à medida que eu andava sem esforço pela neve que havia comprimido. Eu ouvia, ainda, quatro sons distintos enquanto andava, pois as partes da frente e de trás de cada longo calçado podiam ser ouvidas – as dianteiras batendo à medida que a neve caía pela tela, enquanto as longas hastes atrás afundavam pela neve, rangendo baixinho.

Eu havia alcançado o riacho e parado para ouvir suas muitas vozes, distantes, sob o gelo. E lembrei-me do dia em que fomos ao parque atrás do museu e ouvimos o riacho caindo por sobre diferentes fileiras de pedra daquele muro. Minha proposta: "Encontrem um local de onde possam ouvir a água vindo de pelo menos três lugares simultaneamente". E um jovem encontrou um lugar de onde podia ouvi-la vindo de cinco pontos diferentes.

Aquele parque foi nossa salvação em Lisboa, e eu sempre ficava contente quando havia sol e nós podíamos ir para lá. Embora estivesse cercado pelos barulhos do trânsito, mesmo assim era grande o bastante para proporcionar, em seu interior, alguns lugares agradáveis, onde podíamos começar a desenvolver a arte da clariaudiência. Naquele mesmo dia, tentamos levar e trazer sons pelo parque. Eu nunca havia feito isso antes, mas pensei que as crianças, em nossos dois países, poderiam achar divertido tentar carregar sons sem perdê-los. Dei um som a vocês e mandei-os correr para todas as direções, até os limites do parque e voltar. Houve uma tendência geral do som ficar mais agudo na volta. Por quê? Teria a corrida o empurrado para cima?

A mesma coisa aconteceu quando nos dividimos em dois grupos e começamos todos cantando a mesma nota, com a boca fechada. Então, Carlos levou um grupo a dar uma volta ao redor do museu, numa direção, e eu levei o outro na direção oposta. Quando nos encontramos no anfiteatro, dez minutos mais tarde, os dois grupos tinham quase um tom de diferença.

Voltando para dentro, tentamos fazer composições com apenas um som. Exercício tolo, parecia a princípio – e mesmo assim, enquanto trabalhávamos, ficou evidente o motivo pelo qual este é um dos últimos exercícios que dou a minhas turmas, porque ele força a imaginação a se concentrar numa superfície muito pequena. O problema: "Construa uma composição com um som, utilizando algumas ou todas as pessoas da classe. Faça o que quiser, mas não nos canse". As invenções foram interessantes, a princípio, com a introdução de variações rítmicas e mudanças na cor dos sons e na dinâmica. Mas depois de um certo tempo isso não foi mais suficiente. "Estou cansado", disse, "façam alguma coisa para torná-lo interessante de novo". "Não podemos", alguém disse, "faça você alguma coisa".

"Vamos pra casa", eu disse. "Vamos pra casa levando o som conosco. Tentem lembrar dele durante toda a noite e tragam-no intacto amanhã de manhã". Eu o entoei por todo o caminho de volta ao hotel. Mantive-o em minha mente enquanto me vestia para o jantar. Era cerca de dez horas e eu estava no restaurante (eu havia jantado um excelente peixe) quando percebi que o havia esquecido. Tentei pescá-lo por toda a noite, em minha mente. Eu era o professor. Como poderia dizer se as pessoas haviam guardado a altura certa se eu próprio a esquecera? Na manhã seguinte, tentei reconstruir o som, colocando a mesma pressão na traqueia. Seria aquele o tom certo? Eu o entoei por todo o caminho para a aula. Quando cheguei, disse a todos: "Cantem o som que levaram para casa ontem". Requintado cromatismo! Talvez ninguém mais tivesse o tom original. Então o exercício falhara? Pelo contrário, tentamos, e a tentativa tornou o som interessante para nós – e isso era o que a proposta original pedia.

Vocês estavam começando a compreender que muitos de meus exercícios, que pareciam simples na superfície, introduziam profundas questões referentes à natureza da música e suas relações com o ambiente e com a sociedade. Não sei por que os professores de música consideram-se imunes a questões como essas, mas sei que a maioria diz isso. O resultado é que a música acaba sendo a disciplina menos criativa no currículo de qualquer escola, uma situação que, evidentemente, pode ser tolerada, mas certamente não admirada. Em meus exercícios, estou sempre tentando voltar aos mais elementares objetos sonoros, ouvi-los novamente com novos ouvidos e escutá-los não apenas como sensações musicais, mas como sensações que afetam todas as nossas relações físicas e mentais com o mundo. Chame isso de música, se quiser. Muitos professores, naturalmente, não gostariam de levar a música a tais extremos. Mas, seja como for que a chamemos, sei que é necessária, como assunto da educação do ser humano, no seu sentido mais amplo.

Mas deixem-me voltar ao nosso primeiro dia. Começamos ouvindo sons na sala, os sons de nossos próprios corpos e roupas. Eu disse: "Arranhem suas cabeças em quatro lugares diferentes e notem como o som se modifica". Então, fiz vocês explorarem, com os olhos fechados, todos os sons das cadeiras onde estavam sentados, friccionando-as, arrastando-as, batendo e golpeando toda a sua superfície com os dedos. Ainda com os olhos fechados, fiz vocês ouvirem minha voz enquanto me movia pela sala. "Estou parado no canto, voltado para a parede... Estou, vagarosamente, virando-me em direção a vocês... Podem me dizer para que lado estou virando agora?... Agora, vou passar pela porta para andar no corredor... A que distância vocês podem ouvir meus passos e minha fala?... Estou voltando do corredor para a sala; notem a mudança de qualidade vocal quando passo pelo espaço estreito da porta, entrando no espaço maior da sala... Vou fechar a porta... Ouçam... Vou abri-la e fechá-la novamente... Será a mesma coisa?... É impossível fechar uma porta duas vezes do mesmo modo... Ouçam...". Então, enquanto me movia pela sala, fiz com que vocês traçassem minha presença, apontando para o som da minha voz. Este é um novo exercício de treinamento auditivo, e nós ainda não somos muito bons nisso. Mas, desde que o espaço passou a ser considerado pela nova música de hoje como um procedimento estrutural, frequentemente tão importante quanto a harmonia ou a melodia, seguir sons enquanto se move pelo espaço é uma técnica que merece atenção.

Bati no ombro de um de vocês. "Ache um som e mova-se pela sala, produzindo-o continuamente". Um chaveiro tilintou pelo espaço; acrescente um segundo som. Outra pessoa tomou uma folha de papel, movendo-a de diferentes maneiras. E eu fiz vocês seguirem um dos sons com a mão direita e o outro com a esquerda. O exercício tornou-se particularmente difícil quando dobramos o número de sons que viajavam pela sala, e pedi às mulheres que seguissem dois deles, e aos homens, os outros dois. Com a prática, pude ver que vocês estavam melhorando. O mais difícil de todos foi quando quatro pessoas cantaram as notas de um acorde de sétima de dominante, e cada grupo tentou seguir duas dessas notas e ignorar as outras, mas, ao menos agora, vocês entendem como o exercício poderá relacionar-se com o programa tradicional de treinamento auditivo.

Fomos ouvir as vozes uns dos outros. "Quando eu bater em seu ombro, repita seu nome quatro vezes, lentamente. Seus nomes longos, elegantes, fascinaram meus ouvidos". "Maria de Lourdes Pereira de Andrade... Maria Izabel Gonçalves da Costa... Maria Arminda de Morais Marques... José Alexandre Gomes Azevedo Reis...". Então, de repente, um nome diferente foi pronunciado, um nome que nenhum de vocês esperava. "Schmuu-hel... Schumuu-hel... Schmuu-hel..." Seus olhos se abriram para ver o homem de nome esquisito.

Shmuel Hakohen tinha vindo de Israel para assistir a nossa aula. Quão bem-vindo ele era! Eu sabia que ele entendia meu trabalho e receava que muitos de vocês não o compreendessem. Receava? Sim, eu estava apavorado com vocês no primeiro dia. Havia cento e dez de vocês amontoados numa sala, onde o espaço era apenas suficiente para as pessoas se moverem por entre as filas de cadeiras. Em meu terror, choquei vocês com um arriscado estratagema. "Recuso-me a dar aulas". Consternação total. "Recuso-me a dar aulas", e fui sentar-me. Naquele momento, eu não tinha a menor ideia do que poderia ser proveitosamente ensinado a cento e dez pessoas numa sala apertada. Naturalmente, eu poderia ter tomado minha pequena valise de truques e entretido vocês. Afinal, eu já havia passado por situações semelhantes anteriormente. Mas isso não teria sido criativo e o tema de nosso seminário era "Criatividade". Isso foi o que Graziela havia decidido quando escreveu-me pela primeira vez, convidando-me a ir a seu país. Sentei-me no tablado silenciosamente, por muito tempo, enquanto todos os olhos me focalizavam com suspeita. Graziela estava visivelmente nervosa. Não havia nada para traduzir. As pessoas tinham vindo de todas as partes de Portugal para aprender sobre criatividade, e o conferencista estava comatoso. E o pessoal da rádio, que meia hora antes havia desabado sobre nós, instalando os microfones e se comportando do jeito geralmente rude de todos os tipos de mídia – o pessoal da rádio que queria alguns comentários interessantes para o noticiário do final da tarde –, estava gravando silêncio!

Ficamos ali sentados por dez minutos. Finalmente, eu disse: "Esta é uma situação interessante. Há cento e onze professores numa sala lotada, todos esperando descobrir alguma coisa. Vamos fazer um exercício fora do nosso programa. Se alguém quiser ensinar alguma coisa, vá em frente e ensine". Vocês acharam que eu estava tentando mostrar como se deve afrouxar o controle de uma situação quando se quer que alguma coisa criativa aconteça, e, embora eu o estivesse fazendo de um modo um tanto radical, isso certamente não havia sido planejado daquele jeito. Eu simplesmente não sabia, naquele momento, o que cento e nove nativos e dois estrangeiros poderiam fazer juntos numa sala lotada em nome da criatividade musical. Pensei que outras pessoas poderiam ter ideias que gostariam de experimentar. Uma coisa eu havia aprendido em minha carreira de professor: se você quiser uma resposta criativa de outras pessoas, aprenda quando deve ficar quieto. No momento em que você diz "eu não sei" alguém surgirá com uma resposta. Então, você pode tornar-se um aprendiz novamente, isto é, entrar no mundo da potencialidade total. Mas essa é uma lição difícil de aprender.

Não houve falta de ideias depois que abri o campo, e como tínhamos toda a tarde havia tempo para experimentarmos muitas delas. As primeiras ideias foram jogos quase musicais. Vocês se lembram da pessoa que sugeriu que, quando ela andasse sacudindo um sininho, nós deveríamos todos encontrar um lugar para nos escondermos, onde não pudéssemos mais ouvi-la? Mas a sala não era grande o suficiente. Então alguém sugeriu que todos nós deveríamos andar de olhos fechados e, cada vez que acidentalmente nos chocássemos com outra pessoa, deveríamos produzir um som engraçado com a voz. Mas apenas os membros mais jovens de nossa classe estavam dispostos a brincar. Houve muitas sugestões, mas nenhuma prendeu nossa atenção por mais do que alguns momentos. Elas não pareciam levar a lugar algum.

Naturalmente, isso é somente normal quando estamos tentando ser criativos depois de anos de esquecimento. O principal é não ficar desencorajado e não parar de experimentar, antes que ocorra uma verdadeira descoberta. É muito fácil valer-se do apoio de um fato confortável e bem conhecido, desistir e cantar uma canção todos juntos, como, afinal, alguém sugeriu. Mas, apesar de aquela tarde ter sido frustrante, o tempo não foi perdido, pois estávamos aprendendo muitas coisas uns com os outros. Eu estava aprendendo muito sobre o que excitava vocês e o que os deixava assustados e, melhor que tudo, eu estava aprendendo que vocês, portugueses, não tinham medo de rir de vocês mesmos quando entrávamos ou saíamos juntos de muitas situações absurdas.

Agora eis aqui o verdadeiro papel do professor na educação criativa: colocar a proposta de modo que haja tantas soluções quanto inteligências na sala. A proposta precisa ser enunciada de maneira tão provocativa que se vai querer descobrir soluções sempre novas para ela. E então, ensinando, conferindo e questionando, devemos levar a classe a problemas maiores, às mais altas formas de expressão, aperfeiçoando técnicas enquanto caminhamos para frente. Minha proposta, certamente, era provocativa, mas não havia nela o suficiente para levar à verdadeira invenção.

No dia seguinte, lhes dei uma proposta heurística, que, eu esperava, pudesse estimular pensamentos audaciosos. "Inventar um jogo musical segundo as regras gerais de um jogo de futebol, mas utilizando um som ou um grupo de sons como bola". Como você passaria a bola (som) para seus companheiros de time? Como o outro time a interceptaria? Como você faria um gol? Foi pedido a cada grupo de dez pessoas que formasse dois times e criasse seu próprio jogo. Foi dada meia hora para criar o jogo e demonstrá-lo. Sempre penso que, se pudéssemos inventar mais jogos para ensinar as bases musicais, a experiência das crianças ao aprender música seria enormemente iluminada. Nada é tão excitante ou tão febrilmente compartilhado como um evento esportivo. Poderíamos utilizar mais desse excitamento nas aulas de música.

Muitos dos jogos foram demonstrados e, finalmente, destacando elementos de vários deles, montamos um jogo que realmente parecia funcionar. Vocês se lembram das regras? Dois times de cinco pessoas, um em frente ao outro. O professor atuava como juiz. Um sorteio com uma moeda decidiu qual time tinha posse de bola. A bola era um som ou um complexo sonoro – qualquer coisa que pudesse ser produzida com as mãos ou com a voz. Um determinado jogador inventa o som e então tenta passá-lo para todos os outros jogadores do time. Eles o recebem e tentam imitá-lo com exatidão (a ênfase está nessa palavra) e o professor decide se as imitações são exatas ou não. O time adversário pode tentar dificultar a passagem, fazendo tantos sons contrários (ruídos) quanto queiram. Se o time com a bola-som errar, a bola é imediatamente dada para um membro do time adversário, que inicia um novo complexo sonoro e tenta passá-lo do mesmo modo, enquanto o primeiro time tenta interferir; se a bola é passada com sucesso por todos e volta para o primeiro jogador do time, pode-se tentar um chute a gol. Isso é feito pelo jogador que iniciou o jogo, que produz um novo complexo sonoro e então aponta para qualquer membro do outro time, que deve tentar repeti-lo. Se conseguir repeti-lo com exatidão, considera-se uma defesa. Se não, antes de o gol ser declarado, o jogador proponente deve repeti-lo novamente, para verificação. Isso foi um acréscimo necessário para impedir que os complexos sonoros se tornassem tão difíceis que ninguém pudesse lembrar-se deles.

Jogamos esse jogo com grande gosto e prazer, por cerca de duas horas. Quando o interrompemos, sei que alguns de vocês ainda se perguntavam se haviam aprendido alguma coisa "musical" com ele. Mas o prazer, frequentemente, mascara a aprendizagem, do mesmo modo que uma expressão facial solene, com frequência, esconde ignorância. Uma das principais funções da musicalidade é ensinar a exata imitação dos sons, e os exercícios de treinamento auditivo são pensados para atender a essa função. Estamos fazendo algo diferente disso? Sim, pois os sons que estávamos aprendendo a imitar eram produzidos espontaneamente por nós mesmos, em vez de serem postos à nossa frente pelo professor, a partir da prisão de um único sistema musical.

Vocês lembrar-se-ão de quanto, durante todas as sessões, eu estava preocupado em fazer com que vocês imitassem os sons exatamente. Tentamos, por exemplo, imitar o nome uns dos outros empregando os mesmos sons e inflexões, uma coisa muito difícil de ser feita. Tentamos imitar o riso uns dos outros, o que é ainda mais difícil. De fato, não se consegue imitar nem a si próprio, pois, no momento em que alguém se torna consciente de seu riso, este se congela numa careta. Estes são exercícios de treino de ouvido e, longe de servirem a um só sistema musical, estão na base de todos os sistemas neste mundo. Foi mais fácil fazer passar adiante fragmentos de uma melodia diatônica, porque esses são ingredientes de um sistema musical que nós conhecemos melhor. Em um grande círculo, tentei fazer que vários fragmentos se movessem simultaneamente, pequenos fragmentos que qualquer pessoa apontada deveria introduzir e passar a seu vizinho; foi um exercício de grande concentração, mas muito bonito de ouvir quando uma polifonia de trinta ou quarenta fragmentos é posta em movimento. A ideia, aqui, seria tentar obter quase tantos fragmentos circulando quantos fossem as pessoas do círculo, sem perder nenhum.

Finalmente, bonitos foram os "concertos da natureza" que produzimos com nossas vozes – pequenas improvisações imitando as verdadeiras paisagens sonoras da cidade ou do campo. Mesmo assim, não havia aqui nenhum som diatônico, a não ser os dois sons da sirene da polícia portuguesa, que entraram em algumas improvisações urbanas. Então, é a polícia a guardiã do sistema diatônico na paisagem sonora? O concerto da natureza que eu mais gostei foi uma paisagem marítima, com ondas, gaivotas e barcos, tão adequada, tão perto de suas vidas e, especialmente, tão encantadora a alguém que, como eu, vive tão distante do oceano.

Mas aqui, também, queríamos aprender novas técnicas a partir de nossas descobertas criativas, e então sugeri que o grupo da paisagem marítima ensinasse sua improvisação a outro grupo. O segundo grupo ouviu novamente o concerto da natureza e, então, tentou imitá-lo, voz por voz, som por som. Quantas distorções e variações se insinuaram! Calcular o tempo dos efeitos e prever as durações foram as coisas mais difíceis. Vocês pensaram que a proposta havia terminado após uma tentativa, mas não, eu fiz com que vocês passassem toda a tarde nesse assunto. Somente após havermos aprendido tudo que é possível de um exercício é que estamos prontos a ir para outro.

Naquela noite, vocês receberam uma tarefa para executar em casa: "Tragam um som interessante para a aula". Tudo era permitido, desde que portátil e interessante. A classe julgou (a classe sempre julga!) e aqueles que tinham sons desinteressantes foram mandados para fora da sala, para refazer a tarefa. E assim foi que nos livramos de *Mr. No-No*.[27] Eu o chamo dessa forma porque a única coisa que ele fazia era sacudir a cabeça e empurrar a mão para a frente, sempre que eu tentava introduzi-lo no nosso trabalho. *Mr. No-No* não trouxe nenhum som, e, desse modo, eu o mandei para casa, para encontrar um. Grande consternação. Como eu podia saber que ele era um importante inspetor de música? Senti falta da sóbria importância de *Mr. No-No* depois que ele partiu. Espero que haja música em algum lugar de sua vida.

Mas seu desaparecimento permitiu que passássemos juntos por uma das nossas mais belas experiências. Eu havia acabado de tocar a gravação de minha pequena composição coral *Miniwanka*, na qual os sons da água são imitados. Vocês gostaram, e então eu disse: "Poderíamos fazer algo semelhante". Então, cada um inventou uma palavra para gota de chuva em uma língua desconhecida. Organi-

---

27 *Mr. No-No* – o Sr. Não-Não. (N.T.)

zamos as palavras, das menores às maiores. Então, alguns de vocês criaram palavras para riacho, cachoeira, rio e oceano, palavras que imitavam, de muitas formas sonoras diferentes, os sons de água. Nós nos colocamos em duas filas, começando com as gotas de chuva e terminando com o oceano. Então, um a um, passamos por entre as filas, com os olhos fechados, ouvindo a música aquática. Enquanto passávamos por entre as filas, éramos empurrados para trás, e isso, suponho, foi o estímulo para incluir a dimensão tátil à nossa composição, como uma extensão artística deliberada. Cada som de água, da gota de chuva à onda do oceano, tornou-se uma experiência tátil, além de acústica. Enquanto alguém passava por entre as filas, leves gotas de chuva tamborilavam em sua cabeça ou ombro, então pingos maiores pingavam em suas costas e escorriam pelo pescoço. Agora, as agradáveis sensações de um riacho borbulhante e então uma cascata de toques de dedos por todo o corpo, como se uma cachoeira se arremetesse sobre nós. Ondas envolventes do rio chegavam a nossos cotovelos e ouvidos, mas depois se tornavam mais violentas, e éramos arremessados ao chão, como se grandes ondas do oceano se quebrassem sobre nós. Era uma sensação maravilhosa quando alguém se curvava e andava por entre aquelas duas filas, com os olhos fechados. Era uma experiência nova, e havia, ainda assim, alguma coisa de atávico nela, como se pertencesse a uma cultura pré-histórica, a um tempo em que não havia música nem formas de arte separadas, mas simplesmente uma experiência total, para a qual todas as sensações faziam suas contribuições incomparáveis.

Eu poderia continuar a recordar outras situações que passamos juntos. Shmuel (agora a salvo em Israel) mandou-me suas anotações de nosso curso. Mas penso que eu já havia retido as mais memoráveis, as coisas de que mais vividamente me recordo, e que tive vontade de registrar aqui, preservando-as para a memória e futura experimentação. Talvez, alguns de vocês tenham feito o mesmo, recordando diferentes momentos, registrando diferentes atitudes. Se alguma coisa do que fizemos juntos for útil, tomem-na e criem a partir dela. Se não, voltem para suas tradições e as acariciem com confirmação renovada.

Separamo-nos à brilhante luz do sol. Havia algo dançando em seus olhos enquanto nos despedimos. E eu estava contente quando nos separamos pela última vez, sabendo que eu nunca esqueceria vocês e grato por tudo que havia aprendido.

A orquestra mágica de Edward

Um dia, recebi um cartão que dizia: "Mr. Schafer. Tenho oito anos. Minha professora tocou sua música na aula. Eu gostei. Seu amigo Edward".

A *Orquestra mágica de Edward* foi escrita para Edward e para todas as crianças.

– "Hoje, vamos aprender a respeito da orquestra", disse a professora de Edward, e algumas crianças – as que se interessavam por música – endireitaram-se na cadeira e cruzaram as mãos sobre a carteira, como lhes havia sido ensinado.

– "Em primeiro lugar, vem a flauta", disse Miss Chirp, e sem dizer mais nada ligou o aparelho de som e toda a sala foi imediatamente inundada pelos brilhantes sons fluentes da flauta.

FRIOLI O LI BI BI TITU TI DIDU DI

Foi assim que a flauta soou e terminou ofegante num trinado agudo. Miss Chirp interrompeu a gravação e perguntou à classe com o que a flauta se parecia.

– "Passarinhos", disse Elaine, a primeira a levantar as mãos. "Um tordo solitário", disse Patsy, que era sempre tão precisa que quase sempre estava à frente da classe.

Várias crianças deram sua opinião, e então Miss Chirp perguntou a Edward com o que a flauta se parecia. Houve uma longa pausa. Então: "Um cachorro caçando um gato?", perguntou Edward, não muito seguro de si. Todas as crianças riram. "Bem...", disse Miss Chirp, "esta é uma resposta *original*". Mas ela não sabia mais o que dizer e, desse modo, voltou ao aparelho de som e continuou: "Agora, vamos ouvir a clarineta".

DU DI DU DI DI DU DI DU DIPADI DIPADI BIPUL BIPUL DIDU DEDU DUDI

Foi assim que a clarineta soou. Edward tentou ouvir, mas ele estava achando muito difícil. E, na hora em que o terceiro instrumento foi apresentado, ele já estava com muito sono. Era o violino, e o suave arqueado de seus sons o deixaram realmente com muito sono.

CHIMIU CHIRALI LU CHIRALI OLI OLI

Cantou o violino, soando mais agudo e mais devagar, mais agudo e mais devagar. Edward teve muita vontade de encostar a cabeça na carteira e dormir, mas, como isso não era permitido, ficou sentado com os olhos meio fechados, sonhando acordado.

Em seu sonho, ele se viu num grande campo. Era noite, mas ele não estava com medo, nem mesmo quando viu um velhinho de pé sobre uma colina, logo a sua frente. À medida que se aproximava, pôde ver, sob o luar, que o velhinho estava com os olhos fechados. Sua cabeça estava levemente inclinada para o lado, como se estivesse ouvindo alguma coisa. Mas isso não era possível, porque não havia nada para se ouvir. Nada se movia. Ainda assim, quando Edward se aproximou, o homem, que tinha um jeito bondoso, inclinou-se para ele e disse: – "Você está ouvindo?".

– "Ouvindo o quê?", disse Edward.

– "Shhh", disse o homem. "Ouça... as estrelas estão se banhando n'água".

Edward tentou escutar, mas não pôde ouvir nada.

– "Ponha o dedo no ouvido", disse o homem, "isso às vezes ajuda. Agora, conte até dez, inspire profundamente e deixe o ar sair devagar, enquanto ouve".

Edward fez como ele havia dito, mas ainda assim não ouviu nada, apesar de expirar cada vez mais devagar.

– "Está desaparecendo agora", disse o homem. "Foi para outra noite".

– "Eu não ouvi nada", disse Edward.

– "Você precisa estar no lugar certo e na hora certa. Antes de tudo, precisa encontrar o LUGAR DE OUVIR". Ele pronunciou essas palavras muito claramente, e é por isso que as escrevi com letras maiúsculas. "E você precisa saber como trazer esses sons para perto, de modo que consiga ouvi-los".

– "Onde é o LUGAR DE OUVIR?", perguntou Edward.

– "Isso depende", disse o homem. "Talvez em seu quarto, logo antes de dormir. Esse é um bom lugar para começar. Ó, meu Deus", disse de repente, "tenho que ir! Ouça aquele trovão!".

E num instante ele já havia desaparecido, deixando Edward sozinho no campo. Edward conseguiu ouvir o trovão muito bem, e, de repente, o trovão parecia estar dizendo o seu nome, com sons muito fortes e claros.

– "Edward... Edward...", Miss Chirp estava dizendo, muito firmemente: "Você não gosta do violino?".

E subitamente Edward percebeu que estivera sonhando acordado. Toda a classe estava olhando para ele.

– "Eu... eu...", gaguejou.

– "Você não gosta do violino?", repetiu Miss Chirp.

– "Eu... estava procurando ouvir um outro som", começou a dizer devagar.

– "Que som, querido?", perguntou Miss Chirp, e ela parecia realmente curiosa.

Mas como ele poderia explicar seu sonho? Algumas crianças da classe já estavam caçoando dele. Então ele ficou sentado, sem dizer nada.

– "Que som você estava procurando?", insistiu Miss Chirp de um modo tão carinhoso que Edward não sentiu qualquer dificuldade em responder.

– "O som das estrelas banhando-se n'água". E antes que a classe pudesse rir continuou:

– "Eu vi aquele homenzinho, que disse que eu podia ouvir esse som, e ele me mostrou que poderia escutá-lo se tampasse o ouvido com os dedos, contasse até dez e respirasse profundamente".

Aí Miss Chirp disse uma coisa que surpreendeu a todos, inclusive a ela mesma. "Vamos todos tentar ouvir o som", disse e, levando Edward para a frente da classe, ela o fez demonstrar como o homenzinho de seu sonho lhe ensinara a fazer para ouvir. Todos tamparam os ouvidos firmemente com os dedos, contaram até dez, inspiraram profundamente e, enquanto expiravam devagarinho, procuraram ouvir.

Houve um grande silêncio, que durou muito tempo. Mas, quando Miss Chirp perguntou se alguém havia ouvido o som, ninguém conseguira. Foi então que Edward se lembrou do que o homenzinho dissera a respeito do LUGAR DE OUVIR e, então, contou à classe.

– "Talvez a escola não seja o melhor LUGAR DE OUVIR", disse Miss Chirp; e, então, ela pediu para que todos tentassem encontrar o lugar certo em casa naquela noite e, no dia seguinte, ao vir para a escola, contassem às outras crianças o que haviam ouvido.

Naquela noite, Edward estava realmente excitado. Durante todo o tempo, tentou concentrar-se e ouvir o som das estrelas banhando-se n'água. Assim que escureceu, foi para o quintal. As estrelas estavam lá ou, ao menos, podia ver algumas delas, mas tudo que conseguiu ouvir foi o som de carros e ônibus que passavam pela rua e, mais ao longe, o som de sinos, talvez um relógio ou uma igreja. E então ele ouviu um longo som cortante que vinha lá de cima, do céu, enquanto um avião a jato voava bem baixo, para aterrissar.

Quando voltou para dentro de casa, pôde ouvir muitos outros sons: o zumbido da geladeira, sua mãe lavando a louça, a televisão – que quase sempre estava ligada, mesmo quando não havia ninguém assistindo. Ouviu também os sons que seu pai fazia enquanto tirava baforadas do cachimbo e virava as páginas do jornal. Mas não havia nada de extraordinário nesses sons. Então, ele se lembrou de que o homem havia dito que um bom LUGAR DE OUVIR poderia ser o próprio quarto. E, quando sua mãe lhe disse que estava na hora de ir para a cama, ficou realmente contente de, afinal, poder estar sozinho no quarto, onde era mais silencioso, e poderia tentar novamente.

Edward estava bastante consciente de todos os sons que fazia enquanto se arrumava para ir para a cama; quando puxou os lençóis para se cobrir e eles farfalharam secamente, percebeu que nunca, realmente, ouvira esses barulhos.

Então, ficou ali deitado, muito quieto, e começou a se concentrar. Inspirou profundamente e reteve o ar, procurando ouvir alguma coisa no escuro. Nada. Somente os sons abafados da conversa de seus pais, lá em baixo, na sala. Edward tampou os ouvidos com os dedos e inspirou de novo, profundamente. Nada ainda. Ele apelou para todas as suas forças e concentrou-se no som que queria ouvir – as estrelas banhando-se n'água. Inspirando profundamente ainda outra vez, começou, de repente, a ouvir um tilintar muito fraquinho, que parecia estar ao mesmo tempo sobre ele e bem longe, lá em cima. A princípio, não tinha certeza de estar mesmo ouvindo aquilo; o som parecia vir de milhões e milhões de quilômetros de distância. Aí, foi ficando mais forte. Era como se fossem muitas bolhinhas borbulhando numa cachoeira, ou papel celofane sendo amassado, ou ainda como o som de gás de um copo de refrigerante quando se põe o ouvido bem perto. Mas não era exatamente igual a nenhuma dessas coisas. Era um som muito mais rico, como toda uma orquestra de minúsculos instrumentos, que ninguém jamais houvesse descoberto.

Edward ficou muito tempo ouvindo atentamente. Às vezes, parecia vir de muito longe, outras, bem de dentro de sua cabeça, e algumas outras, de ambos os lugares ao mesmo tempo. A última coisa de que ele se lembrava era que o som estava faiscando e balançando de um lado para o outro, como um milhão de sininhos muito pequenos soando como violinos, faiscando e balançando... faiscando e balançando... faiscando e balançando...

Quando Edward acordou pela manhã, estava tão ansioso para ir à escola e contar a Miss Chirp o que havia ouvido que tomou apressadamente o café da manhã e correu a metade do caminho até o ponto de ônibus, o que, na verdade, não era preciso, pois ele sabia que ainda tinha muito tempo.

Mas de repente, enquanto estava parado esperando o ônibus, um pensamento perturbador lhe veio à cabeça. Ele havia ouvido o som muito bem, mas como descrevê-lo para os colegas? Não poderia tocá-lo ou cantá-lo, ou ao menos não com muita precisão. Isso o preocupou tanto que, quando chegou à escola, já estava com medo da hora em que Miss Chirp pediria para contar à classe se havia conseguido ouvir o som e descrevê-lo.

Mas, quando chegou a hora da aula de música, Miss Chirp fez a pergunta para a classe toda: "Quantos de vocês encontraram um LUGAR DE OUVIR e conseguiram escutar os sons mágicos?".

Edward ficou surpreso ao ver que muitos de seus colegas haviam encontrado o LUGAR DE OUVIR.

– "E quantos de vocês ouviram o som das estrelas banhando-se n'água?".

Provavelmente, metade da classe, pelo menos. Então Miss Chirp deu a cada um uma folha de papel e lápis de cera colorido e pediu que desenhassem os sons mágicos que haviam ouvido.

Os desenhos eram os mais inusitados que se poderia imaginar. Eu vi alguns deles e, embora nenhum fosse exatamente igual ao outro, sei que, quando alguém olhar para eles e tampar os ouvidos com os dedos, contar até dez e prender a respiração, eles, de repente, começarão a fazer sons. E, mesmo que não se tenha ouvido o som das estrelas banhando-se n'água, pode-se ouvir o som nos quadros. É a mais extraordinária música que alguém jamais poderia querer ouvir. Mais surpreendente que flautas, clarinetas e violinos.

Aqui os sons rodam

Por volta de 1980, recebi um convite de uma galeria de artes para preparar uma mostra de algumas de minhas partituras ilustradas e também para construir algumas pequenas esculturas sonoras, que viajariam, com a exposição, pelo Canadá. O curador teve a ideia de apresentar a exposição com um disco flexível, em vez de um convite impresso. *Aqui os sons rodam* ocupava um lado do disco. Imagine o disco, em não muito alta-fidelidade, girando no prato, enquanto você lê o seguinte poema:

> Aqui os sons rodam[28]
> Aqui os sons rodam
> Aqui os sons rodam
>   os sons rodam
>   os sons rodam

---

28 No original inglês: *Here the sounds go round / Here the sounds go round / Here the sounds go round / the sounds go round / the sounds go round / I hear the sounds go round / I hear the sounds go round / I hear the sounds go round / go round / go round / go round and out /*
   I hear the sounds go round and out / I hear the sounds go round and out, who knows where into the air / into your ear / Do you hear? / into your hair / Is sound there? / Beware / it's everywhere / filling the air / It's here, it's there / and there and here / throughout your room / like perfume / it flies / it clings / it tickles your skin / Let me in / into your head / into your heart / I am a part of you / when I'm here / when my voice is here / in your ear / I am here / But when it's not / and I sto ... / I disappear / Pause fifteen seconds / Again the sound goes round / Again the sound goes round /
   Again the sound goes round / the sound goes round / the sound goes round / I speak again and the sound goes round / I speak again and the sound goes round / goes round / goes round / goes round and out / I speak a new sound / and send it out / I know not where / into the air / Will it be heard? / or overheard? / It is absurd / to form a word / to be heard / and overheard? / or not to be heard? / To hear / to fear / to interfere / to come uninvited / into your life / to disturb / to change your life / to make you hear / what cannot be seen / And if you could see me / would it be true / the voice with the face
   or the face with the voice? / The voice that you knew / and the face that was new / More untrue than true, I think / better to hear / to see with your ear. / Then it is absurd / to dare / to assume / to presume / to enter your room / to make you hear / because I am here / Yes I am here / because you can hear me / And I am seen but not seen / Is sound seen? / sound seen / sound scenes sounds seen / but not scenes / sounds not scenes / not seen / sound all around / and not seen / but seen / because I am here / without being here / until I stop talking / and when I stop talking... / I disappear /
   Pause ten seconds Now what do you hear? / Pause ten seconds / I hear with my little ear... / Pause fifteen seconds / Sounds everywhere / sounds all around / sounds

Além da sala de música

Ouço os sons a rodar
Ouço os sons a rodar
Ouço os sons a rodar
    rodar
    rodar
        rodar e ir
Ouço os sons a rodar e ir
Ouço os sons a rodar e ir, quem sabe para onde no ar
no teu ouvido

---

up / sounds down / sounds in the air and on the ground / sounds before and sounds behind / sounds in the mind / sounds everywhere / sounds all around / Is sound round? / Sounds around / Is sound around? / Is a sound round? / And can a sound / be upside down? / Can a sound be round? / Can it surround? / Can it go underground? / through water / through air / through a wire / through hair /

Is it there? / or here? / Can it disappear? / And reappear? / Short pause / And when it goes / where does it go? / Short pause / And when I leave / where do I go? / Pause ten seconds / Again I reenter / and when I enter / I'm at the centre / You have let me in / through no door or window / and when I go / I will go through no window / or door or wall or ceiling or floor / Perhaps I remain a visitor / listening to you ... / Short pause / listening ... /

Short pause / Overlooked... / Short pause / Overheard... / Pause ten seconds / And when I go, new sounds will come in / filling the space / to embrace you / New sounds will come in / and hum / and drum / and run through your life / Will they be nice / or frightening? / Will they bore? / Let us listen some more: Let us listen together / to the weather / to the fire / or the furnace / to the door / or the floor / to the trees / and the stars / and the breeze / and the water.

Let us listen to the whole world of sound / go round / the whole world of sound / go round / the sound go round / hear the sound go round / here the sounds go round / here they go round and round / around around around...

I AM ALL SOUND / I am the sound that flies golden into the ears of those / who listen. / I am the sound that creeps into the dreams of those / who have forgotten to listen. / I am the sound that laughs / the sound that weeps / the sound that sounds / and the sound that waits. / I am the sound that is hidden behind the sound that / is sounding. / I am the sound that contents/ that presents / that foments / that torments / that dissents / that prevents.

I am the sound that never ends, / that began before time and is heard only as silence. / I am the sound that streams and flies / and wiggles and dies / and pops and runs / and bumps and hums / and carries the world at an incredible pace / through time and space. / And you will never / never / never / see me. / Pause ten seconds / I am a scratchy voice / on a cheap old record. / I don't care / I'm in the air.

Além da sala de música

Tu ouves?
No teu cabelo,
O som está aí?
Cuidado
Está em todo lugar preenchendo o ar
cá e lá
lá e cá
por toda a sala
como perfume voa
adere
roça tua pele
Deixa-me entrar
na tua cabeça
em teu coração
Sou parte de ti
quando estou aqui
Se minha voz está aqui
em teu ouvido
estou aqui
Mas quando não está
e eu paro...

Desapareço.

Pausa de quinze segundos.

Outra vez o som roda
Outra vez o som roda
Outra vez o som roda
       som roda
       som roda
Falo outra vez e o som roda
Falo outra vez e o som roda
          roda
          roda
          roda e vai

Além da sala de música

Falo um novo som
e o envio
não sei para onde
vai pelo ar
Será ouvido?
Ou entreouvido?
É absurdo
formar palavra
pra ser ouvida
e entreouvida?
ou pra não ser ouvida?
Ouvir
temer
interferir
entrar não convidado
em tua vida
perturbar
mudar tua vida
fazer-te ouvir
o que não pode ser visto
E se pudesses me ver
seria verdadeira
A voz com o rosto
ou o rosto com a voz?
A voz que conheceste
e o rosto que foi novo
Mais falso que certo, penso
ser melhor ouvir
ver com o ouvido

Então é absurdo ousar
admitir
presumir
adentrar tua sala

fazer-te ouvir
porque estou aqui
Sim, estou aqui
porque podes me ouvir.
E eu sou visto mas não visto
É visto o som?
som visto
som cena
som visto
mas não cenas
sons não cenas
não vistos
sons por toda parte
e não vistos
mas vistos
porque estou aqui
sem estar aqui
até que me cale
e quando me calo...
Desapareço.

Pausa de dez segundos

Agora, que ouves?

Pausa de dez segundos

Ouço com meu pobre ouvido...

Pausa de quinze segundos

Sons por toda parte
Sons por todo lado
Sons acima

Além da sala de música

Sons abaixo
Sons no ar e pelo chão
Sons na frente e sons atrás
Sons na mente
Sons por toda parte
Sons por todo lado
É o som redondo?
Sons por aí
O som está em volta?
É um som redondo?
E pode um som
De pernas pro ar?
Pode ser redondo?
Pode rodear?
Pode ir para baixo do chão?
pela água
pelo ar
por um fio
pelo cabelo
estar aí?
ou aqui?
desaparecer?
E reaparecer?

Pequena pausa

E quando ele se vai
para onde vai?

Pequena pausa

E quando eu saio
para onde vou?

Pausa de dez segundos

Além da sala de música

Entro de novo
e quando entro
estou no centro
deixaste-me entrar
não pela porta nem pela janela
E quando me for
não será pela janela
ou porta, ou parede, ou teto ou chão
Talvez eu permaneça um visitante

ouvindo a ti...

Pequena pausa

ouvindo...

Pequena pausa

Entrevisto...

Pequena pausa

Entreouvido...

Pausa de dez segundos

E quando eu me for, novos sons virão
preencher o espaço
pra te abraçar
Novos sons entrarão
soando
tamborilando
correndo pela tua vida
serão belos?
assustadores?
aborrecidos?

Vamos ouvir mais um pouco!
Vamos ouvir juntos
o tempo
o fogo
ou a fornalha a porta
ou o chão
as árvores
e estrelas
e brisa
e água

Vamos ouvir todo mundo de som
rodar
todo o mundo de som
rodar
o som roda
ouça o som rodar
aqui os sons rodam
aqui eles rodam e rodam
em roda em roda em roda...

SOU TODO SOM

Sou o som que voa dourado pra dentro do ouvido daqueles que ouvem.
Sou o som que se arrasta pra dentro dos sonhos daqueles que se esqueceram de ouvir.

Sou o som que ri
som que chora
som que soa
e o som que espera.

Eu sou o som que está oculto atrás do som que está soando.

Além da sala de música

Eu sou o som que contenta
        que apresenta
        que fomenta
        que atormenta
        que discorda
        que previne.

Eu sou o som que nunca termina
que começou antes do tempo e é ouvido como silêncio.

Eu sou o som que flui e voa e
serpenteia e morre
e estala e corre
e colide e murmura
e leva o mundo em incrível andança
pelo tempo e pelo espaço.

E tu, nunca

nunca

nunca

me verás.

Pausa de dez segundos

Eu sou a voz arranhada
num velho disco barato.

Não me preocupo
Eu estou no ar.

Referências

AQUINO, T. de. Prólogo. *Comment in Psalm.*
BARANEK, L. Street and Air Traffic Noise – and What Can Be Done About It. *The Unesco Courier*, jul. 1967 (ed. *Noise Pollution*).
BERG, A. *Die Stimme in der Oper.* Musikblätter des Anbruch, nov./dez. 1928.
BOETHIUS. De institutione musica. STRUNK, O. *Source Readings in Music History.* Nova York, 1950.
BOWRA, C. *Primitive Song.* Londres, 1962.
CAGE, J. *Silence: Lectures and Writings.* Middletown, 1961.
CAMPOS, A. de. Cage: Change. CAGE, J. *De segunda a um ano.* Trad. Rogério Duprat. São Paulo, 1985.
COWELL, H. *Charles Ives and his Music.* Nova York, 1955.
DARWIN, C. *Descent of Man.* [Forgotten Books, 1874].
FUCHS, G. Cordoba (Argentina) Takes Noise Abatement by the Horns. *The Unesco Courier*, jul. 1967 (ed. *Noise Pollution*).
GUNTHER, M. The Sonics Book. *Playboy*, maio 1967.
HESSE, H, *The Glass Bead Game.* N. York, Holt, Rinehart & Winston, 1969. London, Jonathan Cape, 1970. [Ed. bras.: *O Jogo das Contas de Vidro*. Trad. Lavínia Viotti e Flávio Vieira de Souza. São Paulo: Brasiliense, 1973.
JESPENSEN, O. *Language:* Its Nature, Development and Origin. Londres, 1959.
JOYCE, J. *Finnegans Wake.* Londres, 1939. [Ed. bras.: *Finnegans Wake/Finnicius Revem*. 2.ed. São Paulo: Ateliê Editorial, 2004. 4v.]

Referências

KAZANTZAKIS, N. *Report to Greco*. Nova York, 1965.
KEPLER, J. *Harmonice Mundi*. Munique, 1938.
LEHMANN, G. Noise and Health. *The Unesco Courier*, jul. 1967 (ed. *Noise Pollution*).
LÉVI-STRAUSS, C. *The Savage Mind*. Chicago, 1966.
LOCKSPEISER, E. *Debussy*. v.2. Londres, 1969.
LUCRÉCIO. *Da natureza das coisas*. [Typ. de Jorge Ferreira de Matos, (T. II. A. J. F. Lopes), 1851]
MONTEVERDI, C. *Mentre vaga Angioletta*, 8º Livro de Madrigais.
NICHOLSON, E.; KOCH, L. *Songs of Wild Birds*. Londres, 1946.
PAGE, R. *Human Speech*. Londres, 1930.
PASCAL, B. *Pensées*. Paris, 1964.
POE, E. *Al Aaraaf*. [Columbia University Press, 1933]
POUND, E. *ABC of Reading*. Nova York, 1960.
RILKE, R. *Sonnets to Orpheus*, I, 13. Trad. M. D. Herter. Nova York, 1942.
SCHAFER, M. *The Tunning of the World*. 1976.
_____. *A afinação do mundo*. São Paulo: Unesp, 2001.
SCHENKER-SPRUNGLI, O. Down with Decibels! *The Unesco Courier*, jul. 1967 (ed. *Noise Pollution*).
SCHNEIDER, M. Primitive Music. *The New Oxford History of Music*. v.I.
SCHOENBERG, A. *The Relationship to the Text*. Blau Reiter cathalogue, 1912.
SCHOPENHAUER, A. On Noise. BARNES, H. E. *Studies in Pessimism*, trad. T.B. Saunder. Lincoln, 1964.
SELF, G. *New Sounds in Class*. Londres, 1967.
SHAKESPEARE, W. *O mercador de Veneza*. [Rio de Janeiro: Ediouro, 2005.]
STRAMENTOV, C. The Architects of Silence. *The Unesco Courier*, jul. 1967 (ed. *Noise Pollution*).
STRAUSS, R. *Ein Heldenleben Eulenburg Edition*.
THE CONCISE OXFORD ENGLISH DICTIONARY. 4.ed. 1956.
THE GLOBE AND MAIL, 1 dez. 1971.
UNESCO. Unesco Courier. *Noise Pollution*.
VON HELMHOLTZ, H. *On the Sensations of Tone*. Nova York, 1954.
WAUGH, E. *Mexico, an Object Lesson*. Boston, 1939.
WINCKEL, F. *Música, Som e Sensação*. Nova York, 1967.

SOBRE O LIVRO

Formato: 14 x 21 cm
Mancha: 10,4 x 16,4 cm
Tipologia: Iowan Old Style 10/14
Papel: Off-white 80 g/m^2 (miolo)
          Cartão Supremo 250 g/m^2 (capa)
1ª edição 1991
2ª edição atual. 2012

EQUIPE DE REALIZAÇÃO

Assistência editorial
Olivia Frade Zambone

Edição de Texto
Giuliana Gramani (Preparação de Original)
Rosani Andreani (Revisão)

Editoração eletrônica
Eduardo Seiji Seki (Diagramação)

Rua Xavier Curado, 388 • Ipiranga - SP • 04210 100
Tel.: (11) 2063 7000
rettec@rettec.com.br • www.rettec.com.br